藏语方言调查表

Comparative Word List for Historical Study of Tibetan Dialects

孔江平　于洪志　李永宏
达哇彭措　华　侃　编著

商務印書館
2011年· 北京

图书在版编目(CIP)数据

藏语方言调查表/孔江平等编著. —北京:商务印书馆,
2011
ISBN 978-7-100-07673-9

I. ①藏… II. ①孔… III. ①藏语—方言研究
IV. ①H214.7

中国版本图书馆 CIP 数据核字(2011)第 022029 号

ZÀNGYǓ FĀNGYÁN DIÀOCHÁBIĀO
藏语方言调查表
孔江平 于洪志 李永宏 达哇彭措 华侃 编著

商务印书馆出版
(北京王府井大街 36 号 邮政编码 100710)
商务印书馆发行
北京市白帆印务有限公司印刷
ISBN 978-7-100-07673-9

2011 年 11 月第 1 版 开本 787×1092 1/16
2011 年 11 月北京第 1 次印刷 印张 18¾
定价: 35.00 元

资 助 信 息

本调查表的研究和出版先后得到了中国社会科学院重点项目“汉藏语声调的声学研究（藏语卷）”、国家社会科学基金项目“藏语方言调查字表及辅助系统研究（09BYY059）”和国家社科重大项目“中国有声语言及口传文化保护与传承的数字化方法及基础理论研究（10&ZD125）”的资助。调查表的出版得到了教育部人文社会科学重点研究基地“北京大学中国语言学研究中心”2010年专项出版的资助。

目　　录

前　　言

藏语属汉藏语系藏缅语族藏语支，主要分布在中国的青藏高原及周边地区，从行政区域上看，包括中国的西藏自治区、青海省、甘肃省的甘南藏族自治州、四川省的甘孜、阿坝藏族自治州和云南省的迪庆藏族自治州。藏语使用人口目前大约有 600 万，是中国重要的民族语言之一。

从藏语言的人文环境上看，藏语区民族结构比较单一，人口密度较小，语言环境相对纯净，受其他语言的影响很小，因此，这种相对单纯的人文环境构成了藏语语言环境的独特性。藏语有创制于大约公元 7 世纪的文字，在历史的长河中，藏族人民用藏文记录了灿烂多彩的文化，留下了浩瀚的历史文献，这为研究藏语的古代面貌和历史演变提供了大量的研究资料。从语言学的角度看，藏语相对独立单纯的语言环境和人文环境，为研究汉藏语系语言的古代面貌、历史演变及其现状都提供了不可多得的资料。声调是汉藏语系语言最主要的一种语言现象，而在藏语方言中有声调形成和演化的完整过程，这对研究藏语乃至汉藏语系声调的起源有很重要的理论意义。

藏语在漫长的发展过程中，形成了不同的方言。国内藏语学界一般认为，中国境内的藏语主要分为卫藏、康和安多三大方言，这三大方言又分为若干次方言。[①]在藏语方言田野调查和研究方面，从上世纪 50 年代开始，主要使用中国社会科学院编制的两种未公开发表的调查表，它们在藏语方言的研究中起了重要的作用。但调查表都是按语义分类，在藏语音系的整理和方言与古藏文对应关系的研究上不是十分系统和方便，因此，需要一本基于藏语古音韵理论框架的调查表。

从历史语言学和方言学的角度看，确定一种语言的古代音韵系统对研究这种语言的历史音变规律和历史音变的系统性有重要的意义。[②]因此，我们编写了这本《藏语方言调查表》。调查表主要以《文法根本三十颂》（ལུང་སྟོན་པ་རྩ་བ་སུམ་ཅུ་པ）（又译《三十颂》）和《字性法纲要》（རྟགས་ཀྱི་འཇུག་པའི་རྩ་བ）（又译《字性组织法》）[③]两本经典的古藏语文法和音韵著作为基本框

---

① 《中国语言地图集》，中国社会科学院和澳大利亚人文科学院合作编纂，由香港朗文（远东）有限公司于 1987 年和 1990 年分两次正式出版。有中文、英文两种版本。

② 见《方言调查字表》（新一版），中国社会科学院语言研究所编辑，1981 年 12 月，商务印书馆出版。

③ 下文统一用《三十颂》和《字性组织法》。

架，以大规模藏语词典数据库和我们近几年调查的 15 个点的藏语方言数据库为基础，对藏语的古音韵进行了一些考证研究和整理，在此基础上初步确定了调查表的声母系统和韵母系统。藏语音韵系统的确定，主要遵循了有利于全面调查藏语方言实际语音的原则，同时，考虑了古藏语和藏语方言之间对应规律的系统性和研究的方便。调查表以古藏语的声母为纲韵母为辅分页，并按藏语传统音序排列。

从音位学的角度看，语言的音位系统可以从音位数量、音位结构、音位组合、音位分布、音位负担量等方面来研究。为了方便使用者对藏语方言的语音系统进行深入的共时平面和历史演变的研究，下面从藏文与音位数量、古藏语的音韵结构和古藏语的声韵组合三个方面作一点概要性的介绍，以便使用者更好地了解本调查表基本框架。

一、古藏语音韵基础

关于藏文的起源，藏学学者们还有一些不同的看法，主要有两种观点，占主体地位的观点认为，在七世纪中叶，藏王松赞干布派学者图弥桑布扎赴印度学习梵文回国后，仿效梵文创制了古藏文，这种观点是依据《贤者喜宴》、《布顿佛法史》、《王统世系明鉴》等传统佛教历史文献中的记载，这些记载主要源于《玛尼全集》。另一种观点则认为，在统一的藏文创制之前，西藏地区已经有文字在使用，但是对于文字主要仿照古代的笈多文、于阗文和象雄文中的哪一种还存在争议，现在的研究结果更倾向于古于阗文。①藏文文字起源问题的最终解决还有待于更多古代藏文文献的出现和研究的不断深入。

藏文一共有 30 个辅音字母，4 个元音符号，加 1 个零位ཨ(a)，共 5 个元音，可以说藏文基本上反映了古藏语的音位数量。藏文 30 个辅音字母分为 7 组半。第一组是ཀ(k)、ཁ(kh)、ག(g)、ང(ng)，发音部位在舌根和软颚；第二组是ཅ(c)、ཆ(ch)、ཇ(j)、ཉ(ny)，发音部位在舌面和硬腭；第三组是ཏ(t)、ཐ(th)、ད(d)、ན(n)，发音部位在舌尖和齿龈；第四组是པ(p)、ཕ(ph)、བ(b)、མ(m)，发音部位在双唇；第五组是ཙ(ts)、ཚ(tsh)、ཛ(dz)、ཝ(w)，前 3 个发音部位在舌尖和齿龈，最后一个发音部位在双唇；第六组是ཞ(zh)、ཟ(z)、འ(v)、ཡ(y)，其中第 1、2、4 个的发音部位在舌面和硬腭，第 3 个的发音部位在喉部；第七组是ར(r)、ལ(l)、ཤ(sh)、ས(s)，其中第 1、2、4 个的发音部位在舌尖和齿龈，第 3 个的发音部位在舌面和硬腭；最后半组是ཧ(h)、ཨ(-)，发音部位在喉部，见藏文辅音字母拉丁转写对照表。4 个元音符号和 1 个零位ཨ(a)分别是ཨ(a)、ཨི(i)、ཨུ(u)、ཨེ(e)、ཨོ(o)，见藏文元音符号拉丁转写对

① 参见根敦群培的《藏文的由来与演变》；才让太的《藏文起源新探》；群培多杰的《藏文渊源初探》等。

照表。从藏文系统的基本情况看，藏文辅音字母和元音符号无疑反映了古藏语音韵的基本面貌。

藏文有严格的字母排列和拼读规则，传统藏文文法根据字母在音节中的结构位置，将字母分为“前加字”、“上加字”、“基字”、“下加字”、“元音”、“后加字”和“再后加字”，并按照此顺序进行书写和拼读。基字为整个音节的核心，一个音节至少有“基字”，最长音节包括七个部分，如图所示。

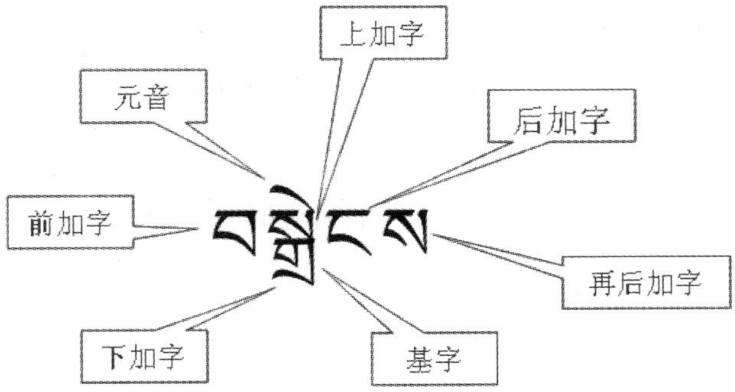

藏语音节结构图

藏文在历史上有三次厘定，第一次厘定是在 7 世纪中叶图弥桑布扎创制藏文起到 9 世纪中叶的 200 多年里；[①]第二次厘定是在 9 世纪中叶藏王赤热巴巾时期，主要是当时的大译师根据当时藏语的发展情况进行的厘定；[②]第三次藏文厘定是从 11 世纪末阿里王意希畏时期到 15 世纪初的 300 多年中，由众多大译师在从事佛经的翻译中进行的厘定。[③]这三次藏文的厘定在《丁香帐》（ལི་ཤིའི་གུར་ཁང）中都有记载。[④]从藏语的史料来看，第一次厘定和第三次厘定的资料比较少，第二次厘定的史料记载比较多，也较为详细，是最为重要的一次。在第二次厘定时还编写了有名的《语合二卷》。藏文的三次厘定是历史上对藏语音位系统的不断梳理和完善。为了能更好、更全面地进行藏语方言调查和研究，本调查表是基于 8–9 世纪的古藏语音韵框架编排的。

二、古藏语音韵结构

有关古藏语音韵的论述可以追溯到 7 世纪图弥桑布扎的两部著名的文法著作《三十颂》

① 参见《白史》（དེབ་ཐེར་དཀར་པོ），作者根敦群培。

② 如噶哇白泽等。

③ 如仁钦桑布等。

④《丁香帐》（ལི་ཤིའི་གུར་ཁང），作者仁钦扎西。

和《字性组织法》。千余年来，许多学者都采用原书注解的方法对其加以解释、研究、扩展和传承。这两本著作不仅是藏文文法的主要文献，而且是最早论述藏语古音韵的重要文献。下面通过对这两部著作及其他古代和现代文法著作中有关藏语音韵的简单介绍，以展示古藏语音韵的基本结构。

《三十颂》主要论述藏文辅音和元音的分类、格、虚词、动词形态变化等语法范畴和归类，全书颂文共 119 句，每四句为一段，最后一段为三句，共三十段，即三十颂。第一至六段将藏文分为 4 个母音（元音）和 30 个子音（辅音）。30 个子音字母分为 7 组半，其中有 10 个字母可以作为后加字，10 个后加字中有 5 个可以作为前加字，其余的 20 个字母既不能作前加字也不能作后加字。第七至三十段主要介绍格助词的作用、添接规则及藏文文法知识。《字性组织法》主要论述语音结构、字母组合搭配和动词屈折变化规律，全书颂文共 144 句，每 4 句为 1 段，分为 36 段 5 个部分。第一段为第一部分，将 30 个子音字母分为阳性、阴性、中性、极阴性和石阴性。第二段至第十五段为第二部分，提出了有 10 个阴性字母能作后加字，其中有 5 个能作前加字，根据发音又分为阳性、中性、阴性和极阴性，并根据字性讨论了前加字和基字的组合关系。第十六段至第二十八段为第三部分，将 10 个后加字分为阳性、中性和阴性三种，阐述了后加字的发音状况、添接规律及音变规律。第二十九至三十一段为第四部分，第三十二至三十六段为第五部分，这两部分主要介绍了格助词的用法和元音的重要性。

在以后的藏文文法著作中比较著名的还有：《司徒藏语文法详解》，作者司徒·曲吉迥乃，17 世纪著名藏文文法学者。他深入调查研究了藏族的语言和方言，根据藏语的实际语音详尽解疏了《三十颂》和《字性组织法》。《扎得文法》，作者扎得仁钦端智，该书对《三十颂》和《字性组织法》进行注释，是一本具有影响力的重要著作。《色多文法》，作者色多五世罗桑崔臣嘉措，该书在对藏文文法《三十颂》和《字性组织法》进行阐释的同时，对藏语的音韵和文法提出了许多独到的见解，是一部在藏文文法史上很有影响的著作。①

现代藏文文法著作有：《藏语语法》，1958 年由西北民族学院语文室藏语组编写，油印本，该书首先对《三十颂》和《字性组织法》进行了逐句解释，然后对藏文文法进行了详细的解释和举例，是一本结构清晰、内容详细的藏文文法著作。《简明藏文文法》，作者胡书津，该书简明扼要地解释了《三十颂》和《字性组织法》。《实用藏文文法教程》，作者格桑居冕和格桑央京，该书以《三十颂》和《字性组织法》为基本框架，在详细解释古藏文文法的基础上，

① 周炜的《西藏古代的文法研究》（《西南民族学院学报》，1999 年第 4 期 pp. 29-34）及其博士论文对这些学者和著作做了较全面的介绍。

运用了现代语言学的理论知识和大量实例，对藏语文法进行了论述，并提出了自己的观点，是一本全面的藏文文法教学和研究的著作。可以看出，以上三本藏文文法都主要参照《三十颂》和《字性组织法》以及《司徒藏语文法详解》、《色多文法》、《扎得文法》等对藏文的音位系统和文法进行了解释。

从藏文的文献看，有关藏语音位系统的论述主要集中在音位的结构和功能方面，如果不考虑音位的形态功能，主要内容可以总结为：30 个字母都可以作基字，3 个字母可以作上加字，5 个字母可以作前加字，4 个字母可以作下加字，10 个字母可以作后加字，两个字母可以作再后加字，4 个元音符号和元音 a 可以作韵母的元音。这些论述全面地反映了古藏语的音韵结构。

三、古藏语音韵组合

藏文文法一般都详细论述了古藏语音韵的基本结构，对于藏语声韵母的组合及数量论述得较少。格桑居冕等的《藏语方言概论》认为古藏文有 213 个声母和 77 个韵母，这个系统是一个从简原则的系统。在其后来的《实用藏文文法教程》中，还有一个古藏语的音位系统。该系统有 220 个声母、98 个韵母，这个系统比较全面地反映了古藏语的音位系统。我们根据藏文现有的词典和教材，①建立了一个藏文词汇的数据库，整个数据库约有 9 万多条词。其中单音节词汇（不包括梵文和借词）有 5 千多条，双音节词汇有 4 万多条，三音节词汇有 2 万多条，四音节词汇有 1 万 6 千多条，四音节以上词汇有 5 千多条。下面根据我们的藏语数据库简要介绍一下本调查表藏语声韵母的组合和数量。

单辅音声母由 30 个字母组成，它们是ཀ(k)、ཁ(kh)、ག(g)、ང(ng)、ཅ(c)、ཆ(ch)、ཇ(j)、ཉ(ny)、ཏ(t)、ཐ(th)、ད(d)、ན(n)、པ(p)、ཕ(ph)、བ(b)、མ(m)、ཙ(ts)、ཚ(tsh)、ཛ(dz)、ཝ(w)、ཞ(zh)、ཟ(z)、འ(v)、ཡ(y)、ར(r)、ལ(l)、ཤ(sh)、ས(s)、ཧ(h)、ཨ(-)。

二合的声母有 118 种组合，分为三种组合类型：1. 前加字和基字组合共 48 个声母；2. 上加字和基字组合共 33 个声母；3. 下加字和基字组合共 37 个声母。

前加字ག(g)能和基字ཅ(c)、ཉ(ny)、ཏ(t)、ད(d)、ན(n)、ཙ(ts)、ཞ(zh)、ཟ(z)、ཡ(y)、ཤ(sh)、ས(s)组合；前加字ད(d)能和基字ཀ(k)、ག(g)、ང(ng)、པ(p)、བ(b)、མ(m)组合；前加字བ(b)能和ཀ(k)、ག(g)、ཅ(c)、ཏ(t)、ད(d)、ཙ(th)、ཞ(zh)、ཟ(z)、ཤ(sh)、ས(s)组合；前加字མ(m)能和基字ཁ(kh)、ག(g)、ང(ng)、ཆ(ch)、ཇ(j)、ཉ(ny)、ཐ(th)、ད(d)、

① 我们的数据库收录了《藏汉大字典》、《安多口语字典》、《拉萨口语字典》、《格西曲扎藏文辞典》、《新编藏文字典》、《藏文同音字典》、《藏文动词词典》、《古藏文辞典》等 8 种辞书和藏语文课本（小学 12 册、初中 6 册、高中 6 册）。

ན(n)、ཚ(tsh)、ཛ(dz)组合；前加字འ(v)能和ཁ(kh)、ག(g)、ཆ(ch)、ཐ(th)、ཇ(j)、ད(d)、ཕ(ph)、བ(b)、ཚ(tsh)、ཛ(dz)组合。

上加字ར(r)能和基字ཀ(k)、ག(g)、ང(ng)、ཇ(j)、ཉ(ny)、ཏ(t)、ད(d)、ན(n)、བ(b)、མ(m)、ཙ(ts)、ཛ(dz)组合；上加字ལ(l)能和基字ཀ(k)、ག(g)、ང(ng)、ཅ(c)、ཇ(dz)、ཏ(t)、ད(d)、པ(p)、བ(b)、ཧ(h)组合；上加字ས(s)能和基字ཀ(k)、ག(g)、ང(ng)、ཉ(ny)、ཏ(t)、ད(d)、ན(n)、པ(p)、བ(b)、མ(m)、ཙ(ts)组合。

下加字ཡ(y)能和基字ཀ(k)、ཁ(kh)、ག(g)、ཕ(ph)、བ(b)、མ(m)组合；下加字ར(r)能和基字ཀ(k)、ཁ(kh)、ག(g)、ད(d)、པ(p)、ཕ(ph)、བ(b)、མ(m)、ས(s)、ཧ(h)、ཏ(t)组合；下加字ལ(l)能和基字ཀ(k)、ག(g)、བ(b)、ཟ(z)、ར(r)、ས(s)组合；下加字ཝ(w)能和基字ཀ(k)、ཁ(kh)、ག(g)、ཉ(ny)、ད(d)、ཚ(tsh)、ཞ(ny)、ཟ(z)、ར(r)、ལ(l)、ཤ(sh)、ཧ(h)组合；双下加字ཡཝ(yw)能和基字ཕ(ph)组合，双下加字རཝ(rw)能和基字ག(g)组合。

三合的声母有 66 种组合，分为三种组合类型：1. 上加字、下加字同时和基字组合共 13 个声母；2. 前加字、上加字同时和基字组合共 20 个声母；3. 前加字、下加字同时和基字组合共 33 个声母。

上加字ར(r)和下加字ཡ(y)同时能和基字ཀ(k)、ག(g)、མ(m)组合；上加字ར(r)和下加字ཝ(w)同时能和基字ཙ(ts)组合；上加字ས(s)和下加字ཡ(y)同时能和基字ཀ(k)、ག(g)、པ(p)、བ(b)、མ(m)组合；上加字ས(s)和下加字ཝ(w)同时能和基字ཀ(k)、ག(g)、པ(p)、བ(b)、མ(m)组合。

前加字བ(b)和上加字ར(r)同时能和基字ཀ(k)、ག(g)、ང(ng)、ཇ(z)、ཉ(ny)、ཏ(t)、ད(d)、ན(n)、ཙ(ts)、ཛ(dz)组合；前加字བ(b)和上加字ལ(l)同时能和基字ཏ(t)、ད(d)组合；前加字བ(b)和上加字ས(s)同时能和基字ཀ(k)、ག(g)、ང(ng)、ཉ(ny)、ཏ(t)、ད(d)、ན(n)、ཙ(ts)组合。

前加字ད(d)和下加字ཡ(y)同时能和基字ཀ(k)、ག(g)、པ(p)、བ(b)、མ(m)组合；前加字ད(d)和下加字ར(r)同时能和基字ཀ(k)、ག(g)、པ(p)、བ(b)组合；前加字བ(b)和下加字ཡ(y)同时能和基字ཀ(k)、ག(g)组合；前加字བ(b)和下加字ར(r)同时能和基字ཀ(k)、ག(g)、ས(s)组合；前加字བ(b)和下加字ལ(l)同时能和ཀ(k)、ག(g)、ཟ(z)、ར(r)、བ(b)、ས(s)组合；前加字མ(m)和下加字ཡ(y)同时能和基字ཁ(kh)、ག(g)组合；前加字མ(m)和下加字ར(r)同时能和基字ཁ(kh)、ག(g)组合；前加字འ(v)和下加字ཡ(y)同时能和基字ཁ(kh)、ག(g)、ཕ(ph)、བ(b)组合；前加字འ(v)和下加字ར(r)同时能和基字ཁ(kh)、ག(g)、ད(d)、ཕ(ph)、བ(b)组合。

四合的声母有 6 种组合，共 1 种组合类型，前加字、上加字和下加字同时和基字组合。

前加字བ(b)、上加字ར(r)和下加字ཡ(y)同时能和基字ར(r)、ཀ(k)、ག(g)组合；前加字བ(b)、上加字ས(s)和下加字ཡ(y)同时能和基字ས(s)、ཀ(k)、ག(g)组合；前加字བ(b)、上加字ས(s)和下加字ར(r)同时能和基字ས(s)、ཀ(k)、ག(g)组合。

藏语的韵母组合很整齐，由 5 个元音ཨ/ཨའ(a/av)、ཨི(i)、ཨུ(u)、ཨེ(e)、ཨོ(o)，和 20 个韵尾（包含零韵尾）ག(g)、གས(gs)、ང(ng)、ངས(ngs)、ད(d)、ན(n)、ནད(nd)、བ(b)、བས(bs)、མ(m)、མས(ms)、ར(r)、རད(rd)、ལ(l)、ལད(ld)、ས(s)、འི(vi)、འུ(vu)、འོ(vo)组合成 100 个韵母。分为 7 类：1)5 个单元音做韵母；2)བ(b)、ད(d)、ག(g)三个塞音韵尾和元音组合为 15 个韵母；3)ང(ng)、ན(n)、མ(m)三个鼻韵尾和元音组合为 15 个韵母；4)ར(r)、ལ(l)、ས(s)为持续音韵尾和元音组合为 15 个韵母；5)གས(gs)、ངས(ngs)、བས(bs)、མས(ms)四个带再后加字ས(s)的复合韵尾和元音组合为 20 个韵母；6)ནད(nd)、རད(rd)、ལད(ld)为三个带再后加字ད(d)复合韵尾和元音组合为 15 个韵母；7)འི(vi)、འུ(vu)、འོ(vo)三个复合元音韵尾和元音组合为 15 个韵母。

通过对古藏语音韵系统和词汇数据库的研究梳理，本调查表将古藏语的声母定为 220 个，其中单辅音声母 30 个、二合辅音声母 118 个、三合辅音声母 66 个、四合辅音声母 6 个。韵母定为 100 个，其中有 5 个单元音韵母、15 个复元音韵母、45 个单尾韵母、35 个复尾韵母。①以上均见声母表和韵母表。为了能使不同需求的人方便使用本表，我们设计了声母调查表、韵母调查表、单音节声调调查表和双音节声调调查表。这 4 个调查表共有 1000 左右的词汇，使用这些表格做一个方言点的初步调查可达到事半功倍的效果。

从调查表的声韵母安排可以看出，我们遵循了尽可能全面调查藏语方言所有语音的原则，因而调查表尽量保留了一些比较古的声母和韵母组合，如复合元音韵母和再后加字为ད(d)复尾韵韵母等，另外也保留了部分口语词典中的词汇和新借词。②由于编者的水平所限，难免出现选词、编排等方面的错误，真诚地希望使用者给我们反馈相关的信息，以便能不断地改进调查表。

① 另见格桑居冕先生的《藏语字性法与古藏语音系》一文（《民族语文》1991 年第 6 期）。
② 如《拉萨口语词典》的词汇和按语音拼写的新借词，其中有些可能不是规范的藏文拼写。

使 用 说 明

调查表主要包括三类：第一类包括藏文字母表、音节附表和国际音标表，用于调查人员的参考；第二类包括声母表和韵母表，用于调查人员填写整理调查结果；第三类包括声母调查表、韵母调查表、单音节声调调查表、双音节声调调查表和音节主表，是主要的调查工作表。

1. 藏文字母表包括辅音字母和元音符号表，每个表包含序号、辅音字母/元音符号和拉丁转写。

2. 声母表按照藏文顺序排列,共 220 个声母，每个声母有序号、藏文和拉丁转写，国际音标为空，用于填写调查结果。

3. 韵母表根据 5 个元音分栏，分别与 20 种韵尾（包括零韵尾）形式进行组合，构成 100 个韵母，表中包含韵尾代码、藏文、拉丁转写和音标空格，空格用于填写调查结果。

4. 声母调查表中的每个声母选 4 个例词（个别声母不够 4 个例词），一页 12 组。表中包含序号、藏文声母、藏文例词、拉丁转写、汉义和音标空格，空格用于填写调查结果。

5. 韵母调查表中的每个韵母选 4 个例词（个别韵母不够 4 个例词），一页 12 组。表中包含序号、藏文韵母、藏文例词、拉丁转写、汉义和音标空格，空格用于填写调查结果。

6. 声母有清（Q）、浊（Z）两种类型，韵母有长（C）、短（D）、塞（S）三种类型，声韵母搭配关系有清长（QC)、清短（QD)、清塞（QS)、浊长（ZC)、浊短（ZD)、浊塞（ZS）六种。单音节声调调查表根据这六种声韵母搭配形式，每种选 6 个例词。表中包含声韵类型、藏文例词、拉丁转写、汉义和声调空格，空格用于填写调查结果。

7. 双音节声调调查表有 36 种声调组合形式，每种形式选 4 个例词。表中包含声韵类型、藏文例词、拉丁转写、汉义和声调空格，空格用于填写调查结果。

8. 音节主表包括 6000 多个藏语音节，按藏文声母顺序排成 220 页，表中包含声母代码、声母的藏文形式、拉丁转写和国际音标空格。表格根据 5 个元音分栏，表格最后一列为 20 种韵尾类型。表中单音节语素标出汉义，非单音节语素标出附表中的位置代码，国际音标为空，用于填写调查结果。

9. 音节附表收录了单音节语素以外的只出现在多音节词汇中的音节，约 1000 个，表中包含序号、音节、藏文例词、汉义。序号的编码方式为“声母序号. 主表中汉义部分所填序号”，为主附表的相互查找提供了方便。

10. 国际音标表中列出常用的辅音和元音音标，以便调查人员随时查阅。

藏文字母表

藏文辅音字母拉丁转写对照表

序号	字母	拉丁转写	序号	字母	拉丁转写	序号	字母	拉丁转写	序号	字母	拉丁转写
1	ཀ	k	2	ཁ	kh	3	ག	g	4	ང	ng
5	ཅ	c	6	ཆ	ch	7	ཇ	j	8	ཉ	ny
9	ཏ	t	10	ཐ	th	11	ད	d	12	ན	n
13	པ	p	14	ཕ	ph	15	བ	b	16	མ	m
17	ཙ	ts	18	ཚ	tsh	19	ཛ	dz	20	ཝ	w
21	ཞ	zh	22	ཟ	z	23	འ	v	24	ཡ	y
25	ར	r	26	ལ	l	27	ཤ	sh	28	ས	s
29	ཧ	h	30	ཨ	–						

藏文元音符号拉丁转写对照表

序号	元音	拉丁转写	序号	元音	拉丁转写	序号	元音	拉丁转写	序号	元音	拉丁转写	序号	元音	拉丁转写
1	ཨ	a	2	ཨི	i	3	ཨུ	u	4	ཨེ	e	5	ཨོ	o

声 母 表

序号	藏文	拉丁转写	国际音标	序号	藏文	拉丁转写	国际音标	序号	藏文	拉丁转写	国际音标	序号	藏文	拉丁转写	国际音标	序号	藏文	拉丁转写	国际音标
1	ཀ	k		22	བསྐྱ	bsky		43	བག	bg		64	དང	dng		85	ཉྭ	nyw	
2	ཀྭ	kw		23	བསྐྲ	bskr		44	བགྱ	bgy		65	མང	mng		86	གཉ	gny	
3	ཀྱ	ky		24	ཁ	kh		45	བགྲ	bgr		66	རྔ	rng		87	མཉ	mny	
4	ཀྲ	kr		25	ཁྭ	khw		46	མག	mg		67	ལྔ	lng		88	རྙ	rny	
5	ཀླ	kl		26	ཁྱ	khy		47	མགྱ	mgy		68	སྔ	sng		89	སྙ	sny	
6	དཀ	dk		27	ཁྲ	khr		48	མགྲ	mgr		69	བརྔ	brng		90	བརྙ	brny	
7	དཀྱ	dky		28	མཁ	mkh		49	འག	vg		70	བསྔ	bsng		91	བསྙ	bsny	
8	དཀྲ	dkr		29	མཁྱ	mkhy		50	འགྱ	vgy		71	ཅ	c		92	ཏ	t	
9	བཀ	bk		30	མཁྲ	mkhr		51	འགྲ	vgr		72	གཅ	gc		93	ཏྲ	tr	
10	བཀྱ	bky		31	འཁ	vkh		52	རྒ	rg		73	བཅ	bc		94	གཏ	gt	
11	བཀྲ	bkr		32	འཁྱ	vkhy		53	རྒྱ	rgy		74	ལྕ	lc		95	བཏ	bt	
12	བཀླ	bkl		33	འཁྲ	vkhr		54	ལྒ	lg		75	ཆ	ch		96	རྟ	rt	
13	རྐ	rk		34	ག	g		55	སྒ	sg		76	མཆ	mch		97	ལྟ	lt	
14	རྐྱ	rky		35	གྭ	gw		56	སྒྱ	sgy		77	འཆ	vch		98	སྟ	st	
15	ལྐ	lk		36	གྱ	gy		57	སྒྲ	sgr		78	ཇ	j		99	བརྟ	brt	
16	སྐ	sk		37	གྲ	gr		58	བརྒ	brg		79	མཇ	mj		100	བལྟ	blt	
17	སྐྱ	sky		38	གྲྭ	grw		59	བརྒྱ	brgy		80	འཇ	vj		101	བསྟ	bst	
18	སྐྲ	skr		39	གླ	gl		60	བསྒ	bsg		81	རྗ	rj		102	ཐ	th	
19	བརྐ	brk		40	དག	dg		61	བསྒྱ	bsgy		82	ལྗ	lj		103	མཐ	mth	
20	བརྐྱ	brky		41	དགྱ	dgy		62	བསྒྲ	bsgr		83	བརྗ	brj		104	འཐ	vth	
21	བསྐ	bsk		42	དགྲ	dgr		63	ང	ng		84	ཉ	ny		105	ད	d	

序号	藏文	拉丁转写	国际音标	序号	藏文	拉丁转写	国际音标	序号	藏文	拉丁转写	国际音标	序号	藏文	拉丁转写	国际音标	序号	藏文	拉丁转写	国际音标
106	དྭ	dw		129	དཔ	dp		152	འབྲ	vbr		175	ཚ	tsh		198	ར	r	
107	དྲ	dr		130	དཔྱ	dpy		153	རྦ	rb		176	ཚྭ	tshw		199	རྭ	rw	
108	དྲྭ	drw		131	དཔྲ	dpr		154	ལྦ	lb		177	མཚ	mtsh		200	རླ	rl	
109	གད	gd		132	ལྤ	lp		155	སྦ	sb		178	འཚ	vtsh		201	བརླ	brl	
110	བད	bd		133	སྤ	sp		156	སྦྱ	sby		179	ཛ	dz		202	ལ	l	
111	མད	md		134	སྤྱ	spy		157	སྦྲ	sbr		180	མཛ	mdz		203	ལྭ	lw	
112	འད	vd		135	སྤྲ	spr		158	མ	m		181	འཛ	vdz		204	ཤ	sh	
113	འདྲ	vdr		136	ཕ	ph		159	མྱ	my		182	རྫ	rdz		205	ཤྭ	shw	
114	རྡ	rd		137	ཕྱ	phy		160	དམ	dm		183	བརྫ	brdz		206	གཤ	gsh	
115	ལྡ	ld		138	ཕྱྭ	phyw		161	དམྱ	dmy		184	ཝ	w		207	བཤ	bsh	
116	སྡ	sd		139	ཕྲ	phr		162	རྨ	rm		185	ཞ	zh		208	ས	s	
117	བརྡ	brd		140	འཕ	vph		163	རྨྱ	rmy		186	ཞྭ	zhw		209	སྲ	sr	
118	བལྡ	bld		141	འཕྱ	vphy		164	སྨ	sm		187	གཞ	gzh		210	སླ	sl	
119	བསྡ	bsd		142	འཕྲ	vphr		165	སྨྱ	smy		188	བཞ	bzh		211	གས	gs	
120	ན	n		143	བ	b		166	སྨྲ	smr		189	ཟ	z		212	བས	bs	
121	གན	gn		144	བྱ	by		167	ཙ	ts		190	ཟྭ	zw		213	བསྭ	bsw	
122	མན	mn		145	བྲ	br		168	གཙ	gts		191	ཟླ	zl		214	བསྲ	bsr	
123	རྣ	rn		146	བླ	bl		169	བཙ	bts		192	གཟ	gz		215	བསླ	bsl	
124	སྣ	sn		147	དབ	db		170	རྩ	rts		193	བཟ	bz		216	ཧ	h	
125	བརྣ	brn		148	དབྱ	dby		171	རྩྭ	rtsw		194	བཟླ	bzl		217	ཧྭ	hw	
126	བསྣ	bsn		149	དབྲ	dbr		172	སྩ	sts		195	འ	v		218	ཧྲ	hr	
127	པ	p		150	འབ	vb		173	བརྩ	brts		196	ཡ	y		219	ལྷ	lh	
128	པྲ	pr		151	འབྱ	vby		174	བསྩ	bsts		197	གཡ	gy		220	ཨ	–	

韵 母 表

韵母类型	元音:ཨ	拉丁转写 :a	元音:ཨི	拉丁转写 :i	元音:ཨུ	拉丁转写 :u	元音:ཨེ	拉丁转写 :e	元音:ཨོ	拉丁转写 :o	韵尾	
代码	藏文	拉丁转写 / 音标	藏文	拉丁转写 / 音标	藏文	拉丁转写 / 音标	藏文	拉丁转写 / 音标	藏文	拉丁转写 / 音标	藏文	拉丁转写
1	ཨ	a	ཨི	i	ཨུ	u	ཨེ	e	ཨོ	o	/འ	/v
2	ཨག	ag	ཨིག	ig	ཨུག	ug	ཨེག	eg	ཨོག	og	ག	g
3	ཨགས	ags	ཨིགས	igs	ཨུགས	ugs	ཨེགས	egs	ཨོགས	ogs	གས	gs
4	ཨང	ang	ཨིང	ing	ཨུང	ung	ཨེང	eng	ཨོང	ong	ང	ng
5	ཨངས	angs	ཨིངས	ings	ཨུངས	ungs	ཨེངས	engs	ཨོངས	ongs	ངས	ngs
6	ཨད	ad	ཨིད	id	ཨུད	ud	ཨེད	ed	ཨོད	od	ད	d
7	ཨན	an	ཨིན	in	ཨུན	un	ཨེན	en	ཨོན	on	ན	n
8	ཨནད	and	ཨིནད	ind	ཨུནད	und	ཨེནད	end	ཨོནད	ond	ནད	nd
9	ཨབ	ab	ཨིབ	ib	ཨུབ	ub	ཨེབ	eb	ཨོབ	ob	བ	b
10	ཨབས	abs	ཨིབས	ibs	ཨུབས	ubs	ཨེབས	ebs	ཨོབས	obs	བས	bs
11	ཨམ	am	ཨིམ	im	ཨུམ	um	ཨེམ	em	ཨོམ	om	མ	m
12	ཨམས	ams	ཨིམས	ims	ཨུམས	ums	ཨེམས	ems	ཨོམས	oms	མས	ms
13	ཨར	ar	ཨིར	ir	ཨུར	ur	ཨེར	er	ཨོར	or	ར	r
14	ཨརད	ard	ཨིརད	ird	ཨུརད	urd	ཨེརད	erd	ཨོརད	ord	རད	rd
15	ཨལ	al	ཨིལ	il	ཨུལ	ul	ཨེལ	el	ཨོལ	ol	ལ	l
16	ཨལད	ald	ཨིལད	ild	ཨུལད	uld	ཨེལད	eld	ཨོལད	old	ལད	ld
17	ཨས	as	ཨིས	is	ཨུས	us	ཨེས	es	ཨོས	os	ས	s
18	ཨའོ	avo	ཨིའོ	ivo	ཨུའོ	uvo	ཨེའོ	evo	ཨོའོ	ovo	འོ	vo
19	ཨའི	avi	ཨིའི	ivi	ཨུའི	uvi	ཨེའི	evi	ཨོའི	ovi	འི	vi
20	ཨའུ	avu	ཨིའུ	ivu	ཨུའུ	uvu	ཨེའུ	evu	ཨོའུ	ovu	འུ	vu

声 母 调 查 表

序号	声母	藏文	拉丁 转写	汉义 音标	序号	声母	藏文	拉丁 转写	汉义 音标
1	ཀ	ཀོ	ko	表停顿	7	དཀྱ	དཀྱུ	dkyu	驾驶
		ཀག	kag	忽然			དཀྱུད	dkyud	遗忘
		ཀེག	keg	厄运			དཀྱོག	dkyog	转弯
		ཀོག	kog	硬壳			དཀྱོགས	dkyogs	曲折，婉转
2	ཀྭ	ཀྭ	kwa	瓜	8	དཀྲ	དཀྲི	dkri	缠，绕
		ཀྭན	kwan	附表 2.1			དཀྲིག	dkrig	密集
		ཀྭས	kwas	附表 2.2			དཀྲུག	dkrug	搅拌
		ཀྭའི	kwavi	喂(语词)			དཀྲབ	dkrab	筛净
3	ཀྱ	ཀྱེ	kye	喂(语词)	9	བཀ	བཀུ	bku	熬
		ཀྱག	kyag	举起			བཀག	bkag	阻挡
		ཀྱང	kyang	虽然但是			བཀུག	bkug	招引
		ཀྱོང	kyong	低洼			བཀང	bkang	倒满
4	ཀྲ	ཀྲེ	kre	混合	10	བཀྱ	བཀྱག	bkyag	举起
		ཀྲོ	kro	取暖			བཀྱིག	bkyig	绑
		ཀྲག	krag	煎			བཀྱེ	bkye	派出
		ཀྲུགས	krugs	斗争			བཀྱེད	bkyed	增广
5	ཀླ	ཀླུ	klu	龙	11	བཀྲ	བཀྲ	bkra	闪耀
		ཀློག	klog	读			བཀྲི	bkri	带领
		ཀླུང	klung	平川			བཀྲག	bkrag	光泽
		ཀླད	klad	顶上			བཀྲིན	bkrin	恩惠
6	དཀ	དཀག	dkag	凝结	12	བཀླ	བཀླག	bklag	读
		དཀན	dkan	坡			བཀླགས	bklags	读
		དཀུ	dku	小腹			བཀླུབ	bklub	穿，戴
		དཀའི	dkavi	附表 6.1			བཀླུབས	bklubs	覆盖

序号	声母	藏文	拉丁转写	汉义	音标
13	རྐ	རྐ	rka	水渠	
		རྐུ	rku	偷窃	
		རྐོ	rko	雕刻	
		རྐང	rkang	骨髓	
14	རྐྱ	རྐྱ	rkya	单独	
		རྐྱང	rkyang	野骡	
		རྐྱོང	rkyong	伸展	
		རྐྱེན	rkyen	外因	
15	ལྐ	ལྐུ	lku	小偷	
		ལྐག	lkag	偏僻	
		ལྐུགས	lkugs	哑	
		ལྐལ	lkal	不存在	
16	སྐ	སྐག	skag	年灾月难	
		སྐུག	skug	赌	
		སྐང	skang	添满	
		སྐུང	skung	隐匿	
17	སྐྱ	སྐྱི	skyi	借贷	
		སྐྱུག	skyug	呕吐	
		སྐྱང	skyang	棕红色	
		སྐྱུང	skyung	减少	
18	སྐྲ	སྐྲ	skra	头发	
		སྐྲི	skri	派遣	
		སྐྲུ	skru	砍，撕	
		སྐྲུད	skrud	欺骗	
19	བརྐ	བརྐུ	brku	偷	
		བརྐོ	brko	挖	
		བརྐམ	brkam	贪婪，爱恋	
		བརྐམས	brkams	贪图，贪婪	
20	བརྐྱ	བརྐྱང	brkyang	伸出	
		བརྐྱངས	brkyangs	伸出	
		བརྐྱལ	brkyal	游泳	
21	བསྐ	བསྐུ	bsku	涂油	
		བསྐུག	bskug	赌	
		བསྐང	bskang	使满足	
		བསྐུང	bskung	隐瞒	
22	བསྐྱ	བསྐྱ	bskya	移动	
		བསྐྱི	bskyi	借	
		བསྐྱུག	bskyug	呕吐	
		བསྐྱང	bskyang	抚养	
23	བསྐྲ	བསྐྲི	bskri	引导	
		བསྐྲུ	bskru	剪，砍断	
		བསྐྲད	bskrad	驱逐	
		བསྐྲུན	bskrun	建造	
24	ཁ	ཁ	kha	嘴	
		ཁག	khag	类别	
		ཁུག	khug	弯曲处	
		ཁང	khang	房子	

序号	声母	藏文	拉丁转写	汉义 音标	序号	声母	藏文	拉丁转写	汉义 音标
25	ཁྭ	ཁྭ	khwa	小乌鸦	31	འཁ	འཁང	vkhang	憎恨
		ཁྭང	khwang	附表 25.1			འཁངས	vkhangs	抱怨
							འཁེགས	vkhegs	堵住
							འཁོགས	vkhogs	衰老
26	ཁྱ	ཁྱི	khyi	狗	32	འཁྱ	འཁྱུ	vkhyu	跑
		ཁྱེ	khye	利益			འཁྱིག	vkhyig	绞紧
		ཁྱོ	khyo	丈夫			འཁྱུག	vkhyug	草书
		ཁྱག	khyag	抬起			འཁྱགས	vkhyags	着凉
27	ཁྲ	ཁྲ	khra	猎鹰,鹞	33	འཁྲ	འཁྲ	vkhra	依靠
		ཁྲག	khrag	血			འཁྲི	vkhri	担负
		ཁྲིགས	khrigs	次序			འཁྲུ	vkhru	洗
		ཁྲང	khrang	健壮			འཁྲུག	vkhrug	错乱
28	མཁ	མཁུ	mkhu	嫉妒	34	ག	ག	ga	何,什么
		མཁོ	mkho	需要			གུ	gu	内部
		མཁན	mkhan	作者			གུག	gug	屈音符
		མཁོན	mkhon	仇恨			གུང	gung	中央
29	མཁྱ	མཁྱིད	mkhyid	五指拳	35	གྭ	གྭ	gwa	白额牲畜
		མཁྱུད	mkhyud	搂抱			གྭང	gwang	附表 35.1
		མཁྱེན	mkhyen	知道					
		མཁྱེནད	mkhyend	知道					
30	མཁྲ	མཁྲེགས	mkhregs	坚硬,巩固	36	གྱ	གྱིག	gyig	橡皮
		མཁྲང	mkhrang	健壮			གྱོག	gyog	弧形
		མཁྲིས	mkhris	胆			གྱང	gyang	墙壁
		མཁྲིག	mkhrig	手腕			གྱུང	gyung	亏损

序号	声母	藏文	拉丁转写	汉义	音标	序号	声母	藏文	拉丁转写	汉义	音标
37	གྲ	གྲག	grag	据说		43	བག	བགག	bgag	勒紧	
		གྲགས	grags	传遍				བགོ	bgo	分配	
		གྲང	grang	吗				བགེགས	bgegs	厉鬼	
		གྲངས	grangs	数字				བགད	bgad	笑	
38	གྲྭ	གྲྭ	grwa	院子,场所		44	བགྱ	བགྱང	bgyang	时间后退	
		གྲྭར	grwar	附表 38. 1				བགྱངས	bgyangs	拖长	
		གྲྭའི	grwavi	附表 38. 2				བགྱིད	bgyid	正做事	
								བགྱེད	bgyed	向后靠	
39	གླ	གླ	gla	雇,工资		45	བགྲ	བགྲང	bgrang	计算	
		གླག	glag	岩雕				བགྲུང	bgrung	使澄清	
		གླགས	glags	时机				བགྲད	bgrad	瞪眼	
		གླང	glang	公黄牛				བགྲུད	bgrud	去壳	
40	དག	དགོ	dgo	需要		46	མག	མགུ	mgu	满意	
		དགོག	dgog	阻止				མགོ	mgo	牿宿	
		དགུ	dgu	各样				མགོན	mgon	救主(佛)	
		དགུག	dgug	使弯				མགལ	mgal	颊	
41	དགྱ	དགྱེ	dgye	仰起		47	མགྱ	མགྱོགས	mgyogs	迅速	
		དགྱེད	dgyed	向上仰起							
		དགྱེས	dgyes	喜欢							
		དགྱེའོ	dgyevo	平房							
42	དགྲ	དགྲ	dgra	敌人		48	མགྲ	མགྲིན	mgrin	喉咙	
		དགྲད	dgrad	张开				མགྲོན	mgron	客人	
		དགྲམ	dgram	摊开							
		དགྲོངས	dgrongs	弑							

序号	声母	藏文	拉丁转写	汉义 / 音标	序号	声母	藏文	拉丁转写	汉义 / 音标
49	འག	འགག	vgag	要隘	55	སྒ	སྒུ	sgu	驼背
		འགགས	vgags	阻塞			སྒུག	sgug	等候
		འགང	vgang	关键			སྒོ	sgo	门
		འགངས	vgangs	关键			སྒོག	sgog	勒紧
50	འགྱ	འགྱག	vgyag	斛	56	སྒྱ	སྒྱིང	sgying	伸展
		འགྱང	vgyang	延长			སྒྱོགས	sgyogs	炮
		འགྱིག	vgyig	橡胶			སྒྱོང	sgyong	隐瞒
		འགྱིང	vgying	傲慢			སྒྱུར	sgyur	更改
51	འགྲ	འགྲགས	vgrags	大声叫喊	57	སྒྲ	སྒྲ	sgra	声音
		འགྲང	vgrang	饱			སྒྲེ	sgre	猞猁
		འགྲེ	vgre	打滚			སྒྲོ	sgro	翎毛
		འགྲེང	vgreng	立起			སྒྲོགས	sgrogs	宣布
52	རྒ	རྒ	rga	老	58	བརྒ	བརྒགས	brgags	发誓
		རྒུ	rgu	众多			བརྒན	brgan	藤木染料
		རྒོངས	rgongs	夜晚			བརྒལ	brgal	渡(水)
		རྒོད	rgod	雕			བརྒད	brgad	嘲笑
53	རྒྱ	རྒྱག	rgyag	关(门)	59	བརྒྱ	བརྒྱགས	brgyags	口粮
		རྒྱགས	rgyags	干粮			བརྒྱང	brgyang	展开
		རྒྱང	rgyang	距离			བརྒྱན	brgyan	装饰
		རྒྱངས	rgyangs	遥远			བརྒྱུག	brgyug	驱赶
54	ལྒ	ལྒ	lga	姜	60	བསྒ	བསྒག	bsgag	绞紧
		ལྒོ	lgo	附表 54.1			བསྒུག	bsgug	等候
		ལྒང	lgang	膀胱			བསྒང	bsgang	使装满
							བསྒབ	bsgab	覆盖

序号	声母	藏文	拉丁转写	汉义	音标	序号	声母	藏文	拉丁转写	汉义	音标
61	བསྒྱ	བསྒྱང	bsgyang	延长		67	ལྔ	ལྔ	lnga	辅音字母	
		བསྒྱིང	bsgying	打哈欠				ལྔས	lngas	附表 67.1	
		བསྒྱུར	bsgyur	改变				ལྔའི	lngavi	附表 67.2	
		བསྒྱེལ	bsgyel	推倒							
62	བསྒྲ	བསྒྲག	bsgrag	宣布		68	སྔ	སྔ	snga	早	
		བསྒྲིག	bsgrig	排列				སྔག	sngag	赞美	
		བསྒྲུག	bsgrug	拾起				སྔངས	sngangs	恐惧	
		བསྒྲུང	bsgrung	融化				སྔན	sngan	以前	
63	ང	ང	nga	我		69	བརྔ	བརྔ	brnga	收割	
		ངག	ngag	话语				བརྔད	brngad	狡猾	
		ངད	ngad	能力				བརྔན	brngan	薪水	
		ངང	ngang	性格				བརྔོན	brngon	猎物	
64	དང	དངོ	dngo	边缘		70	བསྔ	བསྔག	bsngag	赞美	
		དངགས	dngags	辞令				བསྔང	bsngang	胆怯	
		དངང	dngang	害怕				བསྔོ	bsngo	送,赐	
		དངན	dngan	猎物				བསྔོག	bsngog	挖	
65	མང	མངག	mngag	派遣		71	ཅ	ཅོ	co	头	
		མངན	mngan	过失				ཅོག	cog	一切	
		མངོན	mngon	显现				ཅན	can	近处	
		མངར	mngar	甜的				ཅོང	cong	钟	
66	རྔ	རྔ	rnga	鼓		72	གཅ	གཅག	gcag	打破	
		རྔུ	rngu	疼痛				གཅང	gcang	聪明	
		རྔབ	rngab	饥饿				གཅད	gcad	砍	
		རྔམ	rngam	威风				གཅན	gcan	关口	

序号	声母	藏文	拉丁转写	汉义 音标	序号	声母	藏文	拉丁转写	汉义 音标
73	བཙ	བཙག	bcag	打碎	79	མཇ	མཇུག	mjug	后面
		བཙང	bcang	握			མཇིང	mjing	中央
		བཙད	bcad	砍			མཇོར	mjor	锄头
		བཙུག	bcug	安置			མཇོལ	mjol	拜见
74	ལྕ	ལྕ	lca	当归	80	འཇ	འཇུ	vju	抓，握
		ལྕག	lcag	鞭子			འཇུག	vjug	让，使
		ལྕུག	lcug	细枝			འཇེ	vje	厌烦
		ལྕུགས	lcugs	刀锋			འཇོངས	vjongs	吞下
75	ཆ	ཆ	cha	双	81	རྗ	རྗེ	rje	尊者，交换
		ཆུད	chud	容纳			རྗང	rjang	仓库
		ཆུན	chun	约束			རྗེད	rjed	恭敬
		ཆབ	chab	水			རྗོད	rjod	解说
76	མཆ	མཆི	mchi	存在	82	ལྗ	ལྗི	lji	重
		མཆིག	mchig	磨子			ལྗགས	ljags	舌
		མཆོང	mchong	青白玛瑙			ལྗིབས	ljibs	衬垫物
		མཆིང	mching	中部			ལྗོངས	ljongs	区域
77	འཆ	འཆུ	vchu	弄弯	83	བརྗ	བརྗེ	brje	更换
		འཆུག	vchug	出错			བརྗེས	brjes	交换
		འཆེ	vche	允诺			བརྗེད	brjed	遗忘
		འཆེག	vcheg	撕开			བརྗོད	brjod	解说
78	ཇ	ཇ	ja	茶	84	ཉ	ཉ	nya	鱼
		ཇེ	je	逐渐			ཉག	nyag	低陷处
		ཇོ	jo	哥哥			ཉན	nyan	听
		ཇག	jag	土匪			ཉང	nyang	年氏

序号	声母	藏文	拉丁转写	汉义	音标	序号	声母	藏文	拉丁转写	汉义	音标
85	ཉྭ	ཉྭ	nywa	腿肚子		91	བསྙ	བསྙིག	bsnyig	择去	
								བསྙིགས	bsnyigs	择去	
								བསྙེགས	bsnyegs	追赶	
								བསྙེང	bsnyeng	恐惧	
86	གཉ	གཉི	gnyi	两个		92	ཏ	ཏ	ta	藏文字母	
		གཉོག	gnyog	捶打				ཏག	tag	木锤	
		གཉོགས	gnyogs	咀嚼				ཏུ	tu	介词	
		གཉོད	gnyod	价值				ཏུག	tug	方法穷尽	
87	མཉ	མཉེད	mnyed	鞣(皮子)		93	ཏྲ	ཏྲ	tra	猿	
		མཉེན	mnyen	柔软				ཏྲེ	tre	附表 93.1	
		མཉེ	mnye	搓揉				ཏྲེམ	trem	关节炎	
		མཉམ	mnyam	平等				ཏྲོན	tron	勤勉	
88	རྙ	རྙ	rnya	借		94	གཏ	གཏག	gtag	捶击	
		རྙོག	rnyog	搅浑				གཏགས	gtags	打(字)	
		རྙོང	rnyong	圈套				གཏི	gti	说	
		རྙེངས	rnyengs	勇敢				གཏིག	gtig	使滴水	
89	སྙ	སྙིག	snyig	择去		95	བཏ	བཏགས	btags	佩带	
		སྙིགས	snyigs	剔除				བཏང	btang	搞, 作	
		སྙིང	snying	心脏				བཏུང	btung	喝	
		སྙན	snyan	耳朵				བཏུངས	btungs	喝	
90	བརྙ	བརྙང	brnyang	泻		96	རྟ	རྟ	rta	马	
		བརྙངས	brnyangs	泻				རྟག	rtag	长久不变	
		བརྙིང	brnying	旧				རྟོབ	rtob	两岁马驹	
		བརྙབས	brnyabs	够得着				རྟོབས	rtobs	紧张	

序号	声母	藏文	拉丁转写	汉义	音标
97	ལྟ	ལྟ	lta	看	
		ལྟག	ltag	上方	
		ལྟང	ltang	包	
		ལྟོང	ltong	箭尾	
98	སྟ	སྟག	stag	老虎	
		སྟུག	stug	密集	
		སྟུང	stung	使短	
		སྟངས	stangs	方法	
99	བརྟ	བརྟག	brtag	考察	
		བརྟད	brtad	快速	
		བརྟོད	brtod	拴牧	
		བརྟུན	brtun	勤奋	
100	བལྟ	བལྟབ	bltab	折叠	
		བལྟབས	bltabs	折叠	
		བལྟམ	bltam	生孩子	
		བལྟམས	bltams	生孩子	
101	བསྟ	བསྟུང	bstung	剪断	
		བསྟུངས	bstungs	剪断	
		བསྟུད	bstud	继续	
		བསྟུན	bstun	符合	
102	ཐ	ཐ	tha	藏文字母	
		ཐག	thag	距离	
		ཐགས	thags	织物	
		ཐང	thang	平地	
103	མཐ	མཐུ	mthu	力量	
		མཐུག	mthug	厚	
		མཐིང	mthing	石青	
		མཐོན	mthon	高	
104	འཐ	འཐག	vthag	织	
		འཐང	vthang	下身	
		འཐིབ	vthib	(天)变阴	
		འཐམས	vthams	缠	
105	ད	དོ	do	二	
		དོག	dog	狭窄	
		དོགས	dogs	恐惧	
		དོང	dong	洞穴	
106	དྭ	དྭ	dwa	兑卦	
		དྭགས	dwags	附表 106.1	
		དྭངས	dwangs	澄清	
		དྭོ	dwo	附表 106.2	
107	དྲ	དྲང	drang	直的	
		དྲངས	drangs	引导	
		དྲད	drad	拽	
		དྲན	dran	想起	
108	དྲྭ	དྲྭ	drwa	附表 108.1	

序号	声母	藏文	拉丁转写	汉义	音标	序号	声母	藏文	拉丁转写	汉义	音标
109	གད	གདག	gdag	清爽		115	ལྡ	ལྡང	ldang	跳跃	
		གདུག	gdug	烧香				ལྡིང	lding	盘旋	
		གདེག	gdeg	挂				ལྡད	ldad	嚼，反刍	
		གདོང	gdong	前面				ལྡན	ldan	具有	
110	བད	བདེ	bde	平坦		116	སྡ	སྡི	sdi	瞄准	
		བདོ	bdo	增长				སྡིག	sdig	罐	
		བདུག	bdug	熏				སྡུད	sdud	收集	
		བདོག	bdog	存在				སྡིགས	sdigs	责骂	
111	མད	མདང	mdang	昨晚		117	བརྡ	བརྡ	brda	信息	
		མདུང	mdung	矛				བརྡབ	brdab	碰着	
		མདོ	mdo	关键				བརྡབས	brdabs	拍，打	
		མདོག	mdog	颜色				བརྡིབ	brdib	塌	
112	འད	འདུ	vdu	收集		118	བལྡ	བལྡི	bldi	口齿不清	
		འདེ	vde	给(你)				བལྡད	bldad	嚼	
		འདོ	vdo	机警				བལྡག	bldag	舐	
		འདོག	vdog	消灭				བལྡགས	bldags	舐	
113	འདྲ	འདྲོག	vdrog	刚刚		119	བསྡ	བསྡུ	bsdu	收	
		འདྲོགས	vdrogs	惊				བསྡད	bsdad	坐	
		འདྲོང	vdrong	排出				བསྡོང	bsdong	一起	
		འདྲོད	vdrod	啃				བསྡོགས	bsdogs	归置东西	
114	རྡ	རྡོ	rdo	石头		120	ན	ན	na	藏文字母	
		རྡོག	rdog	颗，粒				ནག	nag	黑色	
		རྡུགས	rdugs	穷尽				ནགས	nags	森林	
		རྡུང	rdung	敲				ནངས	nangs	古代	

序号	声母	藏文	拉丁转写	汉义 音标
121	གན	གནག	gnag	黑牛
		གནང	gnang	赐
		གནན	gnan	压
		གནོག	gnog	利益
122	མན	མནག	mnag	忍受
		མནགས	mnags	忍受
		མནངས	mnangs	份量
		མནན	mnan	已摁,压
123	རྣ	རྣོ	rno	锋利
		རྣོག	rnog	擦,忍受
		རྣོགས	rnogs	怀念
		རྣོང	rnong	呻吟
124	སྣ	སྣ	sna	鼻
		སྣོ	sno	揉,调拌
		སྣག	snag	亲属
		སྣོག	snog	涂掉
125	བརྣ	བརྣག	brnag	愤怒
		བརྣན	brnan	严格
		བརྣང	brnang	呻吟
		བརྣགས	brnags	忍受
126	བསྣ	བསྣམ	bsnam	填
		བསྣར	bsnar	已拖长
		བསྣེམ	bsnem	潮湿
		བསྣུར	bsnur	已研碎
127	པ	པེ	pe	完全
		པང	pang	怀抱
		པར	par	照片
		པིར	pir	毛笔
128	པྲ	པྲ	pra	预兆
		པྲག	prag	附表 128. 1
		པྲོག	prog	顶
		པྲེང	preng	附表 128. 3
129	དཔ	དཔག	dpag	估计
		དཔགས	dpags	估量
		དཔང	dpang	证明
		དཔངས	dpangs	高度
130	དཔྱ	དཔྱང	dpyang	挂,悬挂
		དཔྱད	dpyad	外治法
		དཔྱིད	dpyid	圆满吉祥
		དཔྱངས	dpyangs	悬吊
131	དཔྲ	དཔྲི	dpri	初乳
		དཔྲག	dprag	空隙
		དཔྲལ	dpral	额头
		དཔྲུལ	dprul	裂成碎片
132	ལྤ	ལྤགས	lpags	糌粑团

序号	声母	藏文	拉丁转写	汉义	音标
133	སྤ	སྤ	spa	勇气	
		སྤད	spad	儿子	
		སྤང	spang	草地	
		སྤགས	spags	糌粑团	
134	སྤྱ	སྤྱོ	spyo	责骂	
		སྤྱིན	spyin	浆糊	
		སྤྱང	spyang	悬，吊	
		སྤྱུགས	spyugs	流放	
135	སྤྲ	སྤྲེ	spre	猴子	
		སྤྲོ	spro	欢喜	
		སྤྲག	sprag	抖落	
		སྤྲིང	spring	寄(信)	
136	ཕ	ཕ	pha	父亲	
		ཕག	phag	秘密	
		ཕང	phang	纺锤	
		ཕངས	phangs	惋惜	
137	ཕྱ	ཕྱགས	phyags	鞋	
		ཕྱིས	phyis	抹	
		ཕྱག	phyag	手指	
		ཕྱུར	phyur	上溢	
138	ཕྱྭ	ཕྱྭ	phywa	迹象	
		ཕྱྭའི	phywavi	附表 138.1	
139	ཕྲ	ཕྲུ	phru	粉末	
		ཕྲུག	phrug	表幼小	
		ཕྲན	phran	鄙人	
		ཕྲིགས	phrigs	观察	
140	འཕ	འཕག	vphag	挣扎	
		འཕིག	vphig	钻孔	
		འཕུང	vphung	失败	
		འཕང	vphang	高度	
141	འཕྱ	འཕྱ	vphya	讥笑	
		འཕྱི	vphyi	迟	
		འཕྱག	vphyag	扫	
		འཕྱང	vphyang	悬挂	
142	འཕྲ	འཕྲི	vphri	减少	
		འཕྲུ	vphru	顶子	
		འཕྲག	vphrag	山谷	
		འཕྲིག	vphrig	调查	
143	བ	བུ	bu	儿子	
		བང	bang	飞奔	
		བགས	bags	缓慢	
		བངས	bangs	坟	
144	བྱ	བྱ	bya	鸡	
		བྱི	byi	山鼠	
		བྱག	byag	强盗	
		བྱད	byad	脸	

序号	声母	藏文	拉丁转写	汉义	音标	序号	声母	藏文	拉丁转写	汉义	音标
145	བྲ	བྲི	bri	写,画		151	འབྱ	འབྱེ	vbye	散	
		བྲག	brag	岩石				འབྱིད	vbyid	滑脱	
		བྲང	brang	胸膛				འབྱོག	vbyog	舔	
		བྲབ	brab	鞭打				འབྱོང	vbyong	洁净	
146	བླ	བླུ	blu	赎取		152	འབྲ	འབྲུ	vbru	谷物	
		བླད	blad	咀嚼				འབྲུག	vbrug	龙	
		བླུག	blug	灌				འབྲེག	vbreg	剪,割	
		བླགས	blags	倾听				འབྲེང	vbreng	皮带	
147	དབ	དབུ	dbu	头		153	རྦ	རྦ	rba	浪	
		དབག	dbag	污染				རྦད	rbad	夸大	
		དབུག	dbug	凿				རྦབ	rbab	悬崖	
		དབུད	dbud	中间				རྦོད	rbod	唆使	
148	དབྱ	དབྱིག	dbyig	财物		154	ལྦ	ལྦུ	lbu	气泡	
		དབྱར	dbyar	夏天				ལྦོ	lbo	肿胀	
		དབྱུགས	dbyugs	抛掷				ལྦང	lbang	附表 154.1	
		དབྱིངས	dbyings	领域				ལྦལ	lbal	附表 154.2	
149	དབྲ	དབྲག	dbrag	缝		155	སྦ	སྦགས	sbags	玷污	
		དབྲོག	dbrog	抢夺				སྦང	sbang	马粪	
		དབྲད	dbrad	刮,搔				སྦངས	sbangs	马粪	
		དབྲབ	dbrab	鞭打				སྦུང	sbung	努力	
150	འབ	འབུ	vbu	昆虫		156	སྦྱ	སྦྱག	sbyag	掉膘	
		འབུག	vbug	锥子				སྦྱོང	sbyong	学,练习	
		འབང	vbang	使潮湿				སྦྱིན	sbyin	给予	
		འབུང	vbung	努力				སྦྱིགས	sbyigs	贫穷	

序号	声母	藏文	拉丁转写	汉义 / 音标	序号	声母	藏文	拉丁转写	汉义 / 音标
157	སྦྲ	སྦྲ	sbra	牛毛帐篷	163	རྨྱ	རྨྱ	rmya	劳累
		སྦྲུ	sbru	和(面)			རྨྱི	rmyi	附表 163.1
		སྦྲང	sbrang	箭头			རྨྱང	rmyang	呵欠
		སྦྲད	sbrad	刮，搔			རྨྱོང	rmyong	伸
158	མ	མེ	me	火	164	སྨ	སྨ	sma	低
		མིང	ming	名字			སྨག	smag	黑暗
		མིག	mig	眼睛			སྨེ	sme	痛苦
		མུག	mug	饥馑			སྨུག	smug	烟雾
159	མྱ	མྱི	myi	人	165	སྨྱ	སྨྱང	smyang	呵欠
		མྱིག	myig	眼睛			སྨྱན	smyan	结婚
		མྱེ	mye	火			སྨྱུར	smyur	快速
		མྱོག	myog	孩童			སྨྱུགས	smyugs	逐渐松开
160	དམ	དམག	dmag	军队	166	སྨྲ	སྨྲ	smra	讲
		དམིག	dmig	眼睛			སྨྲེ	smre	怨叹
		དམུན	dmun	傻子			སྨྲང	smrang	语言
		དམངས	dmangs	平民			སྨྲེང	smreng	悲叹
161	དམྱ	དམྱིག	dmyig	眼睛	167	ཚ	ཚག	tsag	寒冷
		དམྱལ	dmyal	谈话			ཚོག	tsog	蹲
		དམྱིགས	dmyigs	附表 161.1			ཚད	tsad	炎热
		དམྱུགས	dmyugs	取出来			ཚོང	tsong	葱
162	རྨ	རྨ	rma	疮伤	168	གཙ	གཙི	gtsi	喜爱
		རྨི	rmi	做梦			གཙེ	gtse	伤害
		རྨང	rmang	根基			གཙོ	gtso	主要
		རྨད	rmad	优胜			གཙུག	gtsug	头顶

序号	声母	藏文	拉丁转写	汉义	音标
169	བཙ	བཙོ	btso	反刍	
		བཙོན	btson	监狱	
		བཙོང	btsong	葱	
		བཙོགས	btsogs	挨打	
170	རྩ	རྩིག	rtsig	砌, 筑	
		རྩེག	rtseg	重叠	
		རྩོག	rtsog	坐, 蹲	
		རྩོད	rtsod	争辩	
171	རྩྭ	རྩྭ	rtswa	草	
		རྩྭའི	rtswavi	附表 171. 1	
172	སྩ	སྩེལ	stsel	清晰	
		སྩལ	stsal	发(奖)	
		སྩོལ	stsol	赐给	
		སྩོགས	stsogs	等	
173	བརྩ	བརྩི	brtsi	计算	
		བརྩེ	brtse	慈爱	
		བརྩོན	brtson	勤奋	
		བརྩིག	brtsig	建造	
174	བསྩ	བསྩུ	bstsu	迎接	
		བསྩལ	bstsal	发(奖)	
		བསྩགས	bstsags	积累	
		བསྩངས	bstsangs	附表 174. 1	

序号	声母	藏文	拉丁转写	汉义	音标
175	ཚ	ཚུ	tshu	醋	
		ཚེ	tshe	寿命	
		ཚུག	tshug	高温针刺	
		ཚེགས	tshegs	困难	
176	ཚྭ	ཚྭ	tshwa	盐	
		ཚྭའི	tshwavi	附表 176. 1	
177	མཚ	མཚེའུ	mtshevu	湖泊	
		མཚོ	mtsho	湖泊	
		མཚན	mtshan	名字	
		མཚམས	mtshams	界限	
178	འཚ	འཚེ	vtshe	损害	
		འཚོ	vtsho	饲养	
		འཚོག	vtshog	聚集	
		འཚེང	vtsheng	满意	
179	ཛ	ཛམ	dzam	附表 179. 1	
		ཛར	dzar	附表 179. 2	
		ཛལ	dzal	附表 179. 3	
		ཛོར	dzor	露怯	
180	མཛ	མཛོ	mdzo	犏牛	
		མཛར	mdzar	干粮	
		མཛོད	mdzod	仓库	
		མཛངས	mdzangs	聪明	

序号	声母	藏文	拉丁转写	汉义	音标	序号	声母	藏文	拉丁转写	汉义	音标
181	འཛ	འཛེག	vdzeg	爬		187	གཞ	གཞག	gzhag	放置	
		འཛིང	vdzing	骂				གཞུང	gzhung	政府	
		འཛུམ	vdzum	微笑				གཞོང	gzhong	盘子	
		འཛུགས	vdzugs	栽，种				གཞུངས	gzhungs	聪明	
182	རྫ	རྫང	rdzang	箱子		188	བཞ	བཞེང	bzheng	站立	
		རྫིང	rdzing	牲口的尿				བཞིན	bzhin	脸部	
		རྫུན	rdzun	谎言				བཞུས	bzhus	融化	
		རྫབ	rdzab	泥淖				བཞུགས	bzhugs	坐	
183	བརྫ	བརྫི	brdzi	践踏		189	ཟ	ཟུག	zug	疼痛	
		བརྫུ	brdzu	假装				ཟས	zas	食物	
		བརྫང	brdzang	塞入				ཟིངས	zings	战斗	
		བརྫུན	brdzun	虚伪				ཟོས	zos	吃	
184	ཝ	ཝ	wa	狐		190	ཟྭ	ཟྭ	zwa	锁子	
		ཝང	wang	王爵							
		ཝད	wad	擦(火柴)							
		ཝལ	wal	显现							
185	ཞ	ཞག	zhag	油脂		191	ཟླ	ཟླ	zla	月亮	
		ཞད	zhad	气味				ཟླུག	zlug	倒入	
		ཞེར	zher	辱骂				ཟླུམ	zlum	圆形	
		ཞོལ	zhol	下方				ཟླུགས	zlugs	灌输	
186	ཞྭ	ཞྭ	zhwa	帽子		192	གཟ	གཟིག	gzig	豹子	
								གཟིང	gzing	蓬松	
								གཟེན	gzen	馓子	
								གཟོན	gzon	浪费	

序号	声母	藏文	拉丁转写	汉义	音标
193	བཟ	བཟང	bzang	好,善	
		བཟིད	bzid	风	
		བཟབ	bzab	慎重	
		བཟས	bzas	吃	
194	བཟླ	བཟླུག	bzlug	请求	
		བཟློག	bzlog	使退却	
		བཟླུམ	bzlum	调和	
		བཟློས	bzlos	反复念诵	
195	འ	འོང	vong	庄稼	
		འོངས	vongs	适合	
		འོད	vod	光	
		འོན	von	聋	
196	ཡ	ཡོག	yog	搓	
		ཡོགས	yogs	搓	
		ཡུམ	yum	母亲	
		ཡུལ	yul	家乡	
197	གཡ	གཡུག	gyug	挥舞	
		གཡང	gyang	悬崖	
		གཡེང	gyeng	懈怠	
		གཡོད	gyod	香肠	
198	ར	རོང	rong	山谷	
		རིད	rid	鞣革木刀	
		རན	ran	合适	
		རངས	rangs	高兴	
199	རྭ	རྭ	rwa	犄角	
200	རླ	རླན	rlan	潮湿	
		རླུང	rlung	风	
		རླིངས	rlings	态度严肃	
		རླིབས	rlibs	覆盖	
201	བརླ	བརླང	brlang	粗暴	
		བརླག	brlag	糟蹋	
		བརླིང	brling	深奥	
		བརླན	brlan	潮湿	
202	ལ	ལུགས	lugs	制度	
		ལུད	lud	肥料	
		ལོབ	lob	说	
		ལས	las	宿命	
203	ལྭ	ལྭ	lwa	衣服	
		ལྭོ	lwo	肠子	
204	ཤ	ཤུགས	shugs	力气,劲	
		ཤུངས	shungs	咒骂	
		ཤིང	shing	树木	
		ཤོན	shon	舞蹈	

序号	声母	藏文	拉丁转写	汉义	音标	序号	声母	藏文	拉丁转写	汉义	音标
205	ཤྭ	ཤྭ	shwa	兔唇		211	གས	གསང	gsang	孔	
		ཤྭའི	shwavi	附表 205.1				གསོག	gsog	积攒	
								གསད	gsad	杀死	
								གསོམ	gsom	松树	
206	གཤ	གཤག	gshag	撕开		212	བས	བསུག	bsug	搓揉	
		གཤུད	gshud	冻伤				བསེང	bseng	清晰	
		གཤེད	gshed	冤家				བསུན	bsun	厌烦	
		གཤོབ	gshob	谎言				བསོད	bsod	福气	
207	བཤ	བཤིག	bshig	毁坏		213	བསྭ	བསྭོ	bswo	附表 213.1	
		བཤུང	bshung	讽刺							
		བཤུམ	bshum	哭泣							
		བཤོགས	bshogs	忏悔							
208	ས	སེང	seng	狮		214	བསྲ	བསྲུལ	bsrul	腐烂	
		སུན	sun	厌烦				བསྲེལ	bsrel	保护	
		སེད	sed	梳理				བསྲིང	bsring	延长	
		སངས	sangs	消除				བསྲན	bsran	忍受	
209	སྲ	སྲིང	sring	伸长		215	བསླ	བསླུ	bslu	引诱	
		སྲུན	srun	温和				བསླུག	bslug	喜悦	
		སྲོག	srog	生命				བསླང	bslang	乞讨	
		སྲིན	srin	昆虫				བསླད	bslad	腐蚀	
210	སླ	སློག	slog	搜查		216	ཧ	ཧང	hang	空，虚	
		སློམ	slom	竹篓				ཧུད	hud	叹息声	
		སླེའོ	slevo	话，语言				ཧན	han	国王	
		སློས	slos	念诵				ཧམ	ham	鞋	

序号	声母	藏文	拉丁转写	汉义	音标	序号	声母	藏文	拉丁转写	汉义	音标
217	ཧྭ	ཧྭ	hwa	衣服领口		219	ལྷ	ལྷེབ	lheb	片，块	
		ཧྭག	hwag	附表 217.1				ལྷུབ	lhub	飘扬	
		ཧྭགས	hwags	蔗糖				ལྷས	lhas	畜栏	
		ཧྭང	hwang	附表 217.2				ལྷུར	lhur	虔诚	
218	ཧྲ	ཧྲུག	hrug	小碎片		220	ཨ	ཨན	-an	首节颈椎骨	
		ཧྲང	hrang	惯坏				ཨེན	-en	少量	
		ཧྲེང	hreng	强硬				ཨབ	-ab	冻僵	
		ཧྲུད	hrud	粗鲁				ཨོམ	-om	首要人物	

韵母调查表

序号	韵母	藏文	拉丁转写	汉义	音标	序号	韵母	藏文	拉丁转写	汉义	音标
1	ཨ	རྩྭ	rtswa	草		7	ཨན	གཟན	gzan	袈裟	
		རྟ	rta	马				སྨན	sman	药物	
		ང	nga	我				སྟན	stan	垫子	
		རྭ	rwa	犄角				སྐྲན	skran	肿瘤	
2	ཨག	བཏག	btag	筘(织具)		8	ཨནད	ནནད	nand	严厉	
		སྟག	stag	老虎				སྤྱནད	spyand	眼睛	
		གཡག	gyag	公牦牛				འགྲནད	vgrand	比赛	
		རག	rag	黄铜				བརྣནད	brnand	严格	
3	ཨགས	ཕྱགས	phyags	鞋		9	ཨབ	ཁབ	khab	针	
		ལྕགས	lcags	铁				ཐབ	thab	灶	
		གྲགས	grags	传遍				འབབ	vbab	下(雨)	
		ནགས	nags	森林				ལབ	lab	萝卜	
4	ཨང	རྐང	rkang	骨髓		10	ཨབས	ཐབས	thabs	办法	
		གཙང	gtsang	后藏				བསྐྱབས	bskyabs	拯救	
		ནང	nang	里面				རླབས	rlabs	波浪	
		བཟང	bzang	好，善				བསྙབས	bsnyabs	摸	
5	ཨངས	ཁངས	khangs	雪		11	ཨམ	ལྷམ	lham	鞋	
		བརྐྱངས	brkyangs	伸出				བསམ	bsam	认为	
		གངས	gangs	雪				གནམ	gnam	天空	
		ཟངས	zangs	铜				སྒམ	sgam	箱子	
6	ཨད	སྐད	skad	声音		12	ཨམས	ཁམས	khams	康区	
		ནད	nad	病				བརྩམས	brtsams	著(书)	
		བད	bad	霜				བསྡམས	bsdams	捆	
		བགད	bgad	笑				ཉམས	nyams	体会	

序号	韵母	藏文	拉丁转写	汉义/音标	序号	韵母	藏文	拉丁转写	汉义/音标
13	ཨར	ཀར	kar	猛烈	19	ཨའུ	སྤའུ	spavu	土坯
		དཀྱར	dkyar	靴子			ཕྲའུ	phravu	细小
		བཀར	bkar	打开			བྱའུ	byavu	角宿
		སྐྱར	skyar	追问			བྲའུ	bravu	荞麦
14	ཨརད	ཐརད	thard	逃脱	20	ཨའོ	བླའོ	blavo	好,胜
		བསྐརད	bskard	转(圈)			བྲའོ	bravo	荞麦
		མནརད	mnard	已受痛苦					
		བརྡརད	brdard	磨					
15	ཨལ	རྩལ	rtsal	技能	21	ཨི	ཁྱི	khyi	狗
		རྐྱལ	rkyal	游泳			གྲི	gri	刀
		གྲལ	gral	行列			རི	ri	山
		གསལ	gsal	明亮			བཞི	bzhi	四
16	ཨལད	མཇལད	mjald	拜见	22	ཨིག	གཅིག	gcig	一
		བཙལད	btsald	寻找			ཚིག	tshig	句子
		མཇལད	mjald	拜见			གཟིག	gzig	豹子
		འགྱལད	vgyald	倒			རིག	rig	看见
17	ཨས	ལས	las	宿命	23	ཨིགས	བརྩིགས	brtsigs	砌,叠
		སླས	slas	侍从			འཁྲིགས	vkhrigs	笼罩
		ལྷས	lhas	畜栏			རྩིགས	rtsigs	修砌
		གཤས	gshas	纯洁			གཟིགས	gzigs	请看
18	ཨའི	ཀྭའི	kwavi	喂(语)	24	ཨིང	གླིང	gling	岛屿
		བླའི	blavi	好,胜			སྙིང	snying	心脏
		ལྷའི	lhavi	神的			ཤིང	shing	树木
		ཏའི	tavi	虽然但是			རྫིང	rdzing	牲口的尿

序号	韵母	藏文	拉丁转写	汉义	音标	序号	韵母	藏文	拉丁转写	汉义	音标
25	ཨིངས	བསྲིངས	bsrings	伸长		31	ཨིམ	ཁྱིམ	khyim	家庭	
		བཅིངས	bcings	捆				ཚིམ	tshim	满足	
		གཟིངས	gzings	筏子				ཐིམ	thim	渗入	
		འཛིངས	vdzings	冲突				གཟིམ	gzim	躺卧	
26	ཨིད	ཁྲིད	khrid	教导		32	ཨིམས	བསྟིམས	bstims	融合	
		དཔྱིད	dpyid	圆满吉祥				ཚིམས	tshims	满足	
		གཉིད	gnyid	入睡				གཟིམས	gzims	躺卧	
		རྙིད	rnyid	枯萎				རིམས	rims	瘟疫	
27	ཨིན	སྤྱིན	spyin	浆糊		33	ཨིར	ཚིར	tshir	滋滋声	
		སྤྲིན	sprin	云				བལྡིར	bldir	雷鸣	
		བཞིན	bzhin	脸部				ལྡིར	ldir	鼓起	
		འཛིན	vdzin	票据				སྡིར	sdir	熬(药)	
28	ཨིནད	སྒྲིནད	sgrind	竞争		34	ཨིརད	གཟིརད	gzird	瞄准	
		འཕྲིནད	vphrind	音讯				གཅིརད	gcird	挤	
		སྦྱིནད	sbyind	给予				འཁྱིརད	vkhyird	旋转	
		གཤིནད	gshind	死者				བཙིརད	btsird	挤	
29	ཨིབ	གཤིབ	gshib	比较		35	ཨིལ	བསིལ	bsil	凉	
		བཅིབ	bcib	骑				ཚིལ	tshil	脂肪油	
		སིབ	sib	麻疹				དཀྱིལ	dkyil	中间	
		འཐིབ	vthib	(天)变阴				འཁྱིལ	vkhyil	积(水)	
30	ཨིབས	གཤིབས	gshibs	陪同		36	ཨིལད	བསྐྱིལད	bskyild	拦蓄	
		བཅིབས	bcibs	骑				གཅིལད	gcild	切，割	
		བཞིབས	bshibs	陪同				བསྙིལད	bsnyild	推到	
		ཕིབས	phibs	屋顶				འདྲིལད	vdrild	滚动	

序号	韵母	藏文	拉丁转写	汉义	音标	序号	韵母	藏文	拉丁转写	汉义	音标
37	ཨིས	རྩིས	rtsis	计算		43	ཨུགས	བདུགས	bdugs	熏	
		བརྩིས	brtsis	计算				ལུགས	lugs	制度	
		ཕྱིས	phyis	抹				བཞུགས	bzhugs	坐	
		དཀྲིས	dkris	牛角节纹				གདུགས	gdugs	伞	
38	ཨིའི	ཀིའི	kivi	附表 1.6		44	ཨུང	ཅུང	cung	小,少	
		གིའི	givi	附表 34.3				ཁུང	khung	穴,孔	
		སྐྱིའི	skyivi	附表 17.4				འཐུང	vthung	喝	
		གྲིའི	grivi	附表 37.4				རླུང	rlung	风	
39	ཨིའུ	སིའུ	sivu	石级		45	ཨུངས	ཀྲུངས	krungs	青稞穗	
		ཁྲིའུ	khrivu	小凳				ཁུངས	khungs	来源	
		ཐིའུ	thivu	花苞				བསྲུངས	bsrungs	守护	
		བྱིའུ	byivu	小鸟				བསྒྲུངས	bsgrungs	溶解	
40	ཨིའོ	ཕིའོ	phivo	票		46	ཨུད	ཐུད	thud	酪糕	
		མཆིའོ	mchivo	归向,走				འཕུད	vphud	赶出	
								བདུད	bdud	魔	
								བརྒྱུད	brgyud	继承	
41	ཨུ	བཅུ	bcu	十		47	ཨུན	ཀུན	kun	全部	
		བརྐུ	brku	偷				མཐུན	mthun	符合	
		ངུ	ngu	哭				རྫུན	rdzun	谎言	
		གཡུ	gyu	松耳石				བདུན	bdun	七	
42	ཨུག	བཀུག	bkug	招引		48	ཨུནད	བསྣུནད	bsnund	刺	
		བསྐུག	bskug	赌				ཀུནད	kund	一切	
		ཟུག	zug	疼痛				འདུནད	vdund	渴望	
		གཞུག	gzhug	以后				བསྐྲུནད	bskrund	建	

序号	韵母	藏文	拉丁转写	汉义 音标
49	ཨུབ	ཕུབ	phub	盾牌
		ནུབ	nub	西方
		རུབ	rub	聚拢
		སྒྲུབ	sgrub	办理
50	ཨུབས	ཤུབས	shubs	外套
		སྲུབས	srubs	间隙
		འཚུབས	vtshubs	闭塞
		བཀླུབས	bklubs	覆盖
51	ཨུམ	འཁུམ	vkhum	收缩
		འཛུམ	vdzum	微笑
		འདུམ	vdum	和解
		འབུམ	vbum	十万
52	ཨུམས	ཀྲུམས	krums	肉
		བཙུམས	btsums	闭
		ཚུམས	tshums	稍微
		འདྲུམས	vdrums	灾害
53	ཨུར	གུར	gur	帐篷
		འགྱུར	vgyur	变化
		སྒྱུར	sgyur	更改
		སྡུར	sdur	比较
54	ཨུརད	གྱུརད	gyurd	变化
		འདུརད	vdurd	奔驰
		བསྒྱུརད	bsgyurd	转变
		བཀུརད	bkurd	敬重
55	ཨུལ	སྦྲུལ	sbrul	蛇
		བསྐུལ	bskul	催促
		དངུལ	dngul	银
		འགུལ	vgul	动摇
56	ཨུལད	བསྒུལད	bsguld	摇动
		བསྐུལད	bskuld	催促
		འགྲུལད	vgruld	行走
		བཏུལད	btuld	磨
57	ཨུས	བླུས	blus	赎买
		དུས	dus	季节
		དབུས	dbus	卫，前藏
		བསྡུས	bsdus	集中
58	ཨུའི	ཀླུའི	kluvi	附表 5.3
		སྐུའི	skuvi	附表 16.1
		ཁུའི	khuvi	附表 24.4
		གྲུའི	gruvi	附表 37.7
59	ཨུའུ	གྲུའུ	gruvu	附表 37.8
		ཆུའུ	chuvu	附表 75.7
		ཇུའུ	juvu	附表 78.9
		ཏུའུ	tuvu	附表 92.12
60	ཨུའོ	དགུའོ	dguvo	是九
		བཅུའོ	bcuvo	是十

序号	韵母	藏文	拉丁转写	汉义 音标	序号	韵母	藏文	拉丁转写	汉义 音标
61	ཨེ	རྩེ	rtse	尖儿	67	ཨེན	རྗེན	rjen	裸体
		ལྕེ	lce	舌			གཉེན	gnyen	远近亲戚
		མེ	me	火			མཉེན	mnyen	柔软
		ཉེ	nye	近			སྙེན	snyen	亲近
62	ཨེག	གསེག	gseg	倾斜	68	ཨེནད	བསྟེནད	bstend	靠
		རེག	reg	接触			མཁྱེནད	mkhyend	知道
		འབྲེག	vbreg	剪，割			བསྒྲེནད	bsgrend	脏
63	ཨེགས	བརྩེགས	brtsegs	堆	69	ཨེབ	སླེབ	sleb	达到
		བསྲེགས	bsregs	烧			གསེབ	gseb	种马(驴)
		བྲེགས	bregs	剃			ཁེབ	kheb	遮盖物
		བགེགས	bgegs	厉鬼			དེབ	deb	本子
64	ཨེང	བཞེང	bzheng	站立	70	ཨེབས	ཁེབས	khebs	遮盖物
		གླེང	gleng	说话			ཕེབས	phebs	来，去
		གཡེང	gyeng	懈怠			ལྡེབས	ldebs	侧面
		སྒྲེང	sgreng	举(旗)			འགེབས	vgebs	遮盖
65	ཨེངས	ཁེངས	khengs	添满	71	ཨེམ	ཏྲེམ	trem	关节炎
		ཐེངས	thengs	次			ཁེམ	khem	铣
		སྐྱེངས	skyengs	羞愧			ལྡེམ	ldem	晃动
		གཟེངས	gzengs	高度			འགྲེམ	vgrem	变形
66	ཨེད	མཆེད	mched	同胞	72	ཨེམས	སེམས	sems	心
		གསེད	gsed	撕开			ཚེམས	tshems	牙齿
		བསེད	bsed	撕开			འཛེམས	vdzems	顾忌
		ཤེད	shed	体力			འདེམས	vdems	选择

序号	韵母	藏文	拉丁转写	汉义	音标	序号	韵母	藏文	拉丁转写	汉义	音标
73	ཨེར	གསེར	gser	黄金		79	ཨེའུ	སྤྲེའུ	sprevu	猴	
		གཏེར	gter	仓库				བེའུ	bevu	牛犊	
		སྟེར	ster	给，交付				མདེའུ	mdevu	枪弹	
		གཉེར	gnyer	经营				རྡེའུ	rdevu	石子	
74	ཨེརད	གཉེརད	gnyerd	管理		80	ཨེའོ	ཅེའོ	cevo	如是云云	
		གཅེརད	gcerd	露出				ཤེའོ	shevo	如是云云	
		གཡེརད	gyerd	懒				སླེའོ	slevo	话，语言	
		བསྙེརད	bsnyerd	蹙眉				དགྱེའོ	dgyevo	平房	
75	ཨེལ	ཁྲེལ	khrel	羞耻		81	ཨོ	ལྷོ	lho	南方	
		དཀྱེལ	dkyel	面积				ཁོ	kho	他	
		སྐྱེལ	skyel	送行				གྲོ	gro	小麦	
		ཤེལ	shel	玻璃				གོ	go	间隙	
76	ཨེལད	འཕེལད	vpheld	发达		82	ཨོག	ཟོག	zog	货物	
		སྐྱེལད	skyeld	送行				ཏོག	tog	顶	
		དགྱེལད	dgyeld	倒				མདོག	mdog	颜色	
		བསྙེལད	bsnyeld	遗忘				རྨོག	rmog	头盔	
77	ཨེས	གཅེས	gces	抚爱		83	ཨོགས	ཕྲོགས	phrogs	夺，抢	
		བསྲེས	bsres	混合				ལྟོགས	ltogs	饥饿	
		ཚེས	tshes	日期				སྒྱོགས	sgyogs	炮	
		རྗེས	rjes	遗迹				རོགས	rogs	助手	
78	ཨེའི	ཀེའི	kevi	附表 1.13		84	ཨོང	ཅོང	cong	钟(乐器)	
		སྐེའི	skevi	附表 16.2				གྲོང	grong	人户	
		སྐྱེའི	skyevi	附表 17.5				བཙོང	btsong	葱	
		གེའི	gevi	附表 34.10				རྫོང	rdzong	堡垒	

序号	韵母	藏文	拉丁转写	汉义	音标
85	ཨོངས	ལྗོངས	ljongs	区域	
		སྦྱོངས	sbyongs	学	
		རྫོངས	rdzongs	流放	
		རྨོངས	rmongs	蒙蔽	
86	ཨོད	ཁྱོད	khyod	你	
		གཅོད	gcod	砍	
		གཙོད	gtsod	羚羊	
		འཕྲོད	vphrod	收到	
87	ཨོན	མངོན	mngon	显现	
		སྣོན	snon	加	
		འདོན	vdon	顿(单位)	
		ཞོན	zhon	乘骑	
88	ཨོནད	ཐོནད	thond	出发	
		ཞོནད	zhond	附表 185.6	
		བཀྱོནད	bkyond	谴责	
		བསྐོནད	bskond	穿	
89	ཨོབ	བོབ	bob	冲洗	
		རྒྱོབ	rgyob	打	
		ཡོབ	yob	马镫	
		སློབ	slob	学，教	
90	ཨོབས	སྟོབས	stobs	力量	
		གཙོབས	gtsobs	切碎	
		ནོབས	nobs	穿，戴	
		ལྡོབས	ldobs	狡诈	
91	ཨོམ	ལྡོམ	ldom	流浪	
		བསྒོམ	bsgom	忍耐	
		སྡོམ	sdom	蜘蛛	
		དོམ	dom	棕熊	
92	ཨོམས	བསྙོམས	bsnyoms	平均	
		གཏོམས	gtoms	话	
		ཐོམས	thoms	想一下	
		འཐོམས	vthoms	拥抱	
93	ཨོར	འཁོར	vkhor	仆从	
		གྱོར	gyor	数量	
		བསྙོར	bsnyor	抚养	
		སྦྱོར	sbyor	配合	
94	ཨོརད	འགོརད	vgord	耽误	
		ཕྱོརད	phyord	千载	
		དཀོརད	dkord	财物	
		སྐྱོརད	skyord	搀扶	
95	ཨོལ	སོལ	sol	黑炭	
		མཇོལ	mjol	拜见	
		འཇོལ	vjol	德钦	
		རྐྱོལ	rkyol	游泳	
96	ཨོལད	སྒྲོལད	sgrold	拯救	
		ཕྲོལད	phrold	抛弃	
		དཀྲོལད	dkrold	弹	
		གྲོལད	grold	解散	

序号	韵母	藏文	拉丁转写	汉义	音标	序号	韵母	藏文	拉丁转写	汉义	音标
97	ཨོས	བཤོས	bshos	食物		99	ཨོའུ	བོའུ	bovu	枪	
		ངོས	ngos	方向				བྲོའུ	brovu	荞麦	
		གོས	gos	衣服				ཐོའུ	thovu	布之宽度	
		ཉོས	nyos	买							
98	ཨོའི	ཀོའི	kovi	附表 1.16		100	ཨོའོ	སྤོའོ	spovo	喂！	
		དཀྲོའི	dkrovi	弄碎				གྲོའོ	grovo	将近	
		ཁོའི	khovi	生病				བཞོའོ	bzhovo	挤奶呀	
		ཁྲོའི	khrovi	绸子				གཞོའོ	gzhovo	走哇	

单音节声调调查表

声韵类型	藏文	拉丁转写	汉义	声调	声韵类型	藏文	拉丁转写	汉义	声调
QD	རྩྭ	rtswa	草		ZD	ང	nga	我	
	རྟ	rta	马			ཉ	nya	鱼	
	ཁྱི	khyi	狗			མེ	me	火	
	ས	sa	土，地			ལྭ	lwa	衣服	
	ཆུ	chu	水			གུ	gu	内部	
	ཁ	kha	嘴			སྙི	snyi	尼氏	
QC	ཆང	chang	酒		ZC	ངན	ngan	坏	
	སྟོང	stong	千			གཟན	gzan	袈裟	
	འཐུང	vthung	喝			དགུན	dgun	冬季	
	གསུམ	gsum	三			རླུང	rlung	风	
	ཁང	khang	房子			མར	mar	酥油	
	ཕྲལ	phral	分开			མྱོན	myon	疯狂	
QS	སྟག	stag	老虎		ZS	སྒྱོགས	sgyogs	炮	
	སྐྲག	skrag	害怕			གཟིགས	gzigs	请看	
	ཕྱགས	phyags	鞋			བགད	bgad	笑	
	སྐད	skad	声音			མིག	mig	眼睛	
	གཅིག	gcig	一			ཉོག	nyog	面糊	
	རྩོག	rtsog	坐，蹲			ནགས	nags	森林	

双音节声调调查表

声调类型	藏文	拉丁转写	汉义	声调	声调类型	藏文	拉丁转写	汉义	音标
QC+QC	ཁེར་རྐྱང	kher rkyang	单独		QD+QC	ཁེ་ཕན	khe phan	利益	
	རྐང་མཐིལ	rkang mthil	脚底心			ཧྭ་ཤང	hwa shang	和尚	
	ལྷམ་མཐིལ	lham mthil	鞋底			རྩྭ་ཐང	rtswa thang	草原	
	སྤྲིན་དཀར	sprin dkar	白云			ཆུ་ཁོལ	chu khol	温泉	
QC+QD	སྟོང་པ	stong pa	空的		QD+QD	ཁེ་པ	khe pa	小贩	
	སྟོན་ཀ	ston ka	秋			ཀ་ཁ	ka kha	字母	
	རྐང་པ	rkang pa	脚			ལྷ་པ	lha pa	巫师	
	ཚོང་པ	tshong pa	商人			ལྷ་ས	lha sa	拉萨	
QC+QS	ཤིང་ཐོག	shing thog	果子		QD+QS	སྤུ་ཤད	spu shad	毛刷子	
	བཙན་ཤུགས	btsan shugs	暴力			རྟ་ལྕག	rta lcag	马鞭	
	སྤྱང་ཕྲུག	spyang phrug	幼狼			ལྷོ་ཕྱོགས	lho phyogs	南方	
	མཐོང་ཐོས	mthong thos	见闻			ཁ་དཀྲིས	kha dkris	围巾	
QC+ZC	གསེར་དངུལ	gser dngul	金银		QD+ZC	ཁེ་ཉེན	khe nyen	危险	
	ཤིང་སྡོང	shing sdong	树			ས་བོན	sa bon	种子	
	ཤིང་མངར	shing mngar	甘草			ས་གདན	sa gdan	地毯	
	སང་ཉིན	sang nyin	明天			ས་རྡུལ	sa rdul	灰尘	
QC+ZD	སྲིང་མོ	sring mo	妹妹		QD+ZD	ཀ་ར	ka ra	糖	
	ཁོལ་མ	khol ma	热的			ཀ་བ	ka ba	柱子	
	སེན་མོ	sen mo	指甲			རྟ་སྒ	rta sga	马鞍	
	སེར་བ	ser ba	雹			རྩ་བ	rtsa ba	根	
QC+ZS	རྩོམ་ཡིག	rtsom yig	文章		QD+ZS	ཅ་ལག	ca lag	东西	
	ཚོན་མདོག	tshon mdog	颜色			ཆུ་མིག	chu mig	泉	
	གཏམ་རྒྱུད	gtam rgyud	故事			ཆུ་རགས	chu rags	堤坝	
	ཁང་བདག	khang bdag	房东			ཁ་ལུད	kha lud	痰	

声调类型	藏文	拉丁转写	汉义	声调	声调类型	藏文	拉丁转写	汉义	音标
QS+QC	སྟོད་ཐུང	stod thung	上衣		ZC+QC	ངལ་རྩོལ	ngal rtsol	劳动	
	སྤོས་ཤེལ	spos shel	琥珀			ཉིན་དཀར	nyin dkar	白天	
	ཆོས་ཁང	chos khang	藏经堂			གར་མཁན	gar mkhan	舞蹈者	
	སྟག་ཚང	stag tshang	虎穴			མོང་རྟུལ	mong rtul	愚人	
QS+QD	པགས་པ	pags pa	毛皮		ZC+QD	ངན་པ	ngan pa	坏	
	གཅིག་པོ	gcig po	一个			རྔུལ་ཆུ	rngul chu	汗水	
	གཤོག་པ	gshog pa	翅膀			སྡོང་པོ	sdong po	树干	
	ཁབ་རྩེ	khab rtse	针尖			འོན་པ	von pa	聋子	
QS+QS	སྟོབས་ཤུགས	stobs shugs	力量		ZC+QS	དོམ་མཁྲིས	dom mkhris	熊胆	
	ཀྱོག་ཀྱོག	kyog kyog	弯曲			མིང་ཚོགས	ming tshogs	词汇	
	སྟག་ཕྲུག	stag phrug	幼虎			ཉིན་ཚད	nyin tshad	昼长	
	མཚམས་མཚམས	mtshams mtshams	有时			གྲོང་གསེབ	grong gseb	乡村	
QS+ZC	སྤོས་གཞོང	spos gzhong	香炉		ZC+ZC	ཞིང་བཟང	zhing bzang	良田	
	སྲིད་གཞུང	srid gzhung	政府			བར་སྣང	bar snang	天空	
	ཁྲུས་གཞོང	khrus gzhong	脸盆			བལ་ཡུལ	bal yul	尼泊尔	
	ཁྲུས་རྫིང	khrus rdzing	浴池			རྒན་རྒོན	rgan rgon	老两口	
QS+ZD	པད་མ	pad ma	莲花		ZC+ZD	སྡེར་མོ	sder mo	爪子	
	ཆོས་སྡེ	chos sde	寺庙			རྫིང་བུ	rdzing bu	池塘	
	སྟག་མོ	stag mo	母虎			བོང་བུ	bong bu	驴	
	ཚགས་མ	tshags ma	筛子			ཟོར་བ	zor ba	镰刀	
QS+ZS	སྟོད་འགག	stod vgag	坎肩		ZC+ZS	སྦྱིན་བདག	sbyin bdag	施主	
	ཁབ་མིག	khab mig	针眼			ཉེན་འགག	nyen agag	危机	
	སྐེད་རགས	sked rags	腰带			ཞིང་བདག	zhing bdag	地主	
	སྟག་རུས	stag rus	虎骨			ཞིང་འདེབས	zhing vdebs	播种	

声调类型	藏文	拉丁转写	汉义 声调	声调类型	藏文	拉丁转写	汉义 音标
ZD+QC	མེ་འཁོར	me vkhor	火车	ZS+QC	བྲག་ཁུང	brag khung	石洞
	གེ་སར	ge sar	格萨尔王		ནག་ཚང	nag tshang	帐篷
	དགེ་མཚན	dge mtshan	优点		ནགས་ཚལ	nags tshal	森林
	དགེ་ཚུལ	dge tshul	沙弥		མིག་ཤེལ	mig shel	眼镜
ZD+QD	ག་པ	ga pa	哪里	ZS+QD	ནད་པ	nad pa	病人
	རེ་པ	re pa	希望		མེད་པོ	med po	穷人
	དོ་ཕ	do pha	对手		དིག་པ	dig pa	口吃
	ཡ་ཧ	ya ha	上唇		ནག་པོ	nag po	黑
ZD+QS	གྲི་ལྟག	gri ltag	刀把	ZS+QS	ནས་ཆང	nas chang	青稞酒
	མེ་ཏོག	me tog	花朵		བོད་སྐད	bod skad	藏语
	མུ་ཏིག	mu tig	珠子		ནུབ་ཕྱོགས	nub phyogs	西方
	དགུ་ཚིགས	dgu tshigs	天河		གབ་ཚིག	gab tshig	谜语
ZD+ZC	ང་རང	nga rang	我自己	ZS+ZC	ལྗགས་གླིང	ljags gling	七孔箫
	དོ་དགོང	do dgong	今晚		འོག་གདན	vog gdan	垫子
	བླ་བྲང	bla brang	拉卜楞		སྙིགས་རྡུལ	snyigs rdul	沉淀
	དེ་རིང	de ring	今天		མིག་རྒྱང	mig rgyang	目光
ZD+ZD	བྱ་རྒྱུ	bya bgyu	办法	ZS+ZD	ནག་མོ	nag mo	妇女
	ཉི་མ	nyi ma	太阳		མིག་བློ	mig blo	视觉
	བྱུ་རུ	byu ru	珊瑚		ཡིག་འབྲུ	yig vbru	字
	ར་མ	ra ma	山羊		གངས་རི	gangs ri	雪山
ZD+ZS	བྱ་རྒོད	bya rgod	雕	ZS+ZS	བོད་ཡིག	bod yig	藏文
	ཉི་འོད	nyi vod	日光		འཇུག་ངོགས	vjug ngogs	窍门
	མི་དམངས	mi dmangs	人民		བོད་རིགས	bod rigs	藏族
	ར་ལུག	ra lug	绵羊		གྲིབ་ནག	grib nag	阴影

音节主表

声母代码：1；藏文：ཀ；拉丁转写：k；音标：																	
韵母类型	元音:ཨ	拉丁转写 :a		元音:ཨི	拉丁转写 :i		元音:ཨུ	拉丁转写 :u		元音:ཨེ	拉丁转写 :e		元音:ཨོ	拉丁转写 :o		韵尾	
代码	藏文	汉义	音标	藏文	汉义	音标	藏文	汉义	音标	藏文	汉义	音标	藏文	汉义	音标	藏文	拉丁转写
1	ཀ	藏文字母		ཀི	拟声词					ཀེ	盖氏		ཀོ	表停顿		/འ	/v
2	ཀག	忽然					ཀུག	召来		ཀེག	厄运		ཀོག	硬壳		ག	g
3													ཀོགས	封套，壳		གས	gs
4	ཀང	1		ཀིང	奴隶		ཀུང	公(爵)		ཀེང	骷髅		ཀོང	凹处		ང	ng
5																ངས	ngs
6	ཀད	同词尾ཀ											ཀོད	烹		ད	d
7	ཀན	关脉(医)		ཀིན	艮卦		ཀུན	全部		ཀེན	10		ཀོན	14		ན	n
8							ཀུནད	一切								ནད	nd
9	ཀབ	干硬											ཀོབ	拟声词		བ	b
10																བས	bs
11	ཀམ	藏历元月		ཀིམ	一种植物		ཀུམ	自然收缩		ཀེམ	11		ཀོམ	15		མ	m
12				ཀིམས	4											མས	ms
13	ཀར	猛烈		ཀིར	5		ཀུར	7		ཀེར	指		ཀོར	圆圈		ར	r
14																རད	rd
15										ཀེལ	12		ཀོལ	奴役		ལ	l
16																ལད	ld
17	ཀས	就，于是					ཀུས	8					ཀོས	下颌		ས	s
18																འོ	vo
19	ཀའི	2		ཀིའི	6					ཀེའི	13		ཀོའི	16		འི	vi
20	ཀའུ	3		ཀིའུ	小红蒜		ཀུའུ	9		ཀེའུ	野蒜		ཀོའུ	17		འུ	vu

声母代码：2； 藏文：ཀྭ； 拉丁转写：kw； 音标：												
韵母类型	元音：ཨ	拉丁转写 :a	元音：ཨི	拉丁转写 :i	元音：ཨུ	拉丁转写 :u	元音：ཨེ	拉丁转写 :e	元音：ཨོ	拉丁转写 :o	韵尾	
代码	藏文	汉义/音标	藏文	汉义/音标	藏文	汉义/音标	藏文	汉义/音标	藏文	汉义/音标	藏文	拉丁转写
1	ཀྭ/ཀྭའ	瓜/乌鸦叫									/འ	/v
2											ག	g
3											གས	gs
4											ང	ng
5											ངས	ngs
6											ད	d
7	ཀྭན	1									ན	n
8											ནད	nd
9											བ	b
10											བས	bs
11											མ	m
12											མས	ms
13											ར	r
14											རད	rd
15											ལ	l
16											ལད	ld
17	ཀྭས	2									ས	s
18											འོ	vo
19	ཀྭའི	喂(语词)									འི	vi
20											འུ	vu

声母代码：3；　藏文：ཀྱ；　拉丁转写：ky；　音标：

韵母类型代码	元音:ཨ 藏文	拉丁转写:a 汉义	音标	元音:ཨི 藏文	拉丁转写:i 汉义	音标	元音:ཨུ 藏文	拉丁转写:u 汉义	音标	元音:ཨེ 藏文	拉丁转写:e 汉义	音标	元音:ཨོ 藏文	拉丁转写:o 汉义	音标	韵尾 藏文	韵尾 拉丁转写
1	ཀྱ	1		ཀྱི	的		ཀྱུ	表弯曲		ཀྱེ	喂(语词)		ཀྱོ	鱼钩		/འ	/v
2	ཀྱག	举起		ཀྱིག	4		ཀྱུག	闪					ཀྱོག	歪斜		ག	g
3																གས	gs
4	ཀྱང	虽然但是		ཀྱིང	5		ཀྱུང	8					ཀྱོང	低洼		ང	ng
5																ངས	ngs
6	ཀྱད	2								ཀྱེད	伸音符					ད	d
7				ཀྱིན	正在		ཀྱུན	9					ཀྱོན	穿		ན	n
8																ནད	nd
9																བ	b
10																བས	bs
11	ཀྱམ	展开											ཀྱོམ	11		མ	m
12	ཀྱམས	3														མས	ms
13	ཀྱར	摇晃		ཀྱིར	6		ཀྱུར	杜鹃叫声					ཀྱོར	12		ར	r
14																རད	rd
15	ཀྱལ	玩笑		ཀྱིལ	7					ཀྱེལ	10					ལ	l
16																ལད	ld
17	ཀྱས	喂		ཀྱིས	用以		ཀྱུས	用钩								ས	s
18	ཀྱའོ	大力士														འོ	vo
19																འི	vi
20										ཀྱེའུ	小袋					འུ	vu

声母代码：4；藏文：ཀྲ；拉丁转写：kr；音标：												
韵母类型	元音:ཨ	拉丁转写 :a	元音:ཨི	拉丁转写 :i	元音:ཨུ	拉丁转写 :u	元音:ཨེ	拉丁转写 :e	元音:ཨོ	拉丁转写 :o	韵尾	
代码	藏文	汉义 音标	藏文	汉义 音标	藏文	汉义 音标	藏文	汉义 音标	藏文	汉义 音标	藏文	拉丁转写
1			ཀྲི	3	ཀྲུ	5	ཀྲེ	混合	ཀྲོ	取暖	/འ	/v
2	ཀྲག	煎	ཀྲིག	清晰	ཀྲུག	6			ཀྲོག	笃笃声	ག	g
3					ཀྲུགས	斗争					གས	gs
4	ཀྲང	直立	ཀྲིང	4	ཀྲུང	遵守	ཀྲེང	9	ཀྲོང	柳条篓子	ང	ng
5					ཀྲུངས	青稞穗			ཀྲོངས	弑	ངས	ngs
6	ཀྲད	弓弦							ཀྲོད	黄昏	ད	d
7	ཀྲན	1	ཀྲིན	肚痛病					ཀྲོན	吨	ན	n
8											ནད	nd
9	ཀྲབ	木澡盆			ཀྲུབ	7			ཀྲོབ	木澡盆	བ	b
10											བས	bs
11	ཀྲམ	水獭			ཀྲུམ	肉			ཀྲོམ	展开	མ	m
12					ཀྲུམས	肉	ཀྲེམས	10	ཀྲོམས	铺开	མས	ms
13									ཀྲོར	11	ར	r
14											རད	rd
15									ཀྲོལ	祸根	ལ	l
16											ལད	ld
17							ཀྲེས	混杂	ཀྲོས	取暖	ས	s
18											འོ	vo
19	ཀྲའི	2									འི	vi
20					ཀྲུའུ	8			ཀྲོའུ	12	འུ	vu

声母代码：5；　藏文：ཀླ；　拉丁转写：kl；　音标：																	
韵母类型	元音：ཨ	拉丁转写 :a		元音：ཨི	拉丁转写 :i		元音：ཨུ	拉丁转写 :u		元音：ཨེ	拉丁转写 :e		元音：ཨོ	拉丁转写 :o		韵尾	
代码	藏文	汉义	音标	藏文	汉义	音标	藏文	汉义	音标	藏文	汉义	音标	藏文	汉义	音标	藏文	拉丁转写
1							ཀླུ	龙					ཀློ	愚昧		/འ	/v
2	ཀླག	毪子											ཀློག	读		ག	g
3	ཀླགས	1											ཀློགས	读		གས	gs
4				ཀླིང	岛屿		ཀླུང	平川					ཀློང	中央		ང	ng
5							ཀླུངས	(雅莫)陇								ངས	ngs
6	ཀླད	顶上											ཀློད	松开		ད	d
7	ཀླན	报仇											ཀློན	修补		ན	n
8																ནད	nd
9	ཀླབ	厚毪子					ཀླུབ	穿								བ	b
10							ཀླུབས	穿								བས	bs
11																མ	m
12																མས	ms
13																ར	r
14																རད	rd
15	ཀླལ	呵欠														ལ	l
16																ལད	ld
17	ཀླས	后妃宫院					ཀླུས	2								ས	s
18																འོ	vo
19							ཀླུའི	3					ཀློའི	4		འི	vi
20																འུ	vu

声母代码：6；　藏文：དཀ；　拉丁转写：dk；　音标：

韵母类型	元音:ཨ	拉丁转写 :a	元音:ཨི	拉丁转写 :i	元音:ཨུ	拉丁转写 :u	元音:ཨེ	拉丁转写 :e	元音:ཨོ	拉丁转写 :o	韵尾	
代码	藏文	汉义 音标	藏文	汉义 音标	藏文	汉义 音标	藏文	汉义 音标	藏文	汉义 音标	藏文	拉丁转写
1	དཀའ	难,贵			དཀུ	小腹			དཀོ	现在	།འ	/v
2	དཀག	凝结							དཀོག	2	ག	g
3											གས	gs
4											ང	ng
5											ངས	ngs
6											ད	d
7	དཀན	坡							དཀོན	稀少	ན	n
8											ནད	nd
9											བ	b
10											བས	bs
11											མ	m
12											མས	ms
13	དཀར	白色							དཀོར	财物	ར	r
14									དཀོརད	财物	རད	rd
15											ལ	l
16											ལད	ld
17									དཀོས	脆弱	ས	s
18											འོ	vo
19	དཀའི	1									འི	vi
20											འུ	vu

声母代码：7； 藏文：དཀྱ； 拉丁转写：dky； 音标：												
韵母类型	元音:ཨ	拉丁转写 :a	元音:ཨི	拉丁转写 :i	元音:ཨུ	拉丁转写 :u	元音:ཨེ	拉丁转写 :e	元音:ཨོ	拉丁转写 :o	韵尾	
代码	藏文	汉义/音标	藏文	汉义/音标	藏文	汉义/音标	藏文	汉义/音标	藏文	汉义/音标	藏文	拉丁转写
1					དཀྱུ	驾驶					/འ	/v
2									དཀྱོག	转弯	ག	g
3			དཀྱིགས	捆人					དཀྱོགས	曲折	གས	gs
4											ང	ng
5											ངས	ngs
6					དཀྱུད	遗忘					ད	d
7											ན	n
8											ནད	nd
9											བ	b
10											བས	bs
11											མ	m
12											མས	ms
13	དཀྱར	靴子	དཀྱིར	1			དཀྱེར	给予	དཀྱོར	狡猾	ར	r
14											རད	rd
15			དཀྱིལ	中间			དཀྱེལ	面积			ལ	l
16											ལད	ld
17					དཀྱུས	纵长					ས	s
18											འོ	vo
19											འི	vi
20											འུ	vu

声母代码：8；　藏文：དཀྲ；　拉丁转写：dkr；　音标：

韵母类型	元音:ཨ	拉丁转写 :a	元音:ཨི	拉丁转写 :i	元音:ཨུ	拉丁转写 :u	元音:ཨེ	拉丁转写 :e	元音:ཨོ	拉丁转写 :o	韵尾	
代码	藏文	汉义 / 音标	藏文	汉义 / 音标	藏文	汉义 / 音标	藏文	汉义 / 音标	藏文	汉义 / 音标	藏文	拉丁转写
1			དཀྲི	缠，绕			དཀྲེ	龟头			/འ	/v
2			དཀྲིག	密集	དཀྲུག	搅拌			དཀྲོག	惊扰	ག	g
3			དཀྲིགས	频婆罗	དཀྲུགས	搅拌			དཀྲོགས	惊扰	གས	gs
4					དཀྲུང	2			དཀྲོང	弑	ང	ng
5									དཀྲོངས	瞬间	ངས	ngs
6											ད	d
7											ན	n
8											ནད	nd
9	དཀྲབ	筛净									བ	b
10											བས	bs
11					དཀྲུམ	肉，弄碎					མ	m
12					དཀྲུམས	弄碎					མས	ms
13											ར	r
14											རད	rd
15			དཀྲིལ	1					དཀྲོལ	弹(乐器)	ལ	l
16									དཀྲོལད	弹	ལད	ld
17			དཀྲིས	牛角节纹							ས	s
18											འོ	vo
19									དཀྲོའི	弄碎	འི	vi
20											འུ	vu

声母代码：9；藏文：བཀ；拉丁转写：bk；音标：												
韵母类型	元音:ཨ	拉丁转写 :a	元音:ཨི	拉丁转写 :i	元音:ཨུ	拉丁转写 :u	元音:ཨེ	拉丁转写 :e	元音:ཨོ	拉丁转写 :o	韵尾	
代码	藏文	汉义 音标	藏文	汉义 音标	藏文	汉义 音标	藏文	汉义 音标	藏文	汉义 音标	藏文	拉丁转写
1	བཀའ	命令			བཀུ	熬					འ	/v
2	བཀག	阻挡			བཀུག	招引			བཀོག	剥，撕	ག	g
3											གས	gs
4	བཀང	倒满							བཀོང	威胁	ང	ng
5											ངས	ngs
6	བཀད	行，列							བཀོད	记载	ད	d
7	བཀན	仰卧							བཀོན	怀恨	ན	n
8											ནད	nd
9	བཀབ	遮盖									བ	b
10											བས	bs
11					བཀུམ	杀死					མ	m
12					བཀུམས	杀，害					མས	ms
13	བཀར	打开			བཀུར	敬重			བཀོར	准备	ར	r
14					བཀུརད	敬重					རད	rd
15	བཀལ	挂，载							བཀོལ	使用	ལ	l
16											ལད	ld
17	བཀས	裂开			བཀུས	熬，煮					ས	s
18											འོ	vo
19	བཀའི	1									འི	vi
20											འུ	vu

声母代码：10；　藏文：བཀྱ；　拉丁转写：bky；　音标：

韵母类型	元音:ཨ	拉丁转写:a		元音:ཨི	拉丁转写:i		元音:ཨུ	拉丁转写:u		元音:ཨེ	拉丁转写:e		元音:ཨོ	拉丁转写:o		韵尾	
代码	藏文	汉义	音标	藏文	汉义	音标	藏文	汉义	音标	藏文	汉义	音标	藏文	汉义	音标	藏文	拉丁转写
1				བཀྱི	1					བཀྱེ	派出					/འ	/v
2	བཀྱག	举起		བཀྱིག	绑											ག	g
3	བཀྱགས	举起		བཀྱིགས	束缚，绑											གས	gs
4																ང	ng
5																ངས	ngs
6										བཀྱེད	增广					ད	d
7													བཀྱོན	谴责		ན	n
8													བཀྱོནད	谴责		ནད	nd
9																བ	b
10																བས	bs
11																མ	m
12																མས	ms
13																ར	r
14																རད	rd
15	བཀྱལ	开玩笑		བཀྱིལ	2											ལ	l
16																ལད	ld
17				བཀྱིས	3					བཀྱེས	派出					ས	s
18																འོ	vo
19																འི	vi
20																འུ	vu

声母代码：11；　藏文：བགྲ；　拉丁转写：bgr；　音标：

韵母类型	元音:ཨ	拉丁转写 :a		元音:ཨི	拉丁转写 :i		元音:ཨུ	拉丁转写 :u		元音:ཨེ	拉丁转写 :e		元音:ཨོ	拉丁转写 :o		韵尾	
代码	藏文	汉义	音标	藏文	汉义	音标	藏文	汉义	音标	藏文	汉义	音标	藏文	汉义	音标	藏文	拉丁转写
1	བགྲ	闪耀		བགྲི	带领		བགྲུ	洗					བགྲོ	解释		/འ	/v
2	བགྲག	光泽														ག	g
3	བགྲགས	姓氏														གས	gs
4													བགྲོང	暗杀		ང	ng
5													བགྲོངས	弑		ངས	ngs
6																ད	d
7				བགྲིན	恩惠					བགྲེན	贫穷					ན	n
8																ནད	nd
9	བགྲབ	选择														བ	b
10	བགྲབས	选择											བགྲོབས	选择		བས	bs
11	བགྲམ	陈列														མ	m
12							བགྲུམས	粉碎								མས	ms
13				བགྲིར	引导											ར	r
14																རད	rd
15	བགྲལ	注释											བགྲོལ	征派		ལ	l
16																ལད	ld
17	བགྲས	闪耀		བགྲིས	引领		བགྲུས	洗		བགྲེས	饿		བགྲོས	勉励		ས	s
18																འོ	vo
19	བགྲའི	1														འི	vi
20																འུ	vu

声母代码：12；　藏文：བགླ；　拉丁转写：bgl；　音标：												
韵母类型	元音:ཨ	拉丁转写 :a	元音:ཨི	拉丁转写 :i	元音:ཨུ	拉丁转写 :u	元音:ཨེ	拉丁转写 :e	元音:ཨོ	拉丁转写 :o	韵尾	
代码	藏文	汉义 / 音标	藏文	汉义 / 音标	藏文	汉义 / 音标	藏文	汉义 / 音标	藏文	汉义 / 音标	藏文	拉丁转写
1											/འ	/v
2	བགླག	读									ག	g
3	བགླགས	读									གས	gs
4											ང	ng
5											ངས	ngs
6											ད	d
7											ན	n
8											ནད	nd
9					བགླུབ	穿，戴					བ	b
10					བགླུབས	覆盖					བས	bs
11											མ	m
12											མས	ms
13											ར	r
14											རད	rd
15											ལ	l
16											ལད	ld
17											ས	s
18											འོ	vo
19											འི	vi
20											འུ	vu

声母代码：13； 藏文：རྒ； 拉丁转写：rg； 音标：												
韵母类型	元音:ཨ	拉丁转写 :a	元音:ཨི	拉丁转写 :i	元音:ཨུ	拉丁转写 :u	元音:ཨེ	拉丁转写 :e	元音:ཨོ	拉丁转写 :o	韵尾	
代码	藏文	汉义 音标	藏文	汉义 音标	藏文	汉义 音标	藏文	汉义 音标	藏文	汉义 音标	藏文	拉丁转写
1	རྒ	水渠 			རྒུ	偷窃 	རྒེ	瘦 	རྒོ	雕刻 	/འ	/v
2											ག	g
3											གས	gs
4	རྒང	骨髓 							རྒོང	灯具 	ང	ng
5											ངས	ngs
6							རྒེད	腰 			ད	d
7	རྒན	腭 			རྒུན	偷 			རྒོན	网罗 	ན	n
8											ནད	nd
9					རྒུབ	臀部 					བ	b
10											བས	bs
11	རྒམ	贪婪 							རྒོམ	1 	མ	m
12									རྒོམས	贪恋 	མས	ms
13											ར	r
14											རད	rd
15											ལ	l
16											ལད	ld
17					རྒུས	偷，盗 			རྒོས	雕刻 	ས	s
18											འོ	vo
19											འི	vi
20											འུ	vu

声母代码：14；　藏文：རྒྱ；　拉丁转写：rgy；　音标：

韵母类型	元音:ཨ	拉丁转写 :a		元音:ཨི	拉丁转写 :i		元音:ཨུ	拉丁转写 :u		元音:ཨེ	拉丁转写 :e		元音:ཨོ	拉丁转写 :o		韵尾	
代码	藏文	汉义	音标	藏文	汉义	音标	藏文	汉义	音标	藏文	汉义	音标	藏文	汉义	音标	藏文	拉丁转写
1	རྒྱ	单独														/འ	/v
2	རྒྱག	1														ག	g
3																གས	gs
4	རྒྱང	野骡											རྒྱོང	伸展		ང	ng
5													རྒྱོངས	伸展		ངས	ngs
6																ད	d
7	རྒྱན	广口壶								རྒྱེན	外因					ན	n
8																ནད	nd
9																བ	b
10																བས	bs
11																མ	m
12																མས	ms
13																ར	r
14																རད	rd
15	རྒྱལ	游泳											རྒྱོལ	游泳		ལ	l
16																ལད	ld
17																ས	s
18																འོ	vo
19																འི	vi
20																འུ	vu

声母代码：15；　藏文：ལྐ；　拉丁转写：lk；　音标：																	
韵母类型	元音：ཨ	拉丁转写:a		元音：ཨི	拉丁转写:i		元音：ཨུ	拉丁转写:u		元音：ཨེ	拉丁转写:e		元音：ཨོ	拉丁转写:o		韵尾	
代码	藏文	汉义	音标	藏文	汉义	音标	藏文	汉义	音标	藏文	汉义	音标	藏文	汉义	音标	藏文	拉丁转写
1							ལྐུ	小偷					ལྐོ	1		/འ	/v
2	ལྐག	偏僻					ལྐུག	哑					ལྐོག	暗中		ག	g
3							ལྐུགས	哑					ལྐོགས	2		གས	gs
4																ང	ng
5																ངས	ngs
6																ད	d
7																ན	n
8																ནད	nd
9																བ	b
10																བས	bs
11																མ	m
12																མས	ms
13																ར	r
14																རད	rd
15	ལྐལ	不存在														ལ	l
16																ལད	ld
17																ས	s
18																འོ	vo
19																འི	vi
20																འུ	vu

声母代码：16；藏文：སྐ；拉丁转写：sk；音标：												
韵母类型	元音:ཨ	拉丁转写 :a	元音:ཨི	拉丁转写 :i	元音:ཨུ	拉丁转写 :u	元音:ཨེ	拉丁转写 :e	元音:ཨོ	拉丁转写 :o	韵尾	
代码	藏文	汉义 音标	藏文	汉义 音标	藏文	汉义 音标	藏文	汉义 音标	藏文	汉义 音标	藏文	拉丁转写
1					སྐུ	人身	སྐེ	脖子	སྐོ	任命	/འ	/v
2	སྐག	年灾月难			སྐུག	赌	སྐེག	关煞			ག	g
3					སྐུགས	赌注	སྐེགས	绿雀	སྐོགས	壳	གས	gs
4	སྐང	添满			སྐུང	隐匿			སྐོང	使满足	ང	ng
5					སྐུངས	隐匿			སྐོངས	使满足	ངས	ngs
6	སྐད	声音			སྐུད	线	སྐེད	一半			ད	d
7	སྐན	誓言			སྐུན	圆形			སྐོན	给人穿	ན	n
8											ནད	nd
9									སྐོབ	预备	བ	b
10	སྐབས	时候							སྐོབས	困境	བས	bs
11	སྐམ	枯奶母畜			སྐུམ	收缩	སྐེམ	晒干	སྐོམ	口渴	མ	m
12	སྐམས	牛,牦牛			སྐུམས	收缩	སྐེམས	弄干	སྐོམས	弄干	མས	ms
13	སྐར	分(量)			སྐུར	寄	སྐེར	于脖颈上	སྐོར	类别	ར	r
14											རད	rd
15	སྐལ	份儿			སྐུལ	促使			སྐོལ	煮,熬	ལ	l
16											ལད	ld
17	སྐས	梯子			སྐུས	涂抹	སྐེས	用脖颈	སྐོས	任命	ས	s
18											འོ	vo
19					སྐུའི	1	སྐེའི	2			འི	vi
20											འུ	vu

声母代码：17； 藏文：སྐྱ； 拉丁转写：sky； 音标：																	
韵母类型	元音：ཨ	拉丁转写：a		元音：ཨི	拉丁转写：i		元音：ཨུ	拉丁转写：u		元音：ཨེ	拉丁转写：e		元音：ཨོ	拉丁转写：o		韵尾	
代码	藏文	汉义	音标	藏文	汉义	音标	藏文	汉义	音标	藏文	汉义	音标	藏文	汉义	音标	藏文	拉丁转写
1	སྐྱ	壁，墙		སྐྱི	借贷		སྐྱུ	拇指寸		སྐྱེ	生长		སྐྱོ	忧愁		འ	/v
2	སྐྱག	怕		སྐྱིག	喉		སྐྱུག	呕吐		སྐྱེག	难关		སྐྱོག	转弯		ག	g
3				སྐྱིགས	噎		སྐྱུགས	呕吐		སྐྱེགས	紫矿		སྐྱོགས	勺子		གས	gs
4	སྐྱང	棕红色		སྐྱིང	3		སྐྱུང	减少					སྐྱོང	养育		ང	ng
5	སྐྱངས	羞愧					སྐྱུངས	减少		སྐྱེངས	羞愧		སྐྱོངས	养育		ངས	ngs
6				སྐྱིད	幸福		སྐྱུད	健忘		སྐྱེད	使发生		སྐྱོད	摇撼		ད	d
7				སྐྱིན	野山羊					སྐྱེན	敏捷		སྐྱོན	缺点		ན	n
8																ནད	nd
9													སྐྱོབ	拯救		བ	b
10	སྐྱབས	保护者		སྐྱིབས	庇护所								སྐྱོབས	拯救		བས	bs
11													སྐྱོམ	波动		མ	m
12										སྐྱེམས	饮料		སྐྱོམས	波动		མས	ms
13	སྐྱར	追问					སྐྱུར	舍弃		སྐྱེར	淡黄色		སྐྱོར	搀扶		ར	r
14													སྐྱོརད	搀扶		རད	rd
15	སྐྱལ	1		སྐྱིལ	汇集					སྐྱེལ	送行		སྐྱོལ	遣送		ལ	l
16										སྐྱེལད	送行					ལད	ld
17	སྐྱས	牧人住地		སྐྱིས	借贷		སྐྱུས	行辈		སྐྱེས	礼品		སྐྱོས	衰颓		ས	s
18																འོ	vo
19	སྐྱའི	2		སྐྱིའི	4					སྐྱེའི	5					འི	vi
20																འུ	vu

声母代码：18；　藏文：སྒྲ；　拉丁转写：sgr；　音标：											
韵母类型	元音:ཨ	拉丁转写:a	元音:ཨི	拉丁转写:i	元音:ཨུ	拉丁转写:u	元音:ཨེ	拉丁转写:e	元音:ཨོ	拉丁转写:o	韵尾	
代码	藏文	汉义 / 音标	藏文	汉义 / 音标	藏文	汉义 / 音标	藏文	汉义 / 音标	藏文	汉义 / 音标	藏文	拉丁转写
1	སྒྲ	头发	སྒྲི	派遣	སྒྲུ	砍，撕					་འ	/v
2	སྒྲག	害怕			སྒྲུག	削制			སྒྲོག	冲搅	ག	g
3	སྒྲགས	1							སྒྲོགས	冲搅	གས	gs
4	སྒྲང	发肿									ང	ng
5	སྒྲངས	发肿									ངས	ngs
6					སྒྲུད	欺骗			སྒྲོད	驱逐	ད	d
7	སྒྲན	肿瘤			སྒྲུན	建造			སྒྲོན	坚硬	ན	n
8											ནད	nd
9	སྒྲབ	跳舞(古)									བ	b
10											བས	bs
11											མ	m
12											མས	ms
13											ར	r
14											རད	rd
15											ལ	l
16											ལད	ld
17					སྒྲུས	乞讨					ས	s
18											འོ	vo
19	སྒྲའི	2									འི	vi
20											འུ	vu

声母代码：19；藏文：བརྐ；拉丁转写：brg；音标：												
韵母类型	元音：ཨ	拉丁转写:a	元音：ཨི	拉丁转写:i	元音：ཨུ	拉丁转写:u	元音：ཨེ	拉丁转写:e	元音：ཨོ	拉丁转写:o	韵尾	
代码	藏文	汉义 音标	藏文	汉义 音标	藏文	汉义 音标	藏文	汉义 音标	藏文	汉义 音标	藏文	拉丁转写
1					བརྐུ	偷			བརྐོ	挖	/འ	/v
2											ག	g
3											གས	gs
4											ང	ng
5											ངས	ngs
6											ད	d
7					བརྐུན	1			བརྐོན	穿	ན	n
8											ནད	nd
9											བ	b
10											བས	bs
11	བརྐམ	贪婪									མ	m
12	བརྐམས	贪婪									མས	ms
13											ར	r
14											རད	rd
15									བརྐོལ	2	ལ	l
16											ལད	ld
17					བརྐུས	偷，盗			བརྐོས	挖，掘	ས	s
18											འོ	vo
19											འི	vi
20											འུ	vu

声母代码：20；　藏文：བརྒྱ；　拉丁转写：brgy；　音标：

韵母类型	元音:ཨ	拉丁转写 :a	元音:ཨི	拉丁转写 :i	元音:ཨུ	拉丁转写 :u	元音:ཨེ	拉丁转写 :e	元音:ཨོ	拉丁转写 :o	韵尾	
代码	藏文	汉义 音标	藏文	汉义 音标	藏文	汉义 音标	藏文	汉义 音标	藏文	汉义 音标	藏文	拉丁转写
1											/འ	/v
2											ག	g
3											གས	gs
4	བརྒྱང	伸出									ང	ng
5	བརྒྱངས	伸出									ངས	ngs
6											ད	d
7											ན	n
8											ནད	nd
9											བ	b
10											བས	bs
11											མ	m
12											མས	ms
13											ར	r
14											རད	rd
15	བརྒྱལ	游泳									ལ	l
16											ལད	ld
17											ས	s
18											འོ	vo
19											འི	vi
20											འུ	vu

声母代码：21；　藏文：བསྒ；　拉丁转写：bsg；　音标：

韵母类型	元音:ཨ	拉丁转写:a		元音:ཨི	拉丁转写:i		元音:ཨུ	拉丁转写:u		元音:ཨེ	拉丁转写:e		元音:ཨོ	拉丁转写:o		韵尾	
代码	藏文	汉义	音标	藏文	汉义	音标	藏文	汉义	音标	藏文	汉义	音标	藏文	汉义	音标	藏文	拉丁转写
1							བསྒུ	涂油					བསྒོ	任命		/འ	/v
2							བསྒུག	赌								ག	g
3							བསྒུགས	赌					བསྒོགས	1		གས	gs
4	བསྒང	使满足					བསྒུང	隐瞒					བསྒོང	使满足		ང	ng
5	བསྒངས	使满足					བསྒུངས	隐瞒					བསྒོངས	使满足		ངས	ngs
6																ད	d
7													བསྒོན	给穿上		ན	n
8													བསྒོནད	穿		ནད	nd
9													བསྒོབ	困境		བ	b
10																བས	bs
11	བསྒམ	干					བསྒུམ	收缩								མ	m
12	བསྒམས	干					བསྒུམས	收缩					བསྒོམས	口渴		མས	ms
13							བསྒུར	寄出					བསྒོར	转动		ར	r
14	བསྒརད	转(圈)														རད	rd
15	བསྒལ	劫数					བསྒུལ	催促					བསྒོལ	煮		ལ	l
16							བསྒུལད	催促								ལད	ld
17							བསྒུས	涂抹					བསྒོས	任命		ས	s
18																འོ	vo
19													བསྒོའི	2		འི	vi
20																འུ	vu

声母代码：22；　藏文：བསྒྱ；　拉丁转写：bsgy；　音标：

韵母类型	元音:ཨ	拉丁转写 :a	元音:ཨི	拉丁转写 :i	元音:ཨུ	拉丁转写 :u	元音:ཨེ	拉丁转写 :e	元音:ཨོ	拉丁转写 :o	韵尾	
代码	藏文	汉义 / 音标	藏文	汉义 / 音标	藏文	汉义 / 音标	藏文	汉义 / 音标	藏文	汉义 / 音标	藏文	拉丁转写
1	བསྒྱ	移动	བསྒྱི	借							/འ	/v
2			བསྒྱིག	1	བསྒྱུག	呕吐			བསྒྱོག	扭转	ག	g
3			བསྒྱིགས	捆绑	བསྒྱུགས	呕吐			བསྒྱོགས	扭转	གས	gs
4	བསྒྱང	抚养			བསྒྱུང	减少	བསྒྱེང	惭愧			ང	ng
5	བསྒྱངས	抚养	བསྒྱིངས	2	བསྒྱུངས	减少	བསྒྱེངས	害羞			ངས	ngs
6	བསྒྱད	杀			བསྒྱུད	忘记	བསྒྱེད	生长	བསྒྱོད	移动	ད	d
7			བསྒྱིན	偿还					བསྒྱོན	使骑	ན	n
8											ནད	nd
9	བསྒྱབ	拯救									བ	b
10	བསྒྱབས	拯救									བས	bs
11	བསྒྱམ	激荡							བསྒྱོམ	摇晃	མ	m
12	བསྒྱམས	波动	བསྒྱིམས	3					བསྒྱོམས	摇晃	མས	ms
13	བསྒྱར	重复			བསྒྱུར	留下			བསྒྱོར	支撑	ར	r
14											རད	rd
15	བསྒྱལ	运送	བསྒྱིལ	灌水							ལ	l
16			བསྒྱིལད	拦蓄							ལད	ld
17	བསྒྱས	移动	བསྒྱིས	借贷					བསྒྱོས	衰落	ས	s
18											འོ	vo
19											འི	vi
20											འུ	vu

声母代码：23； 藏文：བསྒྲ； 拉丁转写：bsgr； 音标：											
韵母类型	元音：ཨ	拉丁转写：a	元音：ཨི	拉丁转写：i	元音：ཨུ	拉丁转写：u	元音：ཨེ	拉丁转写：e	元音：ཨོ	拉丁转写：o	韵尾	
代码	藏文	汉义／音标	藏文	汉义／音标	藏文	汉义／音标	藏文	汉义／音标	藏文	汉义／音标	藏文	拉丁转写
1			བསྒྲི	引导	བསྒྲུ	剪，砍断					/འ	/v
2									བསྒྲོག	搅	ག	g
3									བསྒྲོགས	搅	གས	gs
4									བསྒྲོང	暗杀	ང	ng
5											ངས	ngs
6	བསྒྲད	驱逐									ད	d
7			བསྒྲིན	1	བསྒྲུན	建造					ན	n
8					བསྒྲུནད	建					ནད	nd
9											བ	b
10											བས	bs
11											མ	m
12											མས	ms
13											ར	r
14											རད	rd
15											ལ	l
16											ལད	ld
17			བསྒྲིས	2	བསྒྲུས	剪，砍断					ས	s
18											འོ	vo
19											འི	vi
20											འུ	vu

声母代码：24；　藏文：ཁ；　拉丁转写：kh；　音标：

韵母类型	元音:ཨ	拉丁转写 :a	元音:ཨི	拉丁转写 :i	元音:ཨུ	拉丁转写 :u	元音:ཨེ	拉丁转写 :e	元音:ཨོ	拉丁转写 :o	韵尾	
代码	藏文	汉义 音标	藏文	汉义 音标	藏文	汉义 音标	藏文	汉义 音标	藏文	汉义 音标	藏文	拉丁转写
1	ཁ	嘴	ཁི	3	ཁུ	库氏	ཁེ	利益	ཁོ	他	/འ	/v
2	ཁག	类别			ཁུག	弯曲处	ཁེག	停顿	ཁོག	制止	ག	g
3					ཁུགས	回转	ཁེགས	塞住	ཁོགས	阻挡	གས	gs
4	ཁང	房子			ཁུང	穴，孔	ཁེང	奴隶	ཁོང	内心	ང	ng
5	ཁངས	雪	ཁིངས	凝固	ཁུངས	来源	ཁེངས	添满	ཁོངས	种类	ངས	ngs
6	ཁད	距离			ཁུད	包装	ཁེད	谜语	ཁོད	外观	ད	d
7	ཁན	附加			ཁུན	嗯	ཁེན	乾卦	ཁོན	坤卦	ན	n
8											ནད	nd
9	ཁབ	针					ཁེབ	遮盖物	ཁོབ	遮蔽	བ	b
10	ཁབས	雀斑					ཁེབས	遮盖物	ཁོབས	遮住	བས	bs
11	ཁམ	一口			ཁུམ	缩短	ཁེམ	铣	ཁོམ	空闲	མ	m
12	ཁམས	康区			ཁུམས	通达	ཁེམས	铁锹			མས	ms
13	ཁར	上面			ཁུར	背起			ཁོར	隔离	ར	r
14											རད	rd
15	ཁལ	克(量)			ཁུལ	假模样	ཁེལ	纺	ཁོལ	侧面	ལ	l
16											ལད	ld
17	ཁས	以口	ཁིས	藏斤	ཁུས	呼喊	ཁེས	山坳	ཁོས	由他	ས	s
18	ཁའོ	科									འོ	vo
19	ཁའི	1			ཁུའི	4			ཁོའི	生病	འི	vi
20	ཁའུ	2	ཁིའུ	小刀			ཁེའུ	5	ཁོའུ	6	འུ	vu

声母代码：25；藏文：ཁྭ；拉丁转写：khw；音标：																	
韵母类型	元音:ཨ	拉丁转写 :a		元音:ཨི	拉丁转写 :i		元音:ཨུ	拉丁转写 :u		元音:ཨེ	拉丁转写 :e		元音:ཨོ	拉丁转写 :o		韵尾	
代码	藏文	汉义	音标	藏文	汉义	音标	藏文	汉义	音标	藏文	汉义	音标	藏文	汉义	音标	藏文	拉丁转写
1	ཁྭ	小乌鸦														འ	/v
2																ག	g
3																གས	gs
4	ཁྭང	1														ང	ng
5																ངས	ngs
6																ད	d
7																ན	n
8																ནད	nd
9																བ	b
10																བས	bs
11																མ	m
12																མས	ms
13																ར	r
14																རད	rd
15																ལ	l
16																ལད	ld
17																ས	s
18																འོ	vo
19																འི	vi
20																འུ	vu

声母代码：26；　藏文：ཁྱ；　拉丁转写：khy；　音标：

韵母类型 代码	元音:ཨ 藏文	拉丁转写:a 汉义/音标	元音:ཨི 藏文	拉丁转写:i 汉义/音标	元音:ཨུ 藏文	拉丁转写:u 汉义/音标	元音:ཨེ 藏文	拉丁转写:e 汉义/音标	元音:ཨོ 藏文	拉丁转写:o 汉义/音标	韵尾 藏文	韵尾 拉丁转写
1			ཁྱི	狗	ཁྱུ	群	ཁྱེ	利益	ཁྱོ	丈夫	/འ	/v
2	ཁྱག	抬起			ཁྱུག	草书			ཁྱོག	能胜任	ག	g
3	ཁྱགས	着凉	ཁྱིགས	捆绑	ཁྱུགས	2			ཁྱོགས	担架	གས	gs
4			ཁྱིང	冻结	ཁྱུང	凤			ཁྱོང	大鹏	ང	ng
5									ཁྱོངས	持续	ངས	ngs
6	ཁྱད	差别	ཁྱིད	五指拳	ཁྱུད	抱起	ཁྱེད	您	ཁྱོད	你	ད	d
7									ཁྱོན	范围	ན	n
8											ནད	nd
9	ཁྱབ	范围							ཁྱོབ	充满	བ	b
10											བས	bs
11	ཁྱམ	椽	ཁྱིམ	家庭			ཁྱེམ	铲，勺	ཁྱོམ	晃荡	མ	m
12	ཁྱམས	走廊									མས	ms
13	ཁྱར	1	ཁྱིར	酒罐	ཁྱུར	卸任	ཁྱེར	人家	ཁྱོར	动摇	ར	r
14											རད	rd
15			ཁྱིལ	盘旋			ཁྱེལ	坐姿	ཁྱོལ	渡过	ལ	l
16											ལད	ld
17			ཁྱིས	由狗			ཁྱེས	布施	ཁྱོས	由丈夫	ས	s
18											འོ	vo
19											འི	vi
20			ཁྱིའུ	楔			ཁྱེའུ	弯皮刀			འུ	vu

声母代码：27； 藏文：ཁྲ； 拉丁转写：khr； 音标：												
韵母类型	元音：ཨ	拉丁转写 :a	元音：ཨི	拉丁转写 :i	元音：ཨུ	拉丁转写 :u	元音：ཨེ	拉丁转写 :e	元音：ཨོ	拉丁转写 :o	韵尾	
代码	藏文	汉义/音标	藏文	汉义/音标	藏文	汉义/音标	藏文	汉义/音标	藏文	汉义/音标	藏文	拉丁转写
1	ཁྲ	猎鹰，鹞	ཁྲི	座，床	ཁྲུ	肘长	ཁྲེ	小米	ཁྲོ	生铁	/འ	/v
2	ཁྲག	血	ཁྲིག	迈步声音	ཁྲུག	5			ཁྲོག	烧熟	ག	g
3			ཁྲིགས	次序			ཁྲེགས	8			གས	gs
4	ཁྲང	健壮			ཁྲུང	酒	ཁྲེང	9	ཁྲོང	床	ང	ng
5									ཁྲོངས	引导	ངས	ngs
6	ཁྲད	1	ཁྲིད	教导	ཁྲུད	洗	ཁྲེད	10	ཁྲོད	中间	ད	d
7	ཁྲན	2			ཁྲུན	类别	ཁྲེན	缺点	ཁྲོན	井	ན	n
8											ནད	nd
9	ཁྲབ	铠甲					ཁྲེབ	掩盖	ཁྲོབ	拟声词	བ	b
10	ཁྲབས	表演							ཁྲོབས	舞蹈	བས	bs
11	ཁྲམ	鳞纹			ཁྲུམ	6	ཁྲེམ	渗透	ཁྲོམ	会，集市	མ	m
12			ཁྲིམས	法律	ཁྲུམས	室壁两宿	ཁྲེམས	渗透，摆	ཁྲོམས	铺开	མས	ms
13											ར	r
14											རད	rd
15	ཁྲལ	赋税	ཁྲིལ	缠，绑	ཁྲུལ	散落	ཁྲེལ	羞耻	ཁྲོལ	碎	ལ	l
16											ལད	ld
17	ཁྲས	3	ཁྲིས	条，缕	ཁྲུས	沐浴	ཁྲེས	草垫子	ཁྲོས	发怒	ས	s
18											འོ	vo
19	ཁྲའི	4							ཁྲོའི	绸子	འི	vi
20			ཁྲིའུ	小凳	ཁྲུའུ	7	ཁྲེའུ	花毯			འུ	vu

声母代码：28；　藏文：མཁ；　拉丁转写：mkh；　音标：

韵母类型	元音:ཨ	拉丁转写:a	元音:ཨི	拉丁转写:i	元音:ཨུ	拉丁转写:u	元音:ཨེ	拉丁转写:e	元音:ཨོ	拉丁转写:o	韵尾	
代码	藏文	汉义 音标	藏文	汉义 音标	藏文	汉义 音标	藏文	汉义 音标	藏文	汉义 音标	藏文	拉丁转写
1	མཁའ	太空			མཁུ	嫉妒			མཁོ	需要	/འ	/v
2											ག	g
3											གས	gs
4											ང	ng
5											ངས	ngs
6											ད	d
7	མཁན	作者			མཁུན	拟声词			མཁོན	仇恨	ན	n
8											ནད	nd
9											བ	b
10											བས	bs
11											མ	m
12											མས	ms
13	མཁར	城堡			མཁུར	颊，颐					ར	r
14											རད	rd
15	མཁལ	肺									ལ	l
16											ལད	ld
17	མཁས	精通			མཁུས	熬			མཁོས	需要	ས	s
18											འོ	vo
19	མཁའི	1							མཁོའི	2	འི	vi
20											འུ	vu

声母代码：29；　藏文：མཁྱ；　拉丁转写：mkhy；　音标：												
韵母类型	元音:ཨ	拉丁转写 :a	元音:ཨི	拉丁转写 :i	元音:ཨུ	拉丁转写 :u	元音:ཨེ	拉丁转写 :e	元音:ཨོ	拉丁转写 :o	韵尾	
代码	藏文	汉义 音标	藏文	汉义 音标	藏文	汉义 音标	藏文	汉义 音标	藏文	汉义 音标	藏文	拉丁转写
1											འ	/v
2											ག	g
3											གས	gs
4											ང	ng
5											ངས	ngs
6			མཁྱིད	五指拳	མཁྱུད	搂抱					ད	d
7							མཁྱེན	知道			ན	n
8							མཁྱེནད	知道			ནད	nd
9											བ	b
10											བས	bs
11											མ	m
12											མས	ms
13											ར	r
14											རད	rd
15											ལ	l
16											ལད	ld
17											ས	s
18											འོ	vo
19											འི	vi
20											འུ	vu

声母代码：30；　藏文：མཁྲ；　拉丁转写：mkhr；　音标：

韵母类型代码	元音:ཨ 藏文	拉丁转写:a 汉义	音标	元音:ཨི 藏文	拉丁转写:i 汉义	音标	元音:ཨུ 藏文	拉丁转写:u 汉义	音标	元音:ཨེ 藏文	拉丁转写:e 汉义	音标	元音:ཨོ 藏文	拉丁转写:o 汉义	音标	韵尾 藏文	韵尾 拉丁转写
1																/འ	/v
2				མཁྲིག	手腕											ག	g
3	མཁྲགས	1		མཁྲིགས	2					མཁྲེགས	坚硬					གས	gs
4	མཁྲང	健壮														ང	ng
5																ངས	ngs
6																ད	d
7																ན	n
8																ནད	nd
9																བ	b
10																བས	bs
11																མ	m
12																མས	ms
13																ར	r
14																རད	rd
15																ལ	l
16																ལད	ld
17				མཁྲིས	胆											ས	s
18																འོ	vo
19																འི	vi
20																འུ	vu

声母代码：31；　藏文：འཁ；　拉丁转写：vkh；　音标：

韵母类型	元音:ཨ	拉丁转写 :a	元音:ཨི	拉丁转写 :i	元音:ཨུ	拉丁转写 :u	元音:ཨེ	拉丁转写 :e	元音:ཨོ	拉丁转写 :o	韵尾	
代码	藏文	汉义/音标	藏文	汉义/音标	藏文	汉义/音标	藏文	汉义/音标	藏文	汉义/音标	藏文	拉丁转写
1					འཁུ	嫉妒					/འ	/v
2									འཁོག	曲折	ག	g
3					འཁུགས	2	འཁེགས	堵住	འཁོགས	衰老	གས	gs
4	འཁང	憎恨					འཁེང	冻结	འཁོང	潜伏	ང	ng
5	འཁངས	抱怨					འཁེངས	满	འཁོངས	揣度	ངས	ngs
6					འཁུད	领(动)			འཁོད	安置	ད	d
7	འཁན	草名			འཁུན	拟声词	འཁེན	依靠	འཁོན	款氏	ན	n
8											ནད	nd
9							འཁེབ	幕，盖物	འཁོབ	边缘	བ	b
10							འཁེབས	盖	འཁོབས	宽	བས	bs
11	འཁམ	1			འཁུམ	收缩			འཁོམ	抽暇	མ	m
12	འཁམས	昏倒			འཁུམས	畏缩			འཁོམས	抽暇	མས	ms
13	འཁར	青铜			འཁུར	挑，担负	འཁེར	勃起	འཁོར	仆从	ར	r
14											རད	rd
15	འཁལ	纺			འཁུལ	驯服	འཁེལ	搓，捻	འཁོལ	纺，捻	ལ	l
16											ལད	ld
17					འཁུས	嫉妒			འཁོས	需要	ས	s
18											འོ	vo
19											འི	vi
20											འུ	vu

声母代码：32；　藏文：འཁྱ；　拉丁转写：vkhy；　音标：

韵母类型代码	元音：ཨ 藏文	拉丁转写:a 汉义/音标	元音：ཨི 藏文	拉丁转写:i 汉义/音标	元音：ཨུ 藏文	拉丁转写:u 汉义/音标	元音：ཨེ 藏文	拉丁转写:e 汉义/音标	元音：ཨོ 藏文	拉丁转写:o 汉义/音标	韵尾 藏文	韵尾 拉丁转写
1					འཁྱུ	跑					/འ	/v
2	འཁྱག	冷	འཁྱིག	绞紧	འཁྱུག	草书			འཁྱོག	歪	ག	g
3	འཁྱགས	着凉	འཁྱིགས	束缚，绑	འཁྱུགས	草书			འཁྱོགས	偏，歪	གས	gs
4									འཁྱོང	保护	ང	ng
5									འཁྱོངས	保护	ངས	ngs
6			འཁྱིད	大小指间长	འཁྱུད	拥抱					ད	d
7					འཁྱུན	1					ན	n
8											ནད	nd
9	འཁྱབ	簸去									བ	b
10											བས	bs
11	འཁྱམ	流浪	འཁྱིམ	环绕					འཁྱོམ	晃荡	མ	m
12	འཁྱམས	流浪	འཁྱིམས	圆环					འཁྱོམས	流浪	མས	ms
13	འཁྱར	狗交尾	འཁྱིར	旋转	འཁྱུར	卸（任）	འཁྱེར	携带	འཁྱོར	杂质	ར	r
14			འཁྱིརད	旋转							རད	rd
15	འཁྱལ	无关联	འཁྱིལ	积（水）					འཁྱོལ	究竟	ལ	l
16											ལད	ld
17					འཁྱུས	逃跑			འཁྱོས	贡品	ས	s
18											འོ	vo
19											འི	vi
20											འུ	vu

声母代码：33；藏文：འཁྲ；拉丁转写：vkhr；音标：												
韵母类型	元音：ཨ	拉丁转写 :a	元音：ཨི	拉丁转写 :i	元音：ཨུ	拉丁转写 :u	元音：ཨེ	拉丁转写 :e	元音：ཨོ	拉丁转写 :o	韵尾	
代码	藏文	汉义/音标	藏文	汉义/音标	藏文	汉义/音标	藏文	汉义/音标	藏文	汉义/音标	藏文	拉丁转写
1	འཁྲ	依靠	འཁྲི	担负	འཁྲུ	洗			འཁྲོ	发怒	/འ	/v
2			འཁྲིག	淫欲	འཁྲུག	错乱			འཁྲོག	闪失	ག	g
3			འཁྲིགས	笼罩	འཁྲུགས	错乱			འཁྲོགས	嘈杂声	གས	gs
4	འཁྲང	健壮			འཁྲུང	诞生	འཁྲེང	阻止			ང	ng
5					འཁྲུངས	诞生					ངས	ngs
6	འཁྲད	驱逐	འཁྲིད	牵，领	འཁྲུད	洗					ད	d
7	འཁྲན	1			འཁྲུན	界限	འཁྲེན	贪恋			ན	n
8											ནད	nd
9	འཁྲབ	舞蹈					འཁྲེབ	油滑			བ	b
10	འཁྲབས	跳舞					འཁྲེབས	任性	འཁྲོབས	跳舞	བས	bs
11											མ	m
12			འཁྲིམས	恐惧							མས	ms
13					འཁྲུར	2					ར	r
14											རད	rd
15	འཁྲལ	担忧	འཁྲིལ	缠绕	འཁྲུལ	错误			འཁྲོལ	奏	ལ	l
16											ལད	ld
17	འཁྲས	依靠	འཁྲིས	旁边	འཁྲུས	洗			འཁྲོས	发怒	ས	s
18											འོ	vo
19											འི	vi
20											འུ	vu

声母代码：34；　藏文：ག；　拉丁转写：g；　音标：

韵母类型 代码	元音：ཨ 藏文	拉丁转写：a 汉义/音标	元音：ཨི 藏文	拉丁转写：i 汉义/音标	元音：ཨུ 藏文	拉丁转写：u 汉义/音标	元音：ཨེ 藏文	拉丁转写：e 汉义/音标	元音：ཨོ 藏文	拉丁转写：o 汉义/音标	韵尾 藏文	韵尾 拉丁转写
1	ག	何，什么	གི	的	གུ	内部	གེ	程度助词	གོ	间隙	/འ	/v
2	གག	喂(语词)			གུག	屈音符	གེག	6	གོག	爬行	ག	g
3	གགས	堵死					གེགས	障碍			གས	gs
4	གང	任何	གིང	骷髅鬼卒	གུང	中央			གོང	物价	ང	ng
5	གངས	雪									ངས	ngs
6	གད	擦拭			གུད	一侧			གོད	减	ད	d
7	གན	旁边	གིན	艮卦	གུན	亏累	གེན	7	གོན	穿，戴	ན	n
8											ནད	nd
9	གབ	躲藏							གོབ	潜伏	བ	b
10											བས	bs
11	གམ	左右	གིམ	琴	གུམ	去世			གོམ	步伐	མ	m
12									གོམས	习惯	མས	ms
13	གར	舞蹈	གིར	2	གུར	帐篷	གེར	8	གོར	牛瘟	ར	r
14											རད	rd
15	གལ	网罗			གུལ	4	གེལ	树枝	གོལ	错误	ལ	l
16											ལད	ld
17	གས	裂开	གིས	用以	གུས	致敬	གེས	9	གོས	衣服	ས	s
18											འོ	vo
19	གའི	1	གིའི	3	གུའི	5	གེའི	10	གོའི	11	འི	vi
20	གའུ	盒，匣							གོའུ	12	འུ	vu

声母代码：35；　藏文：གྭ；　拉丁转写：gw；　音标：

韵母类型	元音:ཨ	拉丁转写 :a	元音:ཨི	拉丁转写 :i	元音:ཨུ	拉丁转写 :u	元音:ཨེ	拉丁转写 :e	元音:ཨོ	拉丁转写 :o	韵尾	
代码	藏文	汉义 音标	藏文	汉义 音标	藏文	汉义 音标	藏文	汉义 音标	藏文	汉义 音标	藏文	拉丁转写
1	གྭ	白额牲畜 									/འ	/v
2											ག	g
3											གས	gs
4	གྭང	1 									ང	ng
5											ངས	ngs
6											ད	d
7											ན	n
8											ནད	nd
9											བ	b
10											བས	bs
11											མ	m
12											མས	ms
13											ར	r
14											རད	rd
15											ལ	l
16											ལད	ld
17											ས	s
18											འོ	vo
19											འི	vi
20											འུ	vu

声母代码：36；　藏文：གྱ；　拉丁转写：gy；　音标：

韵母类型	元音:ཨ	拉丁转写:a	元音:ཨི	拉丁转写:i	元音:ཨུ	拉丁转写:u	元音:ཨེ	拉丁转写:e	元音:ཨོ	拉丁转写:o	韵尾	
代码	藏文	汉义/音标	藏文	汉义/音标	藏文	汉义/音标	藏文	汉义/音标	藏文	汉义/音标	藏文	拉丁转写
1	གྱ	连接个十位	གྱི	的	གྱུ	孝敬	གྱེ	5	གྱོ	砖	/འ	/v
2	གྱག	弯曲	གྱིག	橡皮	གྱུག	明亮			གྱོག	弧形	ག	g
3									གྱོགས	7	གས	gs
4	གྱང	墙壁	གྱིང	骷髅鬼卒	གྱུང	亏损	གྱེང	6	གྱོང	亏损	ང	ng
5	གྱངས	1									ངས	ngs
6	གྱད	气力					གྱེད	离开	གྱོད	纠纷	ད	d
7			གྱིན	正在			གྱེན	上坡路	གྱོན	穿	ན	n
8											ནད	nd
9											བ	b
10	གྱབས	玩笑									བས	bs
11	གྱམ	岩窟	གྱིམ	2							མ	m
12											མས	ms
13	གྱར	脱节了			གྱུར	转变	གྱེར	朗诵			ར	r
14					གྱུརད	变化					རད	rd
15	གྱལ	分支	གྱིལ	3					གྱོལ	跛	ལ	l
16											ལད	ld
17			གྱིས	用以			གྱེས	分离	གྱོས	外公	ས	s
18											འོ	vo
19					གྱུའི	4					འི	vi
20											འུ	vu

声母代码：37； 藏文：གྲ； 拉丁转写：gr； 音标：												
韵母类型	元音：ཨ	拉丁转写 :a	元音：ཨི	拉丁转写 :i	元音：ཨུ	拉丁转写 :u	元音：ཨེ	拉丁转写 :e	元音：ཨོ	拉丁转写 :o	韵尾	
代码	藏文	汉义/音标	藏文	汉义/音标	藏文	汉义/音标	藏文	汉义/音标	藏文	汉义/音标	藏文	拉丁转写
1	གྲ	毛梢	གྲི	刀	གྲུ	船	གྲེ	张宿	གྲོ	小麦	/འ	/v
2	གྲག	据说			གྲུག	碎成小块			གྲོག	深沟	ག	g
3	གྲགས	传遍			གྲུགས	破碎			གྲོགས	援助	གས	gs
4	གྲང	吗			གྲུང	聪明			གྲོང	人户	ང	ng
5	གྲངས	数字			གྲུངས	澄清			གྲོངས	弑	ངས	ngs
6									གྲོད	肚子	ད	d
7			གྲིན	1	གྲུན	5			གྲོན	浪费	ན	n
8											ནད	nd
9	གྲབ	长木条	གྲིབ	脑溢血	གྲུབ	完成					བ	b
10	གྲབས	临近			གྲུབས	形成					བས	bs
11	གྲམ	蔓延	གྲིམ	拧紧	གྲུམ	獾猪					མ	m
12	གྲམས	蔓延	གྲིམས	拧，扭	གྲུམས	破碎	གྲེམས	公布			མས	ms
13			གྲིར	2	གྲུར	6					ར	r
14											རད	rd
15	གྲལ	行列	གྲིལ	滚	གྲུལ	魔鬼			གྲོལ	解散	ལ	l
16									གྲོལད	解散	ལད	ld
17	གྲས	属类	གྲིས	3	གྲུས	牛角龄节	གྲེས	一种草	གྲོས	言论	ས	s
18									གྲོའོ	将近	འོ	vo
19			གྲིའི	4	གྲུའི	7			གྲོའི	9	འི	vi
20			གྲིའུ	小刀	གྲུའུ	8	གྲེའུ	小豆子			འུ	vu

声母代码：38； 藏文：གྲྭ； 拉丁转写：grw； 音标：												
韵母类型	元音:ཨ	拉丁转写 :a	元音:ཨི	拉丁转写 :i	元音:ཨུ	拉丁转写 :u	元音:ཨེ	拉丁转写 :e	元音:ཨོ	拉丁转写 :o	韵尾	
代码	藏文	汉义/音标	藏文	汉义/音标	藏文	汉义/音标	藏文	汉义/音标	藏文	汉义/音标	藏文	拉丁转写
1	གྲྭ	场所									འ	/v
2											ག	g
3											གས	gs
4											ང	ng
5											ངས	ngs
6											ད	d
7											ན	n
8											ནད	nd
9											བ	b
10											བས	bs
11											མ	m
12											མས	ms
13	གྲྭར	1									ར	r
14											རད	rd
15											ལ	l
16											ལད	ld
17											ས	s
18											འོ	vo
19	གྲྭའི	2									འི	vi
20											འུ	vu

声母代码：39；　藏文：གླ；　拉丁转写：gl；　音标：												
韵母类型	元音:ཨ	拉丁转写 :a	元音:ཨི	拉丁转写 :i	元音:ཨུ	拉丁转写 :u	元音:ཨེ	拉丁转写 :e	元音:ཨོ	拉丁转写 :o	韵尾	
代码	藏文	汉义 音标	藏文	汉义 音标	藏文	汉义 音标	藏文	汉义 音标	藏文	汉义 音标	藏文	拉丁转写
1	གླ	工资			གླུ	歌	གླེ	岛屿	གློ	马肚带	/འ	/v
2	གླག	岩雕					གླེག	2	གློག	电	ག	g
3	གླགས	时机					གླེགས	板, 片			གས	gs
4	གླང	公黄牛	གླིང	岛屿			གླེང	说话	གློང	翻	ང	ng
5			གླིངས	显露			གླེངས	议论	གློངས	翻	ངས	ngs
6					གླུད	赎命物			གློད	释放	ད	d
7	གླན	贴, 粘					གླེན	愚蠢, 傻	གློན	缝补	ན	n
8											ནད	nd
9							གླེབ	压扁			བ	b
10							གླེབས	压住			བས	bs
11	གླམ	潮湿			གླུམ	醪糟	གླེམ	摁			མ	m
12											མས	ms
13					གླུར	1			གློར	3	ར	r
14											རད	rd
15	གླལ	呵欠									ལ	l
16											ལད	ld
17	གླས	雇用							གློས	租用	ས	s
18							གླེའོ	谈论			འོ	vo
19									གློའི	傻子	འི	vi
20							གླེའུ	獐崽			འུ	vu

声母代码：40；　藏文：དག；　拉丁转写：dg；　音标：												
韵母类型	元音:ཨ	拉丁转写 :a	元音:ཨི	拉丁转写 :i	元音:ཨུ	拉丁转写 :u	元音:ཨེ	拉丁转写 :e	元音:ཨོ	拉丁转写 :o	韵尾	
代码	藏文	汉义 音标	藏文	汉义 音标	藏文	汉义 音标	藏文	汉义 音标	藏文	汉义 音标	藏文	拉丁转写
1	དགའ	欢喜			དགུ	各样	དགེ	善，优	དགོ	需要	/འ	/v
2	དགག	挡住			དགུག	使弯			དགོག	阻止	ག	g
3					དགུགས	白天					གས	gs
4	དགང	装满			དགུང	中央部分			དགོང	晚上	ང	ng
5									དགོངས	想	ངས	ngs
6	དགད	爆炸							དགོད	发笑	ད	d
7	དགན	1			དགུན	冬季			དགོན	寺	ན	n
8											ནད	nd
9	དགབ	盖，遮									བ	b
10											བས	bs
11					དགུམ	杀死					མ	m
12											མས	ms
13	དགར	隔离			དགུར	于一切	དགེར	吉祥			ར	r
14											རད	rd
15	དགལ	(牛马)驮					དགེལ	4	དགོལ	使用	ལ	l
16											ལད	ld
17	དགས	劈开			དགུས	由一切	དགེས	高兴	དགོས	需要	ས	s
18					དགུའོ	是九	དགེའོ	吉祥啊！			འོ	vo
19	དགའི	2			དགུའི	3	དགེའི	5			འི	vi
20											འུ	vu

声母代码：41；　藏文：དགྱ；　拉丁转写：dgy；　音标：

韵母类型	元音:ཨ	拉丁转写 :a	元音:ཨི	拉丁转写 :i	元音:ཨུ	拉丁转写 :u	元音:ཨེ	拉丁转写 :e	元音:ཨོ	拉丁转写 :o	韵尾	
代码	藏文	汉义/音标	藏文	汉义/音标	藏文	汉义/音标	藏文	汉义/音标	藏文	汉义/音标	藏文	拉丁转写
1							དགྱེ	仰起			/འ	/v
2											ག	g
3											གས	gs
4											ང	ng
5											ངས	ngs
6							དགྱེད	向上仰起			ད	d
7											ན	n
8											ནད	nd
9											བ	b
10											བས	bs
11											མ	m
12											མས	ms
13							དགྱེར	唱			ར	r
14											རད	rd
15							དགྱེལ	使摔倒			ལ	l
16							དགྱེལད	倒			ལད	ld
17							དགྱེས	喜欢			ས	s
18							དགྱེའོ	平房			འོ	vo
19											འི	vi
20											འུ	vu

声母代码：42；　藏文：དགྲ；　拉丁转写：dgr；　音标：

韵母类型	元音:ཨ	拉丁转写 :a	元音:ཨི	拉丁转写 :i	元音:ཨུ	拉丁转写 :u	元音:ཨེ	拉丁转写 :e	元音:ཨོ	拉丁转写 :o	韵尾	
代码	藏文	汉义 音标	藏文	汉义 音标	藏文	汉义 音标	藏文	汉义 音标	藏文	汉义 音标	藏文	拉丁转写
1	དགྲ	敌人									/འ	/v
2											ག	g
3											གས	gs
4									དགྲོང	弑	ང	ng
5									དགྲོངས	弑	ངས	ngs
6	དགྲད	张开									ད	d
7											ན	n
8											ནད	nd
9											བ	b
10											བས	bs
11	དགྲམ	摊开									མ	m
12											མས	ms
13	དགྲར	于敌人									ར	r
14											རད	rd
15									དགྲོལ	解开	ལ	l
16											ལད	ld
17											ས	s
18											འོ	vo
19	དགྲའི	1									འི	vi
20											འུ	vu

声母代码：43； 藏文：བག； 拉丁转写：bg； 音标：																	
韵母类型	元音：ཨ	拉丁转写 :a		元音：ཨི	拉丁转写 :i		元音：ཨུ	拉丁转写 :u		元音：ཨེ	拉丁转写 :e		元音：ཨོ	拉丁转写 :o		韵尾	
代码	藏文	汉义	音标	藏文	汉义	音标	藏文	汉义	音标	藏文	汉义	音标	藏文	汉义	音标	藏文	拉丁转写
1													བགོ	分配		/འ	/v
2	བགག	勒紧											བགོག	勒紧		ག	g
3	བགགས	勒，绞紧								བགེགས	厉鬼		བགོགས	阻滞		གས	gs
4																ང	ng
5																ངས	ngs
6	བགད	笑											བགོད	笑		ད	d
7																ན	n
8																ནད	nd
9																བ	b
10																བས	bs
11	བགམ	吃											བགོམ	跨越		མ	m
12	བགམས	估计											བགོམས	跨越		མས	ms
13													བགོར	耽搁		ར	r
14																རད	rd
15																ལ	l
16																ལད	ld
17										བགེས	1		བགོས	分配		ས	s
18																འོ	vo
19																འི	vi
20													བགོའུ	2		འུ	vu

声母代码：44；　藏文：བགྱ；　拉丁转写：bgy；　音标：

韵母类型	元音:ཨ	拉丁转写 :a	元音:ཨི	拉丁转写 :i	元音:ཨུ	拉丁转写 :u	元音:ཨེ	拉丁转写 :e	元音:ཨོ	拉丁转写 :o	韵尾	
代码	藏文	汉义 音标	藏文	汉义 音标	藏文	汉义 音标	藏文	汉义 音标	藏文	汉义 音标	藏文	拉丁转写
1			བགྱི	做,作							/འ	/v
2											ག	g
3											གས	gs
4	བགྱང	时间后退									ང	ng
5	བགྱངས	拖长							བགྱོངས	推迟	ངས	ngs
6			བགྱིད	正做事	བགྱུད	1	བགྱེད	向后靠			ད	d
7											ན	n
8											ནད	nd
9											བ	b
10											བས	bs
11											མ	m
12											མས	ms
13											ར	r
14											རད	rd
15											ལ	l
16											ལད	ld
17			བགྱིས	做事							ས	s
18											འོ	vo
19											འི	vi
20											འུ	vu

声母代码：45；　藏文：བགྲ；　拉丁转写：bgr；　音标：											
韵母类型	元音：ཨ	拉丁转写 :a	元音：ཨི	拉丁转写 :i	元音：ཨུ	拉丁转写 :u	元音：ཨེ	拉丁转写 :e	元音：ཨོ	拉丁转写 :o	韵尾	
代码	藏文	汉义 音标	藏文	汉义 音标	藏文	汉义 音标	藏文	汉义 音标	藏文	汉义 音标	藏文	拉丁转写
1					བགྲུ	搓	བགྲེ	2	བགྲོ	讨论	/འ	/v
2											ག	g
3											གས	gs
4	བགྲང	计算			བགྲུང	使澄清					ང	ng
5	བགྲངས	数			བགྲུངས	澄清			བགྲོངས	计算	ངས	ngs
6	བགྲད	瞪眼			བགྲུད	去壳			བགྲོད	张开	ད	d
7											ན	n
8											ནད	nd
9											བ	b
10											བས	bs
11											མ	m
12											མས	ms
13											ར	r
14											རད	rd
15			བགྲིལ	滚下							ལ	l
16											ལད	ld
17					བགྲུས	搓，碾	བགྲེས	变老	བགྲོས	讨论	ས	s
18											འོ	vo
19					བགྲུའི	1					འི	vi
20											འུ	vu

声母代码：46；　藏文：མག；　拉丁转写：mg；　音标：

韵母类型	元音:ཨ	拉丁转写:a	元音:ཨི	拉丁转写:i	元音:ཨུ	拉丁转写:u	元音:ཨེ	拉丁转写:e	元音:ཨོ	拉丁转写:o	韵尾	
代码	藏文	汉义/音标	藏文	汉义/音标	藏文	汉义/音标	藏文	汉义/音标	藏文	汉义/音标	藏文	拉丁转写
1					མགུ	满意			མགོ	觜宿	/འ	/v
2											ག	g
3											གས	gs
4											ང	ng
5											ངས	ngs
6											ད	d
7									མགོན	救主(佛)	ན	n
8											ནད	nd
9											བ	b
10											བས	bs
11											མ	m
12											མས	ms
13	མགར	噶尔(氏)			མགུར	道情			མགོར	打造	ར	r
14											རད	rd
15	མགལ	颊			མགུལ	喉,颈					ལ	l
16											ལད	ld
17									མགོས	姓氏	ས	s
18											འོ	vo
19									མགོའི	1	འི	vi
20											འུ	vu

声母代码：47；藏文：མགྱ；拉丁转写：mgy；音标：											
韵母类型	元音：ཨ	拉丁转写 :a	元音：ཨི	拉丁转写 :i	元音：ཨུ	拉丁转写 :u	元音：ཨེ	拉丁转写 :e	元音：ཨོ	拉丁转写 :o	韵尾	
代码	藏文	汉义 音标	藏文	汉义 音标	藏文	汉义 音标	藏文	汉义 音标	藏文	汉义 音标	藏文	拉丁转写
1											/འ	/v
2											ག	g
3									མགྱོགས	迅速	གས	gs
4											ང	ng
5											ངས	ngs
6											ད	d
7											ན	n
8											ནད	nd
9											བ	b
10											བས	bs
11											མ	m
12											མས	ms
13											ར	r
14											རད	rd
15											ལ	l
16											ལད	ld
17											ས	s
18											འོ	vo
19											འི	vi
20											འུ	vu

声母代码：48；藏文：མགྲ；拉丁转写：mgr；音标：												
韵母类型	元音:ཨ	拉丁转写:a	元音:ཨི	拉丁转写:i	元音:ཨུ	拉丁转写:u	元音:ཨེ	拉丁转写:e	元音:ཨོ	拉丁转写:o	韵尾	
代码	藏文	汉义 音标	藏文	汉义 音标	藏文	汉义 音标	藏文	汉义 音标	藏文	汉义 音标	藏文	拉丁转写
1											/འ	/v
2											ག	g
3											གས	gs
4											ང	ng
5											ངས	ngs
6											ད	d
7			མགྲིན	喉咙					མགྲོན	客人	ན	n
8											ནད	nd
9											བ	b
10											བས	bs
11											མ	m
12											མས	ms
13											ར	r
14											རད	rd
15											ལ	l
16											ལད	ld
17											ས	s
18											འོ	vo
19											འི	vi
20											འུ	vu

声母代码：49；藏文：འག；拉丁转写：vg；音标：																
韵母类型	元音：ཨ	拉丁转写：a		元音：ཨི	拉丁转写：i		元音：ཨུ	拉丁转写：u		元音：ཨེ	拉丁转写：e		元音：ཨོ	拉丁转写：o		韵尾	
代码	藏文	汉义	音标	藏文	汉义	音标	藏文	汉义	音标	藏文	汉义	音标	藏文	汉义	音标	藏文	拉丁转写
1	འགའ	粗布		འགི	有		འགུ	2					འགོ	起初		/འ	/v
2	འགག	要隘					འགུག	弄弯曲					འགོག	阻挡		ག	g
3	འགགས	阻塞					འགུགས	拉弯		འགེགས	阻止		འགོགས	4		གས	gs
4	འགང	关键		འགིང	雄踞					འགེང	满		འགོང	解脱		ང	ng
5	འགངས	关键								འགེངས	充满		འགོངས	解脱		ངས	ngs
6	འགད	使裂开					འགུད	没落		འགེད	派遣		འགོད	记载		ད	d
7	འགན	责任											འགོན	最初		ན	n
8																ནད	nd
9	འགབ	下边														བ	b
10										འགེབས	遮盖					བས	bs
11	འགམ	干吞					འགུམ	杀		འགེམ	毁灭		འགོམ	跨越		མ	m
12	འགམས	干吞					འགུམས	杀		འགེམས	消灭		འགོམས	干吞		མས	ms
13	འགར	地方名					འགུར	3		འགེར	分开		འགོར	耽搁		ར	r
14													འགོརད	耽误		རད	rd
15	འགལ	违背					འགུལ	动摇		འགེལ	载		འགོལ	偏僻		ལ	l
16																ལད	ld
17	འགས	裂开								འགེས	裂开		འགོས	郭氏		ས	s
18																འོ	vo
19													འགོའི	5		འི	vi
20				འགིའུ	1								འགོའུ	6		འུ	vu

声母代码：50；藏文：འགྱ；拉丁转写：vgy；音标：												
韵母类型	元音:ཨ	拉丁转写 :a	元音:ཨི	拉丁转写 :i	元音:ཨུ	拉丁转写 :u	元音:ཨེ	拉丁转写 :e	元音:ཨོ	拉丁转写 :o	韵尾	
代码	藏文	汉义/音标	藏文	汉义/音标	藏文	汉义/音标	藏文	汉义/音标	藏文	汉义/音标	藏文	拉丁转写
1					འགྱུ	变化	འགྱེ	离开			/འ	/v
2	འགྱག	斛	འགྱིག	橡胶			འགྱེག	精华	འགྱོག	撑柱	ག	g
3									འགྱོགས	撑柱	གས	gs
4	འགྱང	延长	འགྱིང	傲慢					འགྱོང	1	ང	ng
5	འགྱངས	过期	འགྱིངས	傲慢					འགྱོངས	精明	ངས	ngs
6							འགྱེད	布施	འགྱོད	后悔	ད	d
7											ན	n
8											ནད	nd
9											བ	b
10											བས	bs
11	འགྱམ	边							འགྱོམ	2	མ	m
12											མས	ms
13	འགྱར	变			འགྱུར	变化	འགྱེར	堆积			ར	r
14											རད	rd
15							འགྱེལ	跌倒			ལ	l
16	འགྱལད	倒									ལད	ld
17					འགྱུས	变化	འགྱེས	展开			ས	s
18											འོ	vo
19											འི	vi
20											འུ	vu

声母代码：51；　藏文：འགྲ；　拉丁转写：vgr；　音标：												
韵母类型	元音:ཨ	拉丁转写 :a	元音:ཨི	拉丁转写 :i	元音:ཨུ	拉丁转写 :u	元音:ཨེ	拉丁转写 :e	元音:ཨོ	拉丁转写 :o	韵尾	
代码	藏文	汉义 音标	藏文	汉义 音标	藏文	汉义 音标	藏文	汉义 音标	藏文	汉义 音标	藏文	拉丁转写
1					འགྲུ	部族名	འགྲེ	打滚	འགྲོ	似乎	/འ	/v
2			འགྲིག	对					འགྲོག	协同	ག	g
3	འགྲགས	大声叫喊	འགྲིགས	相合					འགྲོགས	结合	གས	gs
4	འགྲང	饱					འགྲེང	立起	འགྲོང	生殖器	ང	ng
5	འགྲངས	饱					འགྲེངས	立起	འགྲོངས	弑	ངས	ngs
6	འགྲད	1			འགྲུད	拉扯	འགྲེད	讨厌			ད	d
7	འགྲན	比赛							འགྲོན	比赛	ན	n
8	འགྲནད	比赛									ནད	nd
9			འགྲིབ	减少	འགྲུབ	完成					བ	b
10			འགྲིབས	失明							བས	bs
11	འགྲམ	边沿	འགྲིམ	周游			འགྲེམ	变形			མ	m
12	འགྲམས	散开	འགྲིམས	漫游			འགྲེམས	摊开			མས	ms
13									འགྲོར	2	ར	r
14											རད	rd
15			འགྲིལ	卷起	འགྲུལ	行走	འགྲེལ	注释	འགྲོལ	解开	ལ	l
16					འགྲུལད	行走					ལད	ld
17	འགྲས	仇恨	འགྲིས	斑痕	འགྲུས	勤奋	འགྲེས	打滚	འགྲོས	步法	ས	s
18											འོ	vo
19									འགྲོའི	3	འི	vi
20											འུ	vu

声母代码：52；　藏文：རྒ；　拉丁转写：rg；　音标：

韵母类型	元音:ཨ	拉丁转写 :a	元音:ཨི	拉丁转写 :i	元音:ཨུ	拉丁转写 :u	元音:ཨེ	拉丁转写 :e	元音:ཨོ	拉丁转写 :o	韵尾	
代码	藏文	汉义/音标	藏文	汉义/音标	藏文	汉义/音标	藏文	汉义/音标	藏文	汉义/音标	藏文	拉丁转写
1	རྒ	老			རྒུ	众多			རྒོ	黄羊	/འ	/v
2											ག	g
3											གས	gs
4	རྒང	刺猬									ང	ng
5									རྒོངས	夜晚	ངས	ngs
6	རྒད	1			རྒུད	没落			རྒོད	雕	ད	d
7	རྒན	老师			རྒུན	葡萄			རྒོན	3	ན	n
8											ནད	nd
9									རྒོབ	4	བ	b
10											བས	bs
11					རྒུམ	2					མ	m
12											མས	ms
13					རྒུར	佝偻					ར	r
14											རད	rd
15	རྒལ	渡，蹚水							རྒོལ	辩驳	ལ	l
16											ལད	ld
17	རྒས	变老									ས	s
18											འོ	vo
19											འི	vi
20							རྒེའུ	黄羊羔	རྒོའུ	5	འུ	vu

声母代码：53；　藏文：རྒྱ；　拉丁转写：rgy；　音标：

韵母类型	元音：ཨ	拉丁转写 :a	元音：ཨི	拉丁转写 :i	元音：ཨུ	拉丁转写 :u	元音：ཨེ	拉丁转写 :e	元音：ཨོ	拉丁转写 :o	韵尾	
代码	藏文	汉义/音标	藏文	汉义/音标	藏文	汉义/音标	藏文	汉义/音标	藏文	汉义/音标	藏文	拉丁转写
1	རྒྱ	印，章			རྒྱུ	财物	རྒྱེ	容下	རྒྱོ	性交	འ	/v
2	རྒྱག	关(门)			རྒྱུག	跑					ག	g
3	རྒྱགས	干粮			རྒྱུགས	考试			རྒྱོགས	枪炮	གས	gs
4	རྒྱང	距离			རྒྱུང	泻，痢			རྒྱོང	展开	ང	ng
5	རྒྱངས	遥远			རྒྱུངས	脊髓			རྒྱོངས	展开	ངས	ngs
6	རྒྱད	叉开(腿)			རྒྱུད	传统			རྒྱོད	叉开(腿)	ད	d
7	རྒྱན	装饰品			རྒྱུན	相续，流					ན	n
8											ནད	nd
9	རྒྱབ	背后							རྒྱོབ	打	བ	b
10									རྒྱོབས	打，揍	བས	bs
11	རྒྱམ	1									མ	m
12											མས	ms
13					རྒྱུར	3					ར	r
14											རད	rd
15	རྒྱལ	赌注							རྒྱོལ	攻击	ལ	l
16											ལད	ld
17	རྒྱས	三岁公驹			རྒྱུས	熟悉			རྒྱོས	交媾	ས	s
18											འོ	vo
19	རྒྱའི	2			རྒྱུའི	4					འི	vi
20	རྒྱའུ	络腮胡									འུ	vu

声母代码：54；　藏文：ལྒ；　拉丁转写：lg；　音标：												
韵母类型	元音：ཨ	拉丁转写：a	元音：ཨི	拉丁转写：i	元音：ཨུ	拉丁转写：u	元音：ཨེ	拉丁转写：e	元音：ཨོ	拉丁转写：o	韵尾	
代码	藏文	汉义 音标	藏文	汉义 音标	藏文	汉义 音标	藏文	汉义 音标	藏文	汉义 音标	藏文	拉丁转写
1	ལྒ	姜 		 		 		 	ལྒོ	1 	/འ	/v
2		 		 		 		 		 	ག	g
3		 		 		 		 		 	གས	gs
4	ལྒང	膀胱 		 		 		 		 	ང	ng
5		 		 		 		 		 	ངས	ngs
6		 		 		 		 		 	ད	d
7		 		 		 		 		 	ན	n
8		 		 		 		 		 	ནད	nd
9		 		 		 		 		 	བ	b
10		 		 		 		 		 	བས	bs
11		 		 		 		 		 	མ	m
12		 		 		 		 		 	མས	ms
13		 		 		 		 		 	ར	r
14		 		 		 		 		 	རད	rd
15		 		 		 		 		 	ལ	l
16		 		 		 		 		 	ལད	ld
17		 		 		 		 		 	ས	s
18		 		 		 		 		 	འོ	vo
19		 		 		 		 		 	འི	vi
20		 		 		 		 		 	འུ	vu

声母代码：55；　藏文：སྒ；　拉丁转写：sg；　音标：

韵母类型	元音：ཨ	拉丁转写:a		元音：ཨི	拉丁转写:i		元音：ཨུ	拉丁转写:u		元音：ཨེ	拉丁转写:e		元音：ཨོ	拉丁转写:o		韵尾	
代码	藏文	汉义	音标	藏文	汉义	音标	藏文	汉义	音标	藏文	汉义	音标	藏文	汉义	音标	藏文	拉丁转写
1	སྒ	姜，鞍					སྒུ	驼背		སྒེ	8		སྒོ	门		/འ	/v
2	སྒག	勒		སྒིག	4		སྒུག	等候		སྒེག	姿势		སྒོག	勒紧		ག	g
3							སྒུགས	等候					སྒོགས	勒紧		གས	gs
4	སྒང	高原											སྒོང	蛋		ང	ng
5													སྒོངས	搓团		ངས	ngs
6							སྒུད	5					སྒོད	影响		ད	d
7																ན	n
8																ནད	nd
9	སྒབ	下部边缘					སྒུབ	6					སྒོབ	遮护		བ	b
10																བས	bs
11	སྒམ	箱子					སྒུམ	7					སྒོམ	修行		མ	m
12													སྒོམས	修行		མས	ms
13	སྒར	宿营地					སྒུར	扳弯		སྒེར	私		སྒོར	凝结		ར	r
14																རད	rd
15	སྒལ	脊椎					སྒུལ	摇撼								ལ	l
16																ལད	ld
17	སྒས	1											སྒོས	特殊		ས	s
18																འོ	vo
19	སྒའི	2											སྒོའི	9		འི	vi
20	སྒའུ	3								སྒེའུ	小门					འུ	vu

声母代码：56；　藏文：སྒྱ；　拉丁转写：sgy；　音标：

韵母类型	元音:ཨ	拉丁转写 :a		元音:ཨི	拉丁转写 :i		元音:ཨུ	拉丁转写 :u		元音:ཨེ	拉丁转写 :e		元音:ཨོ	拉丁转写 :o		韵尾	
代码	藏文	汉义	音标	藏文	汉义	音标	藏文	汉义	音标	藏文	汉义	音标	藏文	汉义	音标	藏文	拉丁转写
1							སྒྱུ	冒充		སྒྱེ	毛织口袋		སྒྱོ	3		འ	/v
2				སྒྱིག	1		སྒྱུག	2					སྒྱོག	4		ག	g
3													སྒྱོགས	炮		གས	gs
4	སྒྱང	拖长		སྒྱིང	伸展								སྒྱོང	隐瞒		ང	ng
5				སྒྱིངས	伸展		སྒྱུངས	髓					སྒྱོངས	拖长		ངས	ngs
6				སྒྱིད	懒惰					སྒྱེད	支锅架					ད	d
7																ན	n
8																ནད	nd
9																བ	b
10																བས	bs
11																མ	m
12																མས	ms
13							སྒྱུར	更改								ར	r
14																རད	rd
15										སྒྱེལ	推倒					ལ	l
16																ལད	ld
17							སྒྱུས	诳								ས	s
18																འོ	vo
19																འི	vi
20										སྒྱེའུ	小口袋					འུ	vu

声母代码：57；　藏文：སྒྲ；　拉丁转写：sgr；　音标：

韵母类型	元音：ཨ	拉丁转写：a	元音：ཨི	拉丁转写：i	元音：ཨུ	拉丁转写：u	元音：ཨེ	拉丁转写：e	元音：ཨོ	拉丁转写：o	韵尾	
代码	藏文	汉义 音标	藏文	汉义 音标	藏文	汉义 音标	藏文	汉义 音标	藏文	汉义 音标	藏文	拉丁转写
1	སྒྲ	声音			སྒྲུ	6	སྒྲེ	猞猁	སྒྲོ	翎毛	/འ	/v
2	སྒྲག	1	སྒྲིག	排列	སྒྲུག	捡起	སྒྲེག	噎住	སྒྲོག	带子	ག	g
3			སྒྲིགས	排列	སྒྲུགས	采集	སྒྲེགས	7	སྒྲོགས	宣布	གས	gs
4	སྒྲང	数			སྒྲུང	神话故事	སྒྲེང	举(旗)	སྒྲོང	8	ང	ng
5	སྒྲངས	举(旗)			སྒྲུངས	溶解	སྒྲེངས	竖立	སྒྲོངས	计数	ངས	ngs
6									སྒྲོད	交媾	ད	d
7	སྒྲན	通知	སྒྲིན	比较	སྒྲུན	竞争	སྒྲེན	裸体	སྒྲོན	点火	ན	n
8			སྒྲིནད	竞争							ནད	nd
9	སྒྲབ	2	སྒྲིབ	蒙蔽	སྒྲུབ	办理			སྒྲོབ	排场	བ	b
10			སྒྲིབས	遮蔽	སྒྲུབས	办理					བས	bs
11			སྒྲིམ	捻紧					སྒྲོམ	结构样式	མ	m
12			སྒྲིམས	捻紧							མས	ms
13	སྒྲར	3									ར	r
14											རད	rd
15			སྒྲིལ	包,裹					སྒྲོལ	拯救	ལ	l
16									སྒྲོལད	拯救	ལད	ld
17	སྒྲས	发音(动)					སྒྲེས	类推	སྒྲོས	言论	ས	s
18											འོ	vo
19	སྒྲའི	4									འི	vi
20			སྒྲིའུ	5			སྒྲེའུ	小皮囊			འུ	vu

声母代码：58；　藏文：བརྒ；　拉丁转写：brg；　音标：

韵母类型	元音:ཨ	拉丁转写 :a	元音:ཨི	拉丁转写 :i	元音:ཨུ	拉丁转写 :u	元音:ཨེ	拉丁转写 :e	元音:ཨོ	拉丁转写 :o	韵尾	
代码	藏文	汉义 音标	藏文	汉义 音标	藏文	汉义 音标	藏文	汉义 音标	藏文	汉义 音标	藏文	拉丁转写
1											/འ	/v
2											ག	g
3	བརྒགས	发誓									གས	gs
4											ང	ng
5											ངས	ngs
6	བརྒད	嘲笑									ད	d
7	བརྒན	藤木染料									ན	n
8											ནད	nd
9											བ	b
10											བས	bs
11											མ	m
12											མས	ms
13											ར	r
14											རད	rd
15	བརྒལ	渡(水)									ལ	l
16											ལད	ld
17											ས	s
18											འོ	vo
19											འི	vi
20											འུ	vu

声母代码：59；　藏文：བརྒྱ；　拉丁转写：brgy；　音标：

韵母类型	元音:ཨ	拉丁转写 :a	元音:ཨི	拉丁转写 :i	元音:ཨུ	拉丁转写 :u	元音:ཨེ	拉丁转写 :e	元音:ཨོ	拉丁转写 :o	韵尾	
代码	藏文	汉义/音标	藏文	汉义/音标	藏文	汉义/音标	藏文	汉义/音标	藏文	汉义/音标	藏文	拉丁转写
1	བརྒྱ	百			བརྒྱུ	贯穿			བརྒྱོ	淫欲	/འ	/v
2	བརྒྱག	做，抛			བརྒྱུག	驱赶					ག	g
3	བརྒྱགས	口粮			བརྒྱུགས	驱赶					གས	gs
4	བརྒྱང	展开			བརྒྱུང	泻，痢					ང	ng
5	བརྒྱངས	展开			བརྒྱུངས	脊髓					ངས	ngs
6	བརྒྱད	八			བརྒྱུད	继承					ད	d
7	བརྒྱན	装饰									ན	n
8											ནད	nd
9	བརྒྱབ	关(门)									བ	b
10	བརྒྱབས	打									བས	bs
11											མ	m
12											མས	ms
13	བརྒྱར	1									ར	r
14											རད	rd
15	བརྒྱལ	晕倒									ལ	l
16											ལད	ld
17	བརྒྱས	详细			བརྒྱུས	贯穿			བརྒྱོས	淫欲	ས	s
18											འོ	vo
19	བརྒྱའི	2									འི	vi
20											འུ	vu

声母代码：60；藏文：བསྒ；拉丁转写：bsg；音标：												
韵母类型	元音:ཨ	拉丁转写 :a	元音:ཨི	拉丁转写 :i	元音:ཨུ	拉丁转写 :u	元音:ཨེ	拉丁转写 :e	元音:ཨོ	拉丁转写 :o	韵尾	
代码	藏文	汉义 音标	藏文	汉义 音标	藏文	汉义 音标	藏文	汉义 音标	藏文	汉义 音标	藏文	拉丁转写
1									བསྒོ	下谕	/འ	/v
2	བསྒག	勒，绞紧			བསྒུག	等候					ག	g
3	བསྒགས	勒，绞紧			བསྒུགས	等候					གས	gs
4	བསྒང	使装满							བསྒོང	搓团	ང	ng
5	བསྒངས	搓团							བསྒོངས	搓团	ངས	ngs
6											ད	d
7											ན	n
8											ནད	nd
9	བསྒབ	覆盖									བ	b
10	བསྒབས	掩护									བས	bs
11									བསྒོམ	忍耐	མ	m
12									བསྒོམས	忍耐	མས	ms
13	བསྒར	安装			བསྒུར	弯下					ར	r
14											རད	rd
15					བསྒུལ	震动					ལ	l
16					བསྒུལད	摇动					ལད	ld
17									བསྒོས	下谕	ས	s
18											འོ	vo
19											འི	vi
20											འུ	vu

声母代码：61；　藏文：བསྒྱ；　拉丁转写：bsgy；　音标：

韵母类型	元音：ཨ	拉丁转写：a		元音：ཨི	拉丁转写：i		元音：ཨུ	拉丁转写：u		元音：ཨེ	拉丁转写：e		元音：ཨོ	拉丁转写：o		韵尾	
代码	藏文	汉义	音标	藏文	汉义	音标	藏文	汉义	音标	藏文	汉义	音标	藏文	汉义	音标	藏文	拉丁转写
1																འ	/v
2																ག	g
3																གས	gs
4	བསྒྱང	延长		བསྒྱིང	打哈欠											ང	ng
5	བསྒྱངས	延长		བསྒྱིངས	挺身											ངས	ngs
6																ད	d
7																ན	n
8																ནད	nd
9																བ	b
10																བས	bs
11																མ	m
12																མས	ms
13							བསྒྱུར	改变								ར	r
14							བསྒྱུརད	转变								རད	rd
15										བསྒྱེལ	推倒					ལ	l
16																ལད	ld
17																ས	s
18																འོ	vo
19																འི	vi
20																འུ	vu

声母代码：62； 藏文：བསྒྲ； 拉丁转写：bsgr； 音标：												
韵母类型	元音:ཨ	拉丁转写 :a	元音:ཨི	拉丁转写 :i	元音:ཨུ	拉丁转写 :u	元音:ཨེ	拉丁转写 :e	元音:ཨོ	拉丁转写 :o	韵尾	
代码	藏文	汉义 / 音标	藏文	汉义 / 音标	藏文	汉义 / 音标	藏文	汉义 / 音标	藏文	汉义 / 音标	藏文	拉丁转写
1			བསྒྲི	1			བསྒྲེ	蘸	བསྒྲོ	讨论	/འ	/v
2	བསྒྲག	宣布	བསྒྲིག	排列	བསྒྲུག	拾起			བསྒྲོག	宣布	ག	g
3	བསྒྲགས	宣布	བསྒྲིགས	排列	བསྒྲུགས	拾起			བསྒྲོགས	宣布	གས	gs
4	བསྒྲང	数，计			བསྒྲུང	融化	བསྒྲེང	举(旗)			ང	ng
5	བསྒྲངས	数，计			བསྒྲུངས	溶解	བསྒྲེངས	举(旗)			ངས	ngs
6	བསྒྲད	瞪眼							བསྒྲོད	张开	ད	d
7			བསྒྲིན	比赛	བསྒྲུན	作对	བསྒྲེན	脏(古)	བསྒྲོན	献	ན	n
8							བསྒྲེནད	脏(古)			ནད	nd
9			བསྒྲིབ	遮蔽	བསྒྲུབ	完成					བ	b
10			བསྒྲིབས	遮蔽	བསྒྲུབས	完成					བས	bs
11			བསྒྲིམ	紧握							མ	m
12			བསྒྲིམས	捻，搓							མས	ms
13											ར	r
14											རད	rd
15	བསྒྲལ	拯救	བསྒྲིལ	包裹							ལ	l
16											ལད	ld
17							བསྒྲེས	蘸	བསྒྲོས	讨论	ས	s
18											འོ	vo
19											འི	vi
20											འུ	vu

声母代码：63； 藏文：ང； 拉丁转写：ng； 音标：																	
韵母类型	元音:ཨ	拉丁转写 :a		元音:ཨི	拉丁转写 :i		元音:ཨུ	拉丁转写 :u		元音:ཨེ	拉丁转写 :e		元音:ཨོ	拉丁转写 :o		韵尾	
代码	藏文	汉义	音标	藏文	汉义	音标	藏文	汉义	音标	藏文	汉义	音标	藏文	汉义	音标	藏文	拉丁转写
1	ང	我		ངི	2		ངུ	哭		ངེ	程度副词		ངོ	脸		/འ	/v
2	ངག	话语											ངོག	捂脸		ག	g
3													ངོགས	边缘		གས	gs
4	ངང	性格														ང	ng
5																ངས	ngs
6	ངད	能力					ངུད	哭声		ངེད	我					ད	d
7	ངན	坏											ངོན	简陋		ན	n
8																ནད	nd
9	ངབ	威力														བ	b
10																བས	bs
11	ངམ	面色											ངོམ	炫耀		མ	m
12													ངོམས	炫耀		མས	ms
13	ངར	力量		ངིར	3		ངུར	牛叫		ངེར	猛兽吼叫		ངོར	当面		ར	r
14																རད	rd
15	ངལ	劳累														ལ	l
16																ལད	ld
17	ངས	顺承连词					ངུས	啼哭		ངེས	记住		ངོས	方向		ས	s
18																འོ	vo
19	ངའི	1					ངུའི	4					ངོའི	5		འི	vi
20																འུ	vu

声母代码：64； 藏文：དང； 拉丁转写：dng； 音标：

韵母类型	元音:ཨ	拉丁转写:a	元音:ཨི	拉丁转写:i	元音:ཨུ	拉丁转写:u	元音:ཨེ	拉丁转写:e	元音:ཨོ	拉丁转写:o	韵尾	
代码	藏文	汉义 / 音标	藏文	汉义 / 音标	藏文	汉义 / 音标	藏文	汉义 / 音标	藏文	汉义 / 音标	藏文	拉丁转写
1									དངོ	边缘	/འ	/v
2											ག	g
3	དངགས	辞令									གས	gs
4	དངང	害怕									ང	ng
5	དངངས	恐惧									ངས	ngs
6					དངུད	1					ད	d
7	དངན	猎物									ན	n
8											ནད	nd
9											བ	b
10											བས	bs
11									དངོམ	满足	མ	m
12									དངོམས	满足	མས	ms
13	དངར	排列									ར	r
14											རད	rd
15	དངལ	茶			དངུལ	银					ལ	l
16											ལད	ld
17									དངོས	明显	ས	s
18											འོ	vo
19											འི	vi
20											འུ	vu

声母代码：65；　藏文：མང；　拉丁转写：mng；　音标：

韵母类型	元音：ཨ	拉丁转写：a	元音：ཨི	拉丁转写：i	元音：ཨུ	拉丁转写：u	元音：ཨེ	拉丁转写：e	元音：ཨོ	拉丁转写：o	韵尾	
代码	藏文	汉义/音标	藏文	汉义/音标	藏文	汉义/音标	藏文	汉义/音标	藏文	汉义/音标	藏文	拉丁转写
1	མངའ	权力									/འ	/v
2	མངག	派遣									ག	g
3	མངགས	派遣							མངོགས	派遣	གས	gs
4											ང	ng
5											ངས	ngs
6											ད	d
7	མངན	过失							མངོན	显现	ན	n
8											ནད	nd
9											བ	b
10											བས	bs
11											མ	m
12											མས	ms
13	མངར	甜的									ར	r
14											རད	rd
15	མངལ	子宫									ལ	l
16											ལད	ld
17	མངས	多									ས	s
18											འོ	vo
19											འི	vi
20											འུ	vu

声母代码：66；　藏文：རྔ；　拉丁转写：rng；　音标：

韵母类型	元音:ཨ	拉丁转写:a		元音:ཨི	拉丁转写:i		元音:ཨུ	拉丁转写:u		元音:ཨེ	拉丁转写:e		元音:ཨོ	拉丁转写:o		韵尾	
代码	藏文	汉义	音标	藏文	汉义	音标	藏文	汉义	音标	藏文	汉义	音标	藏文	汉义	音标	藏文	拉丁转写
1	རྔ	鼓					རྔུ	疼痛		རྔེ	4		རྔོ	癫痫		/འ	/v
2													རྔོག	鄂氏		ག	g
3										རྔེགས	额氏		རྔོགས	派遣		གས	gs
4																ང	ng
5																ངས	ngs
6	རྔད	咒语								རྔེད	好色		རྔོད	炒		ད	d
7	རྔན	给，赐								རྔེན	5		རྔོན	狩猎		ན	n
8																ནད	nd
9	རྔབ	饥饿					རྔུབ	吸入								བ	b
10	རྔབས	1					རྔུབས	吸入								བས	bs
11	རྔམ	威风					རྔུམ	3					རྔོམ	贪图		མ	m
12	རྔམས	厚度											རྔོམས	示威		མས	ms
13							རྔུར	打鼾								ར	r
14																རད	rd
15							རྔུལ	汗水								ལ	l
16																ལད	ld
17													རྔོས	收获		ས	s
18																འོ	vo
19	རྔའི	2														འི	vi
20										རྔེའུ	小鼓					འུ	vu

声母代码：67；　藏文：ལྔ；　拉丁转写：lng；　音标：

韵母类型	元音:ཨ	拉丁转写 :a	元音:ཨི	拉丁转写 :i	元音:ཨུ	拉丁转写 :u	元音:ཨེ	拉丁转写 :e	元音:ཨོ	拉丁转写 :o	韵尾	
代码	藏文	汉义 / 音标	藏文	汉义 / 音标	藏文	汉义 / 音标	藏文	汉义 / 音标	藏文	汉义 / 音标	藏文	拉丁转写
1	ལྔ	辅音字母									/འ	/v
2											ག	g
3											གས	gs
4											ང	ng
5											ངས	ngs
6											ད	d
7											ན	n
8											ནད	nd
9											བ	b
10											བས	bs
11											མ	m
12											མས	ms
13											ར	r
14											རད	rd
15											ལ	l
16											ལད	ld
17	ལྔས	1									ས	s
18											འོ	vo
19	ལྔའི	2									འི	vi
20											འུ	vu

声母代码：68； 藏文：སྔ； 拉丁转写：sng； 音标：												
韵母类型	元音:ཨ	拉丁转写 :a	元音:ཨི	拉丁转写 :i	元音:ཨུ	拉丁转写 :u	元音:ཨེ	拉丁转写 :e	元音:ཨོ	拉丁转写 :o	韵尾	
代码	藏文	汉义/音标	藏文	汉义/音标	藏文	汉义/音标	藏文	汉义/音标	藏文	汉义/音标	藏文	拉丁转写
1	སྔ	早			སྔུ	2			སྔོ	幼苗	འ	/v
2	སྔག	赞美							སྔོག	挖	ག	g
3	སྔགས	咒语							སྔོགས	揭露	གས	gs
4											ང	ng
5	སྔངས	恐惧							སྔོངས	胆怯	ངས	ngs
6											ད	d
7	སྔན	以前			སྔུན	前方			སྔོན	以前	ན	n
8											ནད	nd
9	སྔབ	饥饿									བ	b
10	སྔབས	1									བས	bs
11	སྔམ	叹气							སྔོམ	4	མ	m
12											མས	ms
13	སྔར	往昔			སྔུར	3			སྔོར	5	ར	r
14											རད	rd
15											ལ	l
16											ལད	ld
17	སྔས	枕头							སྔོས	回忆	ས	s
18											འོ	vo
19									སྔོའི	6	འི	vi
20							སྔེའུ	小豆			འུ	vu

声母代码：69； 藏文：བཛ； 拉丁转写：brng； 音标：												
韵母类型	元音：ཨ	拉丁转写：a	元音：ཨི	拉丁转写：i	元音：ཨུ	拉丁转写：u	元音：ཨེ	拉丁转写：e	元音：ཨོ	拉丁转写：o	韵尾	
代码	藏文	汉义/音标	藏文	汉义/音标	藏文	汉义/音标	藏文	汉义/音标	藏文	汉义/音标	藏文	拉丁转写
1	བཛ	收割							བཛོ	炒熟	/འ	/v
2											ག	g
3											གས	gs
4											ང	ng
5											ངས	ngs
6	བཛད	狡猾							བཛོད	炒	ད	d
7	བཛན	薪水							བཛོན	猎物	ན	n
8											ནད	nd
9	བཛབ	如下			བཛུབ	吸入					བ	b
10	བཛབས	饥饿			བཛུབས	吸入					བས	bs
11	བཛམ	贪图									མ	m
12	བཛམས	贪图									མས	ms
13											ར	r
14											རད	rd
15											ལ	l
16											ལད	ld
17	བཛས	收割							བཛོས	炒，烘	ས	s
18											འོ	vo
19	བཛའི	1									འི	vi
20											འུ	vu

声母代码：70；　藏文：བསྔ；　拉丁转写：bsng；　音标：

韵母类型	元音:ཨ 拉丁转写:a			元音:ཨི 拉丁转写:i			元音:ཨུ 拉丁转写:u			元音:ཨེ 拉丁转写:e			元音:ཨོ 拉丁转写:o			韵尾	
代码	藏文	汉义	音标	藏文	汉义	音标	藏文	汉义	音标	藏文	汉义	音标	藏文	汉义	音标	藏文	拉丁转写
1													བསྔོ	送，赐		/འ	/v
2	བསྔག	赞美											བསྔོག	挖		ག	g
3	བསྔགས	称赞											བསྔོགས	挖		གས	gs
4	བསྔང	胆怯														ང	ng
5	བསྔངས	胆怯														ངས	ngs
6																ད	d
7																ན	n
8																ནད	nd
9																བ	b
10																བས	bs
11																མ	m
12																མས	ms
13																ར	r
14																རད	rd
15	བསྔལ	痛苦														ལ	l
16																ལད	ld
17	བསྔས	倚，靠											བསྔོས	送，回赐		ས	s
18																འོ	vo
19																འི	vi
20																འུ	vu

声母代码：71；　藏文：ཙ；　拉丁转写：c；　音标：

韵母类型	元音:ཨ	拉丁转写:a		元音:ཨི	拉丁转写:i		元音:ཨུ	拉丁转写:u		元音:ཨེ	拉丁转写:e		元音:ཨོ	拉丁转写:o		韵尾	
代码	藏文	汉义	音标	藏文	汉义	音标	藏文	汉义	音标	藏文	汉义	音标	藏文	汉义	音标	藏文	拉丁转写
1	ཙ	藏文字母		ཙི	什么		ཙུ	十		ཙེ	瞪眼		ཙོ	头		/འ	/v
2	ཙག	们		ཙིག	某一		ཙུག	5					ཙོག	一切		ག	g
3																གས	gs
4	ཙང	钵状铃		ཙིང	而		ཙུང	小，少					ཙོང	钟(乐器)		ང	ng
5	ཙངས	1														ངས	ngs
6	ཙད	2					ཙུད	6					ཙོད	头顶		ད	d
7	ཙན	近处		ཙིན	3		ཙུན	7		ཙེན	8		ཙོན	11		ན	n
8																ནད	nd
9	ཙབ	吃饭声											ཙོབ	吃饭声		བ	b
10																བས	bs
11	ཙམ	缓慢		ཙིམ	一种水果					ཙེམ	9		ཙོམ	12		མ	m
12																མས	ms
13	ཙར	湿淋淋的		ཙིར	为何		ཙུར	粉末药品		ཙེར	注视					ར	r
14																རད	rd
15	ཙལ	咕咚		ཙིལ	鹦鹉								ཙོལ	矮胖		ལ	l
16																ལད	ld
17	ཙས	拟声词		ཙིས	由何		ཙུས	局		ཙེས	如此说		ཙོས	13		ས	s
18										ཙེའོ	如是云云					འོ	vo
19				ཙིའི	4					ཙེའི	10		ཙོའི	14		འི	vi
20				ཙིའུ	什么								ཙོའུ	15		འུ	vu

声母代码：72； 藏文：གཙ； 拉丁转写：gc； 音标：												
韵母类型	元音:ཨ	拉丁转写 :a	元音:ཨི	拉丁转写 :i	元音:ཨུ	拉丁转写 :u	元音:ཨེ	拉丁转写 :e	元音:ཨོ	拉丁转写 :o	韵尾	
代码	藏文	汉义 音标	藏文	汉义 音标	藏文	汉义 音标	藏文	汉义 音标	藏文	汉义 音标	藏文	拉丁转写
1			གཙི	尿	གཙུ	拧	གཙེ	杰氏	གཙོ	3	/འ	/v
2	གཙག	打破	གཙིག	一，一个	གཙུག	和睦			གཙོག	打碎	ག	g
3	གཙགས	铭记	གཙིགས	捆绑	གཙུགས	和睦					གས	gs
4	གཙང	聪明			གཙུང	同胞弟妹			གཙོང	痼疾	ང	ng
5											ངས	ngs
6	གཙད	砍			གཙུད	包，裹			གཙོད	砍	ད	d
7	གཙན	关口	གཙིན	尿	གཙུན	约束	གཙེན	胞兄			ན	n
8											ནད	nd
9											བ	b
10											བས	bs
11	གཙམ	假的			གཙུམ	1	གཙེམ	2	གཙོམ	骄傲	མ	m
12											མས	ms
13	གཙར	拜访	གཙིར	挤	གཙུར	挤(脚)	གཙེར	露出	གཙོར	拜访	ར	r
14			གཙིརད	挤			གཙེརད	露出			རད	rd
15	གཙལ	陈列	གཙིལ	切，割					གཙོལ	洒(水)	ལ	l
16			གཙིལད	切，割							ལད	ld
17			གཙིས	撒尿	གཙུས	拧，绞	གཙེས	抚爱	གཙོས	老年痴呆	ས	s
18											འོ	vo
19											འི	vi
20			གཙིའུ	烟袋			གཙེའུ	烟袋			འུ	vu

声母代码：73；　藏文：བཅ；　拉丁转写：bc；　音标：

韵母类型	元音:ཨ	拉丁转写 :a	元音:ཨི	拉丁转写 :i	元音:ཨུ	拉丁转写 :u	元音:ཨེ	拉丁转写 :e	元音:ཨོ	拉丁转写 :o	韵尾	
代码	藏文	汉义 音标	藏文	汉义 音标	藏文	汉义 音标	藏文	汉义 音标	藏文	汉义 音标	藏文	拉丁转写
1	བཅའ	做			བཅུ	十			བཅོ	剪鬣	/འ	/v
2	བཅག	打碎			བཅུག	安置			བཅོག	矛盾	ག	g
3	བཅགས	打碎	བཅིགས	2	བཅུགས	3					གས	gs
4	བཅང	握	བཅིང	捆							ང	ng
5	བཅངས	握	བཅིངས	捆							ངས	ngs
6	བཅད	砍			བཅུད	精华			བཅོད	5	ད	d
7					བཅུན	制约					ན	n
8											ནད	nd
9	བཅབ	藏匿	བཅིབ	骑							བ	b
10	བཅབས	藏匿	བཅིབས	骑							བས	bs
11	བཅམ	跳舞			བཅུམ	俯冲	བཅེམ	咬，嚼	བཅོམ	骄傲	མ	m
12	བཅམས	商定			བཅུམས	俯冲	བཅེམས	咀嚼	བཅོམས	6	མས	ms
13	བཅར	拜见	བཅིར	压，榨	བཅུར	挤(脚)	བཅེར	堆积			ར	r
14											རད	rd
15	བཅལ	衡量	བཅིལ	灭火					བཅོལ	寄存	ལ	l
16											ལད	ld
17	བཅས	做			བཅུས	十			བཅོས	修正	ས	s
18					བཅུའོ	是十					འོ	vo
19	བཅའི	1			བཅུའི	4					འི	vi
20											འུ	vu

声母代码：74； 藏文：ལྕ； 拉丁转写：lc； 音标：												
韵母类型	元音:ཨ	拉丁转写 :a	元音:ཨི	拉丁转写 :i	元音:ཨུ	拉丁转写 :u	元音:ཨེ	拉丁转写 :e	元音:ཨོ	拉丁转写 :o	韵尾	
代码	藏文	汉义/音标	藏文	汉义/音标	藏文	汉义/音标	藏文	汉义/音标	藏文	汉义/音标	藏文	拉丁转写
1	ལྕ	当归	ལྕི	重	ལྕུ	2	ལྕེ	舌	ལྕོ	8	/འ	/v
2	ལྕག	鞭子	ལྕིག	打，击	ལྕུག	细枝			ལྕོག	堆，垛	ག	g
3	ལྕགས	铁	ལྕིགས	功能	ལྕུགས	刀锋			ལྕོགས	腾出时间	གས	gs
4	ལྕང	柳树			ལྕུང	3			ལྕོང	蝌蚪	ང	ng
5									ལྕོངས	凹，中凹	ངས	ngs
6			ལྕིད	重量							ད	d
7					ལྕུན	4					ན	n
8											ནད	nd
9			ལྕིབ	1			ལྕེབ	自缢			བ	b
10			ལྕིབས	掩护体			ལྕེབས	自杀			བས	bs
11	ལྕམ	椽木			ལྕུམ	大黄（药）					མ	m
12											མས	ms
13							ལྕེར	5			ར	r
14											རད	rd
15											ལ	l
16											ལད	ld
17							ལྕེས	由舌			ས	s
18											འོ	vo
19							ལྕེའི	6			འི	vi
20							ལྕེའུ	7			འུ	vu

声母代码：75； 藏文：ཆ； 拉丁转写：ch； 音标：												
韵母类型	元音：ཨ	拉丁转写 :a	元音：ཨི	拉丁转写 :i	元音：ཨུ	拉丁转写 :u	元音：ཨེ	拉丁转写 :e	元音：ཨོ	拉丁转写 :o	韵尾	
代码	藏文	汉义 音标	藏文	汉义 音标	藏文	汉义 音标	藏文	汉义 音标	藏文	汉义 音标	藏文	拉丁转写
1	ཆ	双	ཆི	什么	ཆུ	水	ཆེ	大	ཆོ	效果	/འ	/v
2	ཆག	马料	ཆིག	单一	ཆུག	放入			ཆོག	打破	ག	g
3	ཆགས	形成			ཆུགས	关进			ཆོགས	踩，踏	གས	gs
4	ཆང	酒	ཆིང	2	ཆུང	小			ཆོང	持，拿	ང	ng
5	ཆངས	小团	ཆིངས	条约	ཆུངས	小			ཆོངས	铭记	ངས	ngs
6	ཆད	协议			ཆུད	容纳	ཆེད	原因	ཆོད	隔离屏障	ད	d
7	ཆན	粥	ཆིན	3	ཆུན	约束	ཆེན	大	ཆོན	衣服吊边	ན	n
8											ནད	nd
9	ཆབ	水	ཆིབ	遍及	ཆུབ	精通			ཆོབ	覆盖	བ	b
10	ཆབས	水	ཆིབས	骑，乘					ཆོབས	瞒，藏	བས	bs
11	ཆམ	彻底	ཆིམ	4	ཆུམ	收敛	ཆེམ	吆喝声	ཆོམ	巨响	མ	m
12	ཆམས	筛选			ཆུམས	战栗	ཆེམས	临别嘱咐	ཆོམས	征服	མས	ms
13	ཆར	双数	ཆིར	挤	ཆུར	容得下	ཆེར	大处	ཆོར	夹	ར	r
14											རད	rd
15	ཆལ	肥皂	ཆིལ	排除					ཆོལ	骰子	ལ	l
16											ལད	ld
17	ཆས	起程	ཆིས	打扮	ཆུས	办法	ཆེས	最，极	ཆོས	事物	ས	s
18											འོ	vo
19	ཆའི	1			ཆུའི	6	ཆེའི	8	ཆོའི	褪(毛)	འི	vi
20			ཆིའུ	5	ཆུའུ	7					འུ	vu

声母代码：76； 藏文：མཆ； 拉丁转写：mch； 音标：												
韵母类型	元音：ཨ	拉丁转写：a	元音：ཨི	拉丁转写：i	元音：ཨུ	拉丁转写：u	元音：ཨེ	拉丁转写：e	元音：ཨོ	拉丁转写：o	韵尾	
代码	藏文	汉义/音标	藏文	汉义/音标	藏文	汉义/音标	藏文	汉义/音标	藏文	汉义/音标	藏文	拉丁转写
1	མཆའ	1	མཆི	有，存在	མཆུ	嘴唇	མཆེ	象牙			/འ	/v
2			མཆིག	磨子					མཆོག	极优	ག	g
3									མཆོགས	4	གས	gs
4			མཆིང	中部					མཆོང	青白玛瑙	ང	ng
5									མཆོངས	跳跃	ངས	ngs
6	མཆད	棺材	མཆིད	言语			མཆེད	同胞	མཆོད	供养	ད	d
7	མཆན	注释	མཆིན	肝							ན	n
8											ནད	nd
9											བ	b
10											བས	bs
11											མ	m
12			མཆིམས	钦氏							མས	ms
13							མཆེར	一种器官	མཆོར	打扮姿势	ར	r
14											རད	rd
15			མཆིལ	麻雀			མཆེལ	贪欲			ལ	l
16											ལད	ld
17			མཆིས	流产	མཆུས	2	མཆེས	允诺			ས	s
18			མཆིའོ	归向，走							འོ	vo
19					མཆུའི	3					འི	vi
20											འུ	vu

韵母类型	元音:ཨ	拉丁转写:a		元音:ཨི	拉丁转写:i		元音:ཨུ	拉丁转写:u		元音:ཨེ	拉丁转写:e		元音:ཨོ	拉丁转写:o		韵尾	
代码	藏文	汉义	音标	藏文	汉义	音标	藏文	汉义	音标	藏文	汉义	音标	藏文	汉义	音标	藏文	拉丁转写
1	འཆའ	架子		འཆི	死		འཆུ	弄弯		འཆེ	允诺		འཆོ	吃		/འ	/v
2	འཆག	碎，断裂					འཆུག	出错		འཆེག	撕开					ག	g
3	འཆགས	形成					འཆུགས	出错					འཆོགས	忏悔		གས	gs
4	འཆང	抚摸		འཆིང	缠，扎											ང	ng
5	འཆངས	抚摸		འཆིངས	1											ངས	ngs
6	འཆད	短缺														ད	d
7							འཆུན	顺从								ན	n
8																ནད	nd
9	འཆབ	隐藏		འཆིབ	骑											བ	b
10													འཆོབས	隐瞒		བས	bs
11	འཆམ	跳神					འཆུམ	驯服		འཆེམ	3		འཆོམ	商量		མ	m
12	འཆམས	跳神		འཆིམས	满足		འཆུམས	畏怯					འཆོམས	跳舞		མས	ms
13	འཆར	出现		འཆིར	挤，压		འཆུར	挤(脚)					འཆོར	遗失		ར	r
14																རད	rd
15	འཆལ	道德败坏								འཆེལ	贪欲		འཆོལ	寄存		ལ	l
16																ལད	ld
17	འཆས	走					འཆུས	弯曲		འཆེས	承认		འཆོས	修正		ས	s
18																འོ	vo
19				འཆིའི	2								འཆོའི	4		འི	vi
20																འུ	vu

声母代码：77；藏文：འཆ；拉丁转写：vch；音标：

声母代码：78；　藏文：ཇ；　拉丁转写：j；　音标：

韵母类型代码	元音:ཨ 藏文	拉丁转写:a 汉义	音标	元音:ཨི 藏文	拉丁转写:i 汉义	音标	元音:ཨུ 藏文	拉丁转写:u 汉义	音标	元音:ཨེ 藏文	拉丁转写:e 汉义	音标	元音:ཨོ 藏文	拉丁转写:o 汉义	音标	韵尾 藏文	韵尾 拉丁转写
1	ཇ	茶		ཇི	如何		ཇུ	石杵		ཇེ	逐渐		ཇོ	哥哥		/འ	/v
2	ཇག	土匪														ག	g
3	ཇགས	1														གས	gs
4	ཇང	2		ཇིང	经					ཇེང	声调					ང	ng
5																ངས	ngs
6																ད	d
7				ཇིན	5		ཇུན	8								ན	n
8																ནད	nd
9	ཇབ	3											ཇོབ	11		བ	b
10				ཇིབས	吸											བས	bs
11	ཇམ	4								ཇེམ	10					མ	m
12																མས	ms
13																ར	r
14																རད	rd
15																ལ	l
16																ལད	ld
17				ཇིས	6		ཇུས	策略								ས	s
18																འོ	vo
19				ཇིའི	7								ཇོའི	12		འི	vi
20							ཇུའུ	9								འུ	vu

声母代码：79；　藏文：མཛ；　拉丁转写：mj；　音标：

韵母类型	元音:ཨ	拉丁转写 :a	元音:ཨི	拉丁转写 :i	元音:ཨུ	拉丁转写 :u	元音:ཨེ	拉丁转写 :e	元音:ཨོ	拉丁转写 :o	韵尾	
代码	藏文	汉义 音标	藏文	汉义 音标	藏文	汉义 音标	藏文	汉义 音标	藏文	汉义 音标	藏文	拉丁转写
1							མཛེ	雄生殖器			/འ	/v
2					མཛུག	后面					ག	g
3											གས	gs
4			མཛིང	中央							ང	ng
5											ངས	ngs
6					མཛུད	1	མཛེད	烦感			ད	d
7											ན	n
8											ནད	nd
9											བ	b
10											བས	bs
11											མ	m
12											མས	ms
13									མཛོར	锄头	ར	r
14											རད	rd
15	མཛལ	拜见							མཛོལ	拜见	ལ	l
16	མཛལད	拜见									ལད	ld
17							མཛེས	满意			ས	s
18											འོ	vo
19											འི	vi
20											འུ	vu

声母代码：80；　藏文：འཛ；　拉丁转写：vj；　音标：

韵母类型	元音:ཨ	拉丁转写 :a	元音:ཨི	拉丁转写 :i	元音:ཨུ	拉丁转写 :u	元音:ཨེ	拉丁转写 :e	元音:ཨོ	拉丁转写 :o	韵尾	
代码	藏文	汉义 音标	藏文	汉义 音标	藏文	汉义 音标	藏文	汉义 音标	藏文	汉义 音标	藏文	拉丁转写
1	འཛའ	彩虹	འཛི	泥土	འཛུ	抓，握	འཛེ	厌烦	འཛོ	挤奶	/འ	/v
2	འཛག	石（十升）	འཛིག	毁灭	འཛུག	让，使			འཛོག	放置	ག	g
3	འཛགས	安定	འཛིགས	害怕							གས	gs
4	འཛང	绛（地名）	འཛིང	亲戚	འཛུང	2			འཛོང	变成蛋形	ང	ng
5	འཛངས	猛饮	འཛིངས	中央	འཛུངས	吝啬			འཛོངས	吞下	ངས	ngs
6	འཛད	平息	འཛིད	1	འཛུད	交媾			འཛོད	5	ད	d
7	འཛན	夫妻			འཛུན	穿（针）	འཛེན	满足	འཛོན	能干	ན	n
8											ནད	nd
9	འཛབ	潜伏	འཛིབ	吸吮							བ	b
10	འཛབས	潜伏	འཛིབས	吸吮			འཛེབས	优美	འཛོབས	潜伏	བས	bs
11	འཛམ	粥	འཛིམ	泥	འཛུམ	收缩	འཛེམ	熟练	འཛོམ	6	མ	m
12					འཛུམས	俯冲			འཛོམས	摧毁	མས	ms
13	འཛར	补，缝			འཛུར	消化饮食	འཛེར	3	འཛོར	锄头	ར	r
14											རད	rd
15	འཛལ	赔偿	འཛིལ	消灭					འཛོལ	德钦	ལ	l
16											ལད	ld
17	འཛས	瘫痪			འཛུས	握	འཛེས	4	འཛོས	挤出	ས	s
18											འོ	vo
19									འཛོའི	7	འི	vi
20											འུ	vu

声母代码：81；　藏文：རྗ；　拉丁转写：rj；　音标：

韵母类型	元音:ཨ	拉丁转写:a		元音:ཨི	拉丁转写:i		元音:ཨུ	拉丁转写:u		元音:ཨེ	拉丁转写:e		元音:ཨོ	拉丁转写:o		韵尾	
代码	藏文	汉义	音标	藏文	汉义	音标	藏文	汉义	音标	藏文	汉义	音标	藏文	汉义	音标	藏文	拉丁转写
1				རྗི	万载					རྗེ	交换		རྗོ	3		/འ	/v
2																ག	g
3													རྗོགས	4		གས	gs
4	རྗང	仓库		རྗིང	1					རྗེང	乐曲		རྗོང	派遣		ང	ng
5																ངས	ngs
6				རྗིད	瘦肉		རྗུད	瘦肉		རྗེད	恭敬		རྗོད	解说		ད	d
7										རྗེན	裸体					ན	n
8																ནད	nd
9																བ	b
10																བས	bs
11																མ	m
12																མས	ms
13																ར	r
14																རད	rd
15																ལ	l
16																ལད	ld
17										རྗེས	遗迹					ས	s
18																འོ	vo
19										རྗེའི	2					འི	vi
20										རྗེའུ	低级官员					འུ	vu

声母代码：82；　藏文：ལྗ；　拉丁转写：lj；　音标：

韵母类型	元音：ཨ 拉丁转写：a			元音：ཨི 拉丁转写：i			元音：ཨུ 拉丁转写：u			元音：ཨེ 拉丁转写：e			元音：ཨོ 拉丁转写：o			韵尾	
代码	藏文	汉义	音标	藏文	汉义	音标	藏文	汉义	音标	藏文	汉义	音标	藏文	汉义	音标	藏文	拉丁转写
1				ལྗི	重											/འ	/v
2																ག	g
3	ལྗགས	舌														གས	gs
4	ལྗང	绿色											ལྗོང	2		ང	ng
5													ལྗོངས	区域		ངས	ngs
6				ལྗིད	重											ད	d
7	ལྗན	脏		ལྗིན	脏								ལྗོན	树		ན	n
8																ནད	nd
9	ལྗབ	合掌中空		ལྗིབ	1								ལྗོབ	3		བ	b
10				ལྗིབས	衬垫物											བས	bs
11																མ	m
12																མས	ms
13	ལྗར	压榨														ར	r
14																རད	rd
15																ལ	l
16																ལད	ld
17																ས	s
18																འོ	vo
19																འི	vi
20																འུ	vu

声母代码：83；　藏文：བརྗ；　拉丁转写：brj；　音标：

韵母类型	元音:ཨ	拉丁转写:a	元音:ཨི	拉丁转写:i	元音:ཨུ	拉丁转写:u	元音:ཨེ	拉丁转写:e	元音:ཨོ	拉丁转写:o	韵尾	
代码	藏文	汉义/音标	藏文	汉义/音标	藏文	汉义/音标	藏文	汉义/音标	藏文	汉义/音标	藏文	拉丁转写
1							བརྗེ	更换			/འ	/v
2											ག	g
3											གས	gs
4											ང	ng
5											ངས	ngs
6			བརྗིད	庄严			བརྗེད	遗忘	བརྗོད	解说	ད	d
7											ན	n
8											ནད	nd
9											བ	b
10											བས	bs
11											མ	m
12											མས	ms
13											ར	r
14											རད	rd
15											ལ	l
16											ལད	ld
17							བརྗེས	交换			ས	s
18											འོ	vo
19							བརྗེའི	1			འི	vi
20											འུ	vu

声母代码：84； 藏文：ཉ； 拉丁转写：ny； 音标：												
韵母类型	元音：ཨ	拉丁转写 :a	元音：ཨི	拉丁转写 :i	元音：ཨུ	拉丁转写 :u	元音：ཨེ	拉丁转写 :e	元音：ཨོ	拉丁转写 :o	韵尾	
代码	藏文	汉义 / 音标	藏文	汉义 / 音标	藏文	汉义 / 音标	藏文	汉义 / 音标	藏文	汉义 / 音标	藏文	拉丁转写
1	ཉ	鱼	ཉི	数词			ཉེ	近	ཉོ	购买	/འ	/v
2	ཉག	低陷处	ཉིག	3	ཉུག	摸	ཉེག	秤	ཉོག	面糊	ག	g
3			ཉིགས	渣滓	ཉུགས	扪触					གས	gs
4	ཉང	年氏	ཉིང	本身	ཉུང	少	ཉེང	风情	ཉོང	摸，捏	ང	ng
5					ཉུངས	芥子					ངས	ngs
6	ཉད	1	ཉིད	您			ཉེད	搓揉	ཉོད	买	ད	d
7	ཉན	听	ཉིན	天			ཉེན	基础	ཉོན	听	ན	n
8											ནད	nd
9	ཉབ	搂							ཉོབ	精神不振	བ	b
10	ཉབས	搂							ཉོབས	搂	བས	bs
11	ཉམ	力量									མ	m
12	ཉམས	体会									མས	ms
13	ཉར	收留					ཉེར	二十	ཉོར	保存	ར	r
14											རད	rd
15	ཉལ	睡下	ཉིལ	崩垮	ཉུལ	侦查	ཉེལ	4	ཉོལ	睡	ལ	l
16											ལད	ld
17			ཉིས	二			ཉེས	揍	ཉོས	买	ས	s
18											འོ	vo
19	ཉའི	2					ཉེའི	5	ཉོའི	6	འི	vi
20							ཉེའུ	鱼苗			འུ	vu

声母代码：85； 藏文：ཉྭ； 拉丁转写：nyw； 音标：												
韵母类型	元音:ཨ	拉丁转写 :a	元音:ཨི	拉丁转写 :i	元音:ཨུ	拉丁转写 :u	元音:ཨེ	拉丁转写 :e	元音:ཨོ	拉丁转写 :o	韵尾	
代码	藏文	汉义 音标	藏文	汉义 音标	藏文	汉义 音标	藏文	汉义 音标	藏文	汉义 音标	藏文	拉丁转写
1	ཉྭ	腿肚子									འ	/v
2											ག	g
3											གས	gs
4											ང	ng
5											ངས	ngs
6											ད	d
7											ན	n
8											ནད	nd
9											བ	b
10											བས	bs
11											མ	m
12											མས	ms
13											ར	r
14											རད	rd
15											ལ	l
16											ལད	ld
17											ས	s
18											འོ	vo
19											འི	vi
20											འུ	vu

声母代码：86； 藏文：གཉ； 拉丁转写：gny； 音标：												
韵母类型	元音：ཨ	拉丁转写 :a	元音：ཨི	拉丁转写 :i	元音：ཨུ	拉丁转写 :u	元音：ཨེ	拉丁转写 :e	元音：ཨོ	拉丁转写 :o	韵尾	
代码	藏文	汉义 音标	藏文	汉义 音标	藏文	汉义 音标	藏文	汉义 音标	藏文	汉义 音标	藏文	拉丁转写
1	གཉའ	后颈	གཉི	两个			གཉེ	肠子			འ	/v
2	གཉག	将咀嚼	གཉིག	一	གཉུག	本质	གཉེག	咬碎	གཉོག	捶打	ག	g
3	གཉགས	涅氏			གཉུགས	本质			གཉོགས	咀嚼	གས	gs
4	གཉང	大便							གཉོང	打，揍	ང	ng
5											ངས	ngs
6			གཉིད	入睡					གཉོད	价值	ད	d
7	གཉན	盘羊					གཉེན	远近亲戚			ན	n
8											ནད	nd
9	གཉབ	抚摸									བ	b
10											བས	bs
11			གཉིམ	1					གཉོམ	弱小	མ	m
12											མས	ms
13							གཉེར	经营			ར	r
14							གཉེརད	管理			རད	rd
15	གཉལ	涅	གཉིལ	(刀枪)钝	གཉུལ	闲逛	གཉེལ	疲劳			ལ	l
16											ལད	ld
17			གཉིས	二					གཉོས	内氏	ས	s
18											འོ	vo
19											འི	vi
20											འུ	vu

声母代码：87； 藏文：མཉ； 拉丁转写：mny； 音标：												
韵母类型	元音:ཨ	拉丁转写 :a	元音:ཨི	拉丁转写 :i	元音:ཨུ	拉丁转写 :u	元音:ཨེ	拉丁转写 :e	元音:ཨོ	拉丁转写 :o	韵尾	
代码	藏文	汉义 / 音标	藏文	汉义 / 音标	藏文	汉义 / 音标	藏文	汉义 / 音标	藏文	汉义 / 音标	藏文	拉丁转写
1	མཉའ	1					མཉེ	搓揉			/འ	/v
2											ག	g
3											གས	gs
4											ང	ng
5											ངས	ngs
6							མཉེད	鞣(皮子)			ད	d
7	མཉན	舟,船					མཉེན	柔软			ན	n
8											ནད	nd
9											བ	b
10											བས	bs
11	མཉམ	平等									མ	m
12											མས	ms
13											ར	r
14											རད	rd
15	མཉལ	酣睡					མཉེལ	辛劳			ལ	l
16											ལད	ld
17			མཉིས	2			མཉེས	鞣(皮子)			ས	s
18											འོ	vo
19							མཉེའི	3			འི	vi
20											འུ	vu

声母代码：88； 藏文：རྙ； 拉丁转写：rny； 音标：												
韵母类型	元音:ཨ	拉丁转写 :a	元音:ཨི	拉丁转写 :i	元音:ཨུ	拉丁转写 :u	元音:ཨེ	拉丁转写 :e	元音:ཨོ	拉丁转写 :o	韵尾	
代码	藏文	汉义 / 音标	藏文	汉义 / 音标	藏文	汉义 / 音标	藏文	汉义 / 音标	藏文	汉义 / 音标	藏文	拉丁转写
1	རྙ	借	རྙི	套索							/འ	/v
2			རྙིག	下沉					རྙོག	搅浑	ག	g
3									རྙོགས	扰乱	གས	gs
4	རྙང	腹泻	རྙིང	变旧					རྙོང	圈套	ང	ng
5			རྙིངས	旧			རྙེངས	勇敢	རྙོངས	伸直	ངས	ngs
6			རྙིད	枯萎			རྙེད	找到			ད	d
7	རྙན	盘羊							རྙོན	借	ན	n
8											ནད	nd
9	རྙབ	伸手	རྙིབ	如根本教					རྙོབ	够着	བ	b
10									རྙོབས	捉吧	བས	bs
11											མ	m
12											མས	ms
13											ར	r
14											རད	rd
15			རྙིལ	牙龈							ལ	l
16											ལད	ld
17			རྙིས	凋谢					རྙོས	借	ས	s
18											འོ	vo
19											འི	vi
20											འུ	vu

声母代码：89； 藏文：སྙ； 拉丁转写：sny； 音标：																	
韵母类型	元音:ཨ	拉丁转写:a		元音:ཨི	拉丁转写:i		元音:ཨུ	拉丁转写:u		元音:ཨེ	拉丁转写:e		元音:ཨོ	拉丁转写:o		韵尾	
代码	藏文	汉义	音标	藏文	汉义	音标	藏文	汉义	音标	藏文	汉义	音标	藏文	汉义	音标	藏文	拉丁转写
1	སྙ	睡卧		སྙི	尼氏		སྙུ	4		སྙེ	靠					/འ	/v
2	སྙག	一种姓氏		སྙིག	择去		སྙུག	竹笔		སྙེག	追赶		སྙོག	搅混		ག	g
3	སྙགས	曲子		སྙིགས	剔除		སྙུགས	过程		སྙེགས	追赶		སྙོགས	孩童		གས	gs
4	སྙང	1		སྙིང	心脏		སྙུང	疾病		སྙེང	害怕		སྙོང	6		ང	ng
5							སྙུངས	削减		སྙེངས	害怕		སྙོངས	涂抹		ངས	ngs
6	སྙད	借口		སྙིད	蔫					སྙེད	后鞦		སྙོད	叙述		ད	d
7	སྙན	耳朵					སྙུན	疾病		སྙེན	亲近		སྙོན	诬赖		ན	n
8																ནད	nd
9	སྙབ	咂滋味											སྙོབ	摸		བ	b
10	སྙབས	2											སྙོབས	抓取		བས	bs
11	སྙམ	思考		སྙིམ	一捧					སྙེམ	自满		སྙོམ	平整		མ	m
12	སྙམས	认为		སྙིམས	美丽					སྙེམས	傲慢		སྙོམས	削平		མས	ms
13										སྙེར	皱起		སྙོར	抚养		ར	r
14																རད	rd
15	སྙལ	酿造		སྙིལ	推倒					སྙེལ	忘记		སྙོལ	使睡下		ལ	l
16																ལད	ld
17				སྙིས	3					སྙེས	依靠					ས	s
18																འོ	vo
19																འི	vi
20										སྙེའུ	5					འུ	vu

声母代码：90；　藏文：བརྙ；　拉丁转写：brny；　音标：

韵母类型	元音:ཨ	拉丁转写:a		元音:ཨི	拉丁转写:i		元音:ཨུ	拉丁转写:u		元音:ཨེ	拉丁转写:e		元音:ཨོ	拉丁转写:o		韵尾	
代码	藏文	汉义	音标	藏文	汉义	音标	藏文	汉义	音标	藏文	汉义	音标	藏文	汉义	音标	藏文	拉丁转写
1	བརྙ	借														/འ	/v
2													བརྙོག	搅浑		ག	g
3													བརྙོགས	搅浑		གས	gs
4	བརྙང	泻		བརྙིང	旧											ང	ng
5	བརྙངས	泻		བརྙིངས	1								བརྙོངས	侦察		ངས	ngs
6				བརྙིད	蔫											ད	d
7	བརྙན	影子														ན	n
8																ནད	nd
9	བརྙབ	够着														བ	b
10	བརྙབས	够得着														བས	bs
11																མ	m
12																མས	ms
13																ར	r
14																རད	rd
15																ལ	l
16																ལད	ld
17	བརྙས	欺骗		བརྙིས	蔫					བརྙེས	开创		བརྙོས	抓		ས	s
18																འོ	vo
19																འི	vi
20																འུ	vu

声母代码：91； 藏文：བསྙ； 拉丁转写：bsny； 音标：																	
韵母类型	元音:ཨ	拉丁转写 :a		元音:ཨི	拉丁转写 :i		元音:ཨུ	拉丁转写 :u		元音:ཨེ	拉丁转写 :e		元音:ཨོ	拉丁转写 :o		韵尾	
代码	藏文	汉义	音标	藏文	汉义	音标	藏文	汉义	音标	藏文	汉义	音标	藏文	汉义	音标	藏文	拉丁转写
1										བསྙེ	靠					/འ	/v
2	བསྙག	追索		བསྙིག	择去		བསྙུག	涂抹		བསྙེག	追赶		བསྙོག	搅混		ག	g
3	བསྙགས	追索		བསྙིགས	择去		བསྙུགས	涂抹		བསྙེགས	追赶		བསྙོགས	搅混		གས	gs
4							བསྙུང	生病		བསྙེང	恐惧					ང	ng
5				བསྙིངས	1		བསྙུངས	生病		བསྙེངས	恐惧					ངས	ngs
6	བསྙད	诬蔑								བསྙེད	倒(古)		བསྙོད	喂，养		ད	d
7							བསྙུན	得病		བསྙེན	靠		བསྙོན	否认		ན	n
8																ནད	nd
9	བསྙབ	摸														བ	b
10	བསྙབས	摸											བསྙོབས	3		བས	bs
11	བསྙམ	平均								བསྙེམ	骄傲自满					མ	m
12	བསྙམས	平整								བསྙེམས	自高		བསྙོམས	平均		མས	ms
13							བསྙུར	2		བསྙེར	皱纹		བསྙོར	抚养		ར	r
14										བསྙེརད	蹙眉					རད	rd
15	བསྙལ	使入睡		བསྙིལ	推到		བསྙུལ	使斜踏		བསྙེལ	遗忘		བསྙོལ	使入睡		ལ	l
16				བསྙིལད	推到					བསྙེལད	遗忘					ལད	ld
17	བསྙས	右(古)		བསྙིས	枯萎					བསྙེས	靠					ས	s
18																འོ	vo
19																འི	vi
20																འུ	vu

声母代码：92；　藏文：ཏ；　拉丁转写：t；　音标：

韵母类型	元音:ཨ	拉丁转写 :a	元音:ཨི	拉丁转写 :i	元音:ཨུ	拉丁转写 :u	元音:ཨེ	拉丁转写 :e	元音:ཨོ	拉丁转写 :o	韵尾	
代码	藏文	汉义 音标	藏文	汉义 音标	藏文	汉义 音标	藏文	汉义 音标	藏文	汉义 音标	藏文	拉丁转写
1	ཏ	藏文字母	ཏི	水，液	ཏུ	介词	ཏེ	连词	ཏོ	语终词	/འ	/v
2	ཏག	木锤	ཏིག	精华	ཏུག	方法穷尽	ཏེག	13	ཏོག	顶	ག	g
3											གས	gs
4	ཏང	党	ཏིང	供水杯	ཏུང	白铜	ཏེང	14	ཏོང	鼓声	ང	ng
5			ཏིངས	铺坐具吧							ངས	ngs
6	ཏད	1									ད	d
7	ཏན	认真	ཏིན	3			ཏེན	15	ཏོན	诵	ན	n
8											ནད	nd
9	ཏབ	瞬间	ཏིབ	4	ཏུབ	能够	ཏེབ	容器	ཏོབ	得到	བ	b
10											བས	bs
11	ཏམ	和	ཏིམ	5	ཏུམ	9			ཏོམ	最深处	མ	m
12											མས	ms
13	ཏར	电报	ཏིར	6	ཏུར	声音	ཏེར	16	ཏོར	顶髻	ར	r
14											རད	rd
15	ཏལ	灯	ཏིལ	芝麻	ཏུལ	10	ཏེལ	小斧头	ཏོལ	即刻	ལ	l
16											ལད	ld
17	ཏས	2	ཏིས	7					ཏོས	17	ས	s
18											འོ	vo
19	ཏའི	虽然但是	ཏིའི	8	ཏུའི	11	ཏེའི	虽然但是	ཏོའི	18	འི	vi
20					ཏུའུ	12	ཏེའུ	小桌子			འུ	vu

声母代码：93；　藏文：ཏྲ；　拉丁转写：tr；　音标：												
韵母类型	元音：ཨ	拉丁转写：a	元音：ཨི	拉丁转写：i	元音：ཨུ	拉丁转写：u	元音：ཨེ	拉丁转写：e	元音：ཨོ	拉丁转写：o	韵尾	
代码	藏文	汉义/音标	藏文	汉义/音标	藏文	汉义/音标	藏文	汉义/音标	藏文	汉义/音标	藏文	拉丁转写
1	ཏྲ	猿					ཏྲེ	1			/འ	/v
2											ག	g
3											གས	gs
4											ང	ng
5											ངས	ngs
6											ད	d
7									ཏྲོན	勤勉	ན	n
8											ནད	nd
9											བ	b
10											བས	bs
11							ཏྲེམ	关节炎			མ	m
12											མས	ms
13											ར	r
14											རད	rd
15											ལ	l
16											ལད	ld
17											ས	s
18											འོ	vo
19											འི	vi
20											འུ	vu

声母代码：94；　藏文：གཏ；　拉丁转写：gt；　音标：

韵母类型	元音:ཨ	拉丁转写 :a	元音:ཨི	拉丁转写 :i	元音:ཨུ	拉丁转写 :u	元音:ཨེ	拉丁转写 :e	元音:ཨོ	拉丁转写 :o	韵尾	
代码	藏文	汉义/音标	藏文	汉义/音标	藏文	汉义/音标	藏文	汉义/音标	藏文	汉义/音标	藏文	拉丁转写
1	གཏའ	打，击	གཏི	说	གཏུ	醉酒	གཏེ	抵押品	གཏོ	禳解	/འ	/v
2	གཏག	捶击	གཏིག	使滴水	གཏུག	控告			གཏོག	敲击	ག	g
3	གཏགས	打(字)	གཏིགས	滴入(敬)	གཏུགས	接触			གཏོགས	弹	གས	gs
4	གཏང	派遣	གཏིང	深度			གཏེང	抵押品	གཏོང	搞，作	ང	ng
5											ངས	ngs
6	གཏད	宗教法术							གཏོད	交给	ད	d
7	གཏན	永久			གཏུན	杵臼			གཏོན	诵读	ན	n
8											ནད	nd
9			གཏིབ	收(帐篷)	གཏུབ	剁					བ	b
10			གཏིབས	遮蔽	གཏུབས	切					བས	bs
11	གཏམ	言语	གཏིམ	渗透	གཏུམ	裹起来			གཏོམ	迷惑	མ	m
12	གཏམས	矜羯罗			གཏུམས	裹起来			གཏོམས	话	མས	ms
13	གཏར	针刺出血	གཏིར	1	གཏུར	兜	གཏེར	仓库	གཏོར	锥刺	ར	r
14											རད	rd
15	གཏལ	打，击			གཏུལ	撒(东西)			གཏོལ	把握	ལ	l
16											ལད	ld
17									གཏོས	体积	ས	s
18											འོ	vo
19									གཏོའི	2	འི	vi
20							གཏེའུ	抵押品			འུ	vu

声母代码：95；　藏文：བཏ；　拉丁转写：bt；　音标：

韵母类型	元音:ཨ	拉丁转写 :a		元音:ཨི	拉丁转写 :i		元音:ཨུ	拉丁转写 :u		元音:ཨེ	拉丁转写 :e		元音:ཨོ	拉丁转写 :o		韵尾	
代码	藏文	汉义	音标	藏文	汉义	音标	藏文	汉义	音标	藏文	汉义	音标	藏文	汉义	音标	藏文	拉丁转写
1	བཏའ	说，曰					བཏུ	捡								འ	/v
2	བཏག	筘(织具)		བཏིག	使滴					བཏེག	向上支起		བཏོག	摘		ག	g
3	བཏགས	佩带		བཏིགས	滴下					བཏེགས	举起		བཏོགས	摘		གས	gs
4	བཏང	搞，作		བཏིང	铺		བཏུང	喝								ང	ng
5				བཏིངས	铺		བཏུངས	喝								ངས	ngs
6	བཏད	托付					བཏུད	接近					བཏོད	创立		ད	d
7													བཏོན	读，念		ན	n
8																ནད	nd
9	བཏབ	种		བཏིབ	1		བཏུབ	能								བ	b
10							བཏུབས	能								བས	bs
11	བཏམ	说，讲					བཏུམ	封，裹								མ	m
12	བཏམས	说，讲					བཏུམས	封								མས	ms
13							བཏུར	捡								ར	r
14																རད	rd
15				བཏིལ	2		བཏུལ	研，磨					བཏོལ	戳穿		ལ	l
16							བཏུལད	磨								ལད	ld
17							བཏུས	捡								ས	s
18																འོ	vo
19																འི	vi
20																འུ	vu

声母代码：96；　藏文：རྟ；　拉丁转写：rt；　音标：												
韵母类型	元音:ཨ	拉丁转写 :a	元音:ཨི	拉丁转写 :i	元音:ཨུ	拉丁转写 :u	元音:ཨེ	拉丁转写 :e	元音:ཨོ	拉丁转写 :o	韵尾	
代码	藏文	汉义 音标	藏文	汉义 音标	藏文	汉义 音标	藏文	汉义 音标	藏文	汉义 音标	藏文	拉丁转写
1	རྟ	马	རྟི	2							/འ	/v
2	རྟག	长久不变			རྟུག	粪,屁			རྟོག	研究	ག	g
3	རྟགས	符号							རྟོགས	粗略思索	གས	gs
4	རྟང	缠	རྟིང	基础			རྟེང	5			ང	ng
5											ངས	ngs
6									རྟོད	拴牧	ད	d
7	རྟན	依靠			རྟུན	努力	རྟེན	基础	རྟོན	信任	ན	n
8											ནད	nd
9	རྟབ	紧张	རྟིབ	痕迹					རྟོབ	两岁马驹	བ	b
10			རྟིབས	痕迹					རྟོབས	紧张	བས	bs
11							རྟེམ	6			མ	m
12											མས	ms
13											ར	r
14											རད	rd
15					རྟུལ	汇集			རྟོལ	去,到	ལ	l
16											ལད	ld
17	རྟས	充满	རྟིས	3							ས	s
18											འོ	vo
19	རྟའི	1	རྟིའི	4							འི	vi
20	རྟའུ	道孚					རྟེའུ	马驹			འུ	vu

声母代码：97；　藏文：ལྟ；　拉丁转写：lt；　音标：

韵母类型	元音:ཨ	拉丁转写 :a		元音:ཨི	拉丁转写 :i		元音:ཨུ	拉丁转写 :u		元音:ཨེ	拉丁转写 :e		元音:ཨོ	拉丁转写 :o		韵尾	
代码	藏文	汉义	音标	藏文	汉义	音标	藏文	汉义	音标	藏文	汉义	音标	藏文	汉义	音标	藏文	拉丁转写
1	ལྟ	看		ལྟི	3					ལྟེ	肚脐眼		ལྟོ	食物		/འ	/v
2	ལྟག	上方		ལྟིག	矮而胖											ག	g
3													ལྟོགས	饥饿		གས	gs
4	ལྟང	包					ལྟུང	坠落		ལྟེང	小池塘		ལྟོང	箭尾		ང	ng
5							ལྟུངས	堕，坠		ལྟེངས	水塘		ལྟོངས	上面		ངས	ngs
6	ལྟད	看								ལྟེད	扯破		ལྟོད	穿孔		ད	d
7																ན	n
8																ནད	nd
9	ལྟབ	折起								ལྟེབ	折叠		ལྟོབ	4		བ	b
10	ལྟབས	1								ལྟེབས	折叠		ལྟོབས	折叠		བས	bs
11	ལྟམ	出生								ལྟེམ	病					མ	m
12	ལྟམས	出生(古)								ལྟེམས	满		ལྟོམས	生孩子		མས	ms
13	ལྟར	譬如		ལྟིར	壶		ལྟུར	瞌睡								ར	r
14																རད	rd
15													ལྟོལ	5		ལ	l
16																ལད	ld
17	ལྟས	预兆											ལྟོས	观看		ས	s
18																འོ	vo
19	ལྟའི	2														འི	vi
20																འུ	vu

声母代码：98；　藏文：སྟ；　拉丁转写：st；　音标：

韵母类型	元音:ཨ	拉丁转写 :a	元音:ཨི	拉丁转写 :i	元音:ཨུ	拉丁转写 :u	元音:ཨེ	拉丁转写 :e	元音:ཨོ	拉丁转写 :o	韵尾	
代码	藏文	汉义/音标	藏文	汉义/音标	藏文	汉义/音标	藏文	汉义/音标	藏文	汉义/音标	藏文	拉丁转写
1	སྟ	脱臼	སྟི	休息	སྟུ	女生殖器	སྟེ	连引词	སྟོ	拉，牵	/འ	/v
2	སྟག	老虎			སྟུག	密集	སྟེག	跳舞			ག	g
3	སྟགས	灵器模型					སྟེགས	台阶			གས	gs
4	སྟང	1	སྟིང	骂	སྟུང	使短	སྟེང	上	སྟོང	千	ང	ng
5	སྟངས	方法	སྟིངས	斥责	སྟུངས	缩短	སྟེངས	5	སྟོངས	使受益	ངས	ngs
6	སྟད	放置马鞍			སྟུད	连续			སྟོད	上部	ད	d
7	སྟན	垫子			སྟུན	适应	སྟེན	亲近	སྟོན	宣扬	ན	n
8											ནད	nd
9	སྟབ	2							སྟོབ	送，赐	བ	b
10	སྟབས	因为	སྟིབས	笼罩	སྟུབས	切碎			སྟོབས	力量	བས	bs
11			སྟིམ	渗透	སྟུམ	4	སྟེམ	打击	སྟོམ	6	མ	m
12			སྟིམས	渗透			སྟེམས	咒力			མས	ms
13	སྟར	排列					སྟེར	给，交付	སྟོར	穿成一串	ར	r
14											རད	rd
15											ལ	l
16											ལད	ld
17			སྟིས	休息			སྟེས	机缘	སྟོས	给，发	ས	s
18											འོ	vo
19											འི	vi
20	སྟའི	3					སྟེའུ	斤			འུ	vu

声母代码：99； 藏文：བརྟ； 拉丁转写：brt； 音标：												
韵母类型	元音:ཨ	拉丁转写 :a	元音:ཨི	拉丁转写 :i	元音:ཨུ	拉丁转写 :u	元音:ཨེ	拉丁转写 :e	元音:ཨོ	拉丁转写 :o	韵尾	
代码	藏文	汉义 音标	藏文	汉义 音标	藏文	汉义 音标	藏文	汉义 音标	藏文	汉义 音标	藏文	拉丁转写
1	བརྟ	充满									/འ	/v
2	བརྟག	考察									ག	g
3	བརྟགས	考察									གས	gs
4											ང	ng
5											ངས	ngs
6	བརྟད	快速							བརྟོད	拴牧	ད	d
7	བརྟན	研究			བརྟུན	勤奋	བརྟེན	依靠			ན	n
8											ནད	nd
9	བརྟབ	紧张	བརྟིབ	痕迹							བ	b
10	བརྟབས	紧张	བརྟིབས	痕迹							བས	bs
11											མ	m
12											མས	ms
13											ར	r
14											རད	rd
15					བརྟུལ	勇敢			བརྟོལ	到，往	ལ	l
16											ལད	ld
17	བརྟས	充满									ས	s
18											འོ	vo
19											འི	vi
20											འུ	vu

声母代码：100；　藏文：བལྟ；　拉丁转写：blt；　音标：

韵母类型	元音:ཨ	拉丁转写:a	元音:ཨི	拉丁转写:i	元音:ཨུ	拉丁转写:u	元音:ཨེ	拉丁转写:e	元音:ཨོ	拉丁转写:o	韵尾	
代码	藏文	汉义 / 音标	藏文	汉义 / 音标	藏文	汉义 / 音标	藏文	汉义 / 音标	藏文	汉义 / 音标	藏文	拉丁转写
1	བལྟ	观看									/འ	/v
2											ག	g
3											གས	gs
4											ང	ng
5											ངས	ngs
6											ད	d
7											ན	n
8											ནད	nd
9	བལྟབ	折叠									བ	b
10	བལྟབས	折叠					བལྟེབས	折，叠			བས	bs
11	བལྟམ	生孩子									མ	m
12	བལྟམས	生孩子									མས	ms
13	བལྟར	俊美									ར	r
14											རད	rd
15											ལ	l
16											ལད	ld
17	བལྟས	观察							བལྟོས	比较	ས	s
18											འོ	vo
19											འི	vi
20											འུ	vu

声母代码：101； 藏文：བསྟ； 拉丁转写：bst； 音标：												
韵母类型	元音:ཨ	拉丁转写:a	元音:ཨི	拉丁转写:i	元音:ཨུ	拉丁转写:u	元音:ཨེ	拉丁转写:e	元音:ཨོ	拉丁转写:o	韵尾	
代码	藏文	汉义 音标	藏文	汉义 音标	藏文	汉义 音标	藏文	汉义 音标	藏文	汉义 音标	藏文	拉丁转写
1			བསྟི	休息							/འ	/v
2											ག	g
3											གས	gs
4	བསྟང	帮助	བསྟིང	讽刺	བསྟུང	剪断			བསྟོང	使受益	ང	ng
5	བསྟངས	使受益	བསྟིངས	讽刺	བསྟུངས	剪断			བསྟོངས	使受益	ངས	ngs
6	བསྟད	上(马鞍)			བསྟུད	继续			བསྟོད	称赞	ད	d
7	བསྟན	让看			བསྟུན	符合	བསྟེན	求(医)			ན	n
8							བསྟེནད	靠			ནད	nd
9	བསྟབ	送，赐									བ	b
10	བསྟབས	送，赐	བསྟིབས	敲凹							བས	bs
11			བསྟིམ	融合	བསྟུམ	包裹					མ	m
12			བསྟིམས	融合	བསྟུམས	2					མས	ms
13	བསྟར	排列	བསྟིར	休息中			བསྟེར	给予			ར	r
14											རད	rd
15											ལ	l
16											ལད	ld
17	བསྟས	1	བསྟིས	休息							ས	s
18											འོ	vo
19											འི	vi
20											འུ	vu

声母代码：102； 藏文：ཐ； 拉丁转写：th； 音标：												
韵母类型	元音:ཨ	拉丁转写 :a	元音:ཨི	拉丁转写 :i	元音:ཨུ	拉丁转写 :u	元音:ཨེ	拉丁转写 :e	元音:ཨོ	拉丁转写 :o	韵尾	
代码	藏文	汉义 音标	藏文	汉义 音标	藏文	汉义 音标	藏文	汉义 音标	藏文	汉义 音标	藏文	拉丁转写
1	ཐ	藏文字母	ཐི	绳子	ཐུ	厉害	ཐེ	牵涉	ཐོ	册，本子	/འ	/v
2	ཐག	距离	ཐིག	线条	ཐུག	牛毛幢	ཐེག	举起	ཐོག	屋顶	ག	g
3	ཐགས	织物	ཐིགས	猜中	ཐུགས	意和心	ཐེགས	举起	ཐོགས	系，拴	གས	gs
4	ཐང	平地	ཐིང	铺排	ཐུང	短	ཐེང	喝	ཐོང	犁尖铁铧	ང	ng
5			ཐིངས	铺，垫	ཐུངས	饮，喝	ཐེངས	次	ཐོངས	放(生)	ངས	ngs
6	ཐད	方面			ཐུད	酪糕	ཐེད	残体	ཐོད	缠头巾	ད	d
7	ཐན	凶兆			ཐུན	班，顿	ཐེན	扯	ཐོན	拔掉	ན	n
8									ཐོནད	出发	ནད	nd
9	ཐབ	灶	ཐིབ	黑暗	ཐུབ	能	ཐེབ	本金	ཐོབ	修建	བ	b
10	ཐབས	办法	ཐིབས	2			ཐེབས	本金	ཐོབས	使得	བས	bs
11	ཐམ	刚才	ཐིམ	渗入	ཐུམ	包裹	ཐེམ	得到	ཐོམ	包起来	མ	m
12	ཐམས	地穴			ཐུམས	裹	ཐེམས	得到	ཐོམས	想一下	མས	ms
13	ཐར	解脱	ཐིར	3	ཐུར	斜坡	ཐེར	赤裸	ཐོར	分散	ར	r
14	ཐརད	逃脱									རད	rd
15	ཐལ	灰，尘土	ཐིལ	4	ཐུལ	教化	ཐེལ	印	ཐོལ	忽然	ལ	l
16											ལད	ld
17			ཐིས	5	ཐུས	采摘	ཐེས	牵涉	ཐོས	听见	ས	s
18											འོ	vo
19	ཐའི	1	ཐིའི	6							འི	vi
20	ཐའུ	花苞	ཐིའུ	花苞	ཐུའུ	7	ཐེའུ	印，章	ཐོའུ	布之宽度	འུ	vu

声母代码：103；　藏文：མཐ；　拉丁转写：mth；　音标：

韵母类型	元音:ཨ	拉丁转写 :a	元音:ཨི	拉丁转写 :i	元音:ཨུ	拉丁转写 :u	元音:ཨེ	拉丁转写 :e	元音:ཨོ	拉丁转写 :o	韵尾	
代码	藏文	汉义/音标	藏文	汉义/音标	藏文	汉义/音标	藏文	汉义/音标	藏文	汉义/音标	藏文	拉丁转写
1	མཐའ	边际			མཐུ	力量	མཐེ	大拇指	མཐོ	高	/འ	/v
2					མཐུག	厚					ག	g
3											གས	gs
4	མཐང	下面	མཐིང	石青					མཐོང	晦	ང	ng
5	མཐངས	全部							མཐོངས	空间	ངས	ngs
6					མཐུད	接续					ད	d
7					མཐུན	符合			མཐོན	高	ན	n
8											ནད	nd
9					མཐུབ	遮蔽	མཐེབ	大拇指			བ	b
10											བས	bs
11											མ	m
12											མས	ms
13	མཐར	最后			མཐུར	马笼头			མཐོར	在高处	ར	r
14											རད	rd
15			མཐིལ	底					མཐོལ	忏悔	ལ	l
16											ལད	ld
17	མཐས	1			མཐུས	以势力			མཐོས	因为高	ས	s
18											འོ	vo
19	མཐའི	2							མཐོའི	3	འི	vi
20							མཐེའུ	小趾			འུ	vu

声母代码：104； 藏文：འཐ； 拉丁转写：vth； 音标：												
韵母类型	元音:ཨ	拉丁转写 :a	元音:ཨི	拉丁转写 :i	元音:ཨུ	拉丁转写 :u	元音:ཨེ	拉丁转写 :e	元音:ཨོ	拉丁转写 :o	韵尾	
代码	藏文	汉义 音标	藏文	汉义 音标	藏文	汉义 音标	藏文	汉义 音标	藏文	汉义 音标	藏文	拉丁转写
1					འཐུ	采集					/འ	/v
2	འཐག	织	འཐིག	滴下	འཐུག	厚	འཐེག	支起	འཐོག	摧毁	ག	g
3	འཐགས	磨，织	འཐིགས	滴			འཐེགས	走（敬）	འཐོགས	掏，摘	གས	gs
4	འཐང	下身	འཐིང	无疑	འཐུང	喝	འཐེང	跛子			ང	ng
5			འཐིངས	透彻	འཐུངས	喝	འཐེངས	瘸			ངས	ngs
6	འཐད	赞成			འཐུད	接续	འཐེད	抛弃			ད	d
7	འཐན	坚强			འཐུན	一顿饭时间	འཐེན	拉	འཐོན	出发	ན	n
8											ནད	nd
9	འཐབ	争斗	འཐིབ	（天）变阴	འཐུབ	劈开	འཐེབ	盈余	འཐོབ	获得	བ	b
10	འཐབས	战斗	འཐིབས	云雾弥漫			འཐེབས	钓得	འཐོབས	斗殴	བས	bs
11	འཐམ	抱住	འཐིམ	渗透	འཐུམ	裹	འཐེམ	够数	འཐོམ	迷惑	མ	m
12	འཐམས	缠			འཐུམས	愚昧	འཐེམས	饱满	འཐོམས	拥抱	མས	ms
13	འཐར	1			འཐུར	扰动			འཐོར	离散	ར	r
14											རད	rd
15	འཐལ	超过			འཐུལ	驯服			འཐོལ	忏悔	ལ	l
16											ལད	ld
17	འཐས	坚固			འཐུས	恰当					ས	s
18											འོ	vo
19											འི	vi
20											འུ	vu

声母代码：105；藏文：ད；拉丁转写：d；音标：

韵母类型	元音:ཨ	拉丁转写:a		元音:ཨི	拉丁转写:i		元音:ཨུ	拉丁转写:u		元音:ཨེ	拉丁转写:e		元音:ཨོ	拉丁转写:o		韵尾	
代码	藏文	汉义	音标	藏文	汉义	音标	藏文	汉义	音标	藏文	汉义	音标	藏文	汉义	音标	藏文	拉丁转写
1	ད	现在		དི	3		དུ	多少		དེ	那(代)		དོ	两，二		/འ	/v
2	དག	多数		དིག	结结巴巴		དུག	毒物					དོག	狭窄		ག	g
3							དུགས	罨疗法					དོགས	恐惧		གས	gs
4	དང	与		དིང	今天		དུང	海螺		དེང	今天		དོང	洞穴		ང	ng
5							དུངས	爱恋		དེངས	走，去		དོངས	走		ངས	ngs
6	དད	信仰					དུད	鞠躬		དེད	赶开		དོད	实物代金		ད	d
7	དན	信约					དུན	8		དེན	11		དོན	事，工作		ན	n
8																ནད	nd
9	དབ	灵活		དིབ	4		དུབ	筋疲力尽		དེབ	本子		དོབ	吞吞吐吐		བ	b
10							དུབས	9								བས	bs
11	དམ	或		དིམ	沉没		དུམ	束		དེམ	水壶		དོམ	棕熊		མ	m
12													དོམས	13		མས	ms
13	དར	旗子		དིར	5		དུར	坟地		དེར	彼处		དོར	双，对		ར	r
14																རད	rd
15	དལ	坛城					དུལ	驯服					དོལ	网		ལ	l
16																ལད	ld
17	དས	1		དིས	6		དུས	季节		དེས	以后，再		དོས	货驮子		ས	s
18																འོ	vo
19	དའི	2		དིའི	7					དེའི	12		དོའི	14		འི	vi
20							དུའུ	10		དེའུ	小山					འུ	vu

声母代码：106；藏文：དྭ；拉丁转写：dw；音标：

韵母类型	元音:ཨ	拉丁转写 :a		元音:ཨི	拉丁转写 :i		元音:ཨུ	拉丁转写 :u		元音:ཨེ	拉丁转写 :e		元音:ཨོ	拉丁转写 :o		韵尾	
代码	藏文	汉义	音标	藏文	汉义	音标	藏文	汉义	音标	藏文	汉义	音标	藏文	汉义	音标	藏文	拉丁转写
1	དྭ	兑卦											དྭོ	2		/འ	/v
2																ག	g
3	དྭགས	1														གས	gs
4																ང	ng
5	དྭངས	澄清														ངས	ngs
6																ད	d
7																ན	n
8																ནད	nd
9																བ	b
10																བས	bs
11																མ	m
12																མས	ms
13																ར	r
14																རད	rd
15																ལ	l
16																ལད	ld
17																ས	s
18																འོ	vo
19																འི	vi
20																འུ	vu

声母代码：107； 藏文：དྲ； 拉丁转写：dr； 音标：												
韵母类型	元音：ཨ	拉丁转写：a	元音：ཨི	拉丁转写：i	元音：ཨུ	拉丁转写：u	元音：ཨེ	拉丁转写：e	元音：ཨོ	拉丁转写：o	韵尾	
代码	藏文	汉义 音标	藏文	汉义 音标	藏文	汉义 音标	藏文	汉义 音标	藏文	汉义 音标	藏文	拉丁转写
1	དྲ	网	དྲི	气味	དྲུ	线团	དྲེ	鬼	དྲོ	旅途干粮	/འ	/v
2	དྲག	痊愈			དྲུག	六	དྲེག	污垢	དྲོག	包裹	ག	g
3	དྲགས	过于					དྲེགས	傲慢	དྲོགས	驼子	གས	gs
4	དྲང	直的	དྲིང	说法	དྲུང	根本	དྲེང	4	དྲོང	正义	ང	ng
5	དྲངས	引导			དྲུངས	根本			དྲོངས	拖，拉	ངས	ngs
6	དྲད	拽			དྲུད	拖，拽	དྲེད	马熊	དྲོད	温度	ད	d
7	དྲན	想起	དྲིན	恩惠					དྲོན	暖和	ན	n
8											ནད	nd
9	དྲབ	椽子			དྲུབ	缝，绣	དྲེབ	5			བ	b
10					དྲུབས	绣					བས	bs
11					དྲུམ	破碎					མ	m
12					དྲུམས	破碎					མས	ms
13			དྲིར	在污垢中							ར	r
14											རད	rd
15	དྲལ	椽上之木	དྲིལ	裹	དྲུལ	使腐烂	དྲེལ	骡子	དྲོལ	撕烂	ལ	l
16											ལད	ld
17	དྲས	剪裁	དྲིས	询问	དྲུས	挖，掘	དྲེས	一种草	དྲོས	剪裁	ས	s
18											འོ	vo
19	དྲའི	1	དྲིའི	2	དྲུའི	3			དྲོའི	6	འི	vi
20							དྲེའུ	骡子			འུ	vu

声母代码：108； 藏文：དྲྭ； 拉丁转写：drw； 音标：												
韵母类型	元音:ཨ	拉丁转写 :a	元音:ཨི	拉丁转写 :i	元音:ཨུ	拉丁转写 :u	元音:ཨེ	拉丁转写 :e	元音:ཨོ	拉丁转写 :o	韵尾	
代码	藏文	汉义 音标	藏文	汉义 音标	藏文	汉义 音标	藏文	汉义 音标	藏文	汉义 音标	藏文	拉丁转写
1	དྲྭ	1 									/འ	/v
2											ག	g
3											གས	gs
4											ང	ng
5											ངས	ngs
6											ད	d
7											ན	n
8											ནད	nd
9											བ	b
10											བས	bs
11											མ	m
12											མས	ms
13											ར	r
14											རད	rd
15											ལ	l
16											ལད	ld
17											ས	s
18											འོ	vo
19											འི	vi
20											འུ	vu

声母代码：109；　藏文：གད；　拉丁转写：gd；　音标：

韵母类型	元音:ཨ	拉丁转写:a		元音:ཨི	拉丁转写:i		元音:ཨུ	拉丁转写:u		元音:ཨེ	拉丁转写:e		元音:ཨོ	拉丁转写:o		韵尾	
代码	藏文	汉义	音标	藏文	汉义	音标	藏文	汉义	音标	藏文	汉义	音标	藏文	汉义	音标	藏文	拉丁转写
1	གདའ	有					གདུ	开(水)								/འ	/v
2	གདག	清爽					གདུག	烧香		གདེག	挂					ག	g
3	གདགས	取名					གདུགས	伞		གདེགས	挂					གས	gs
4	གདང	牛角索		གདིང	底,深处		གདུང	族,姓		གདེང	定见		གདོང	前面		ང	ng
5	གདངས	音调					གདུངས	贪爱		གདེངས	高举		གདོངས	打开		ངས	ngs
6							གདུད	恭敬					གདོད	原始		ད	d
7	གདན	垫子											གདོན	邪魔		ན	n
8																ནད	nd
9	གདབ	种					གདུབ	镯子								བ	b
10																བས	bs
11	གདམ	选择					གདུམ	凶恶								མ	m
12	གདམས	告诫											གདོམས	选择		མས	ms
13	གདར	砖块														ར	r
14																རད	rd
15	གདལ	摆					གདུལ	驯服					གདོལ	普及		ལ	l
16																ལད	ld
17	གདས	底					གདུས	熬,炖					གདོས	体积		ས	s
18																འོ	vo
19																འི	vi
20																འུ	vu

声母代码：110；　藏文：བད；　拉丁转写：bd；　音标：

韵母类型 / 代码	元音:ཨ 藏文	拉丁转写:a 汉义	音标	元音:ཨི 藏文	拉丁转写:i 汉义	音标	元音:ཨུ 藏文	拉丁转写:u 汉义	音标	元音:ཨེ 藏文	拉丁转写:e 汉义	音标	元音:ཨོ 藏文	拉丁转写:o 汉义	音标	韵尾 藏文	韵尾 拉丁转写
1	བདའ	驱赶								བདེ	平坦		བདོ	增长		འ	/v
2	བདག	自己					བདུག	熏					བདོག	存在		ག	g
3							བདུགས	熏								གས	gs
4	བདང	1					བདུང	牵引								ང	ng
5							བདུངས	牵引								ངས	ngs
6							བདུད	魔					བདོད	创立		ད	d
7							བདུན	七		བདེན	真实					ན	n
8																ནད	nd
9																བ	b
10																བས	bs
11	བདམ	选择														མ	m
12	བདམས	选择														མས	ms
13	བདར	研磨								བདེར	容易		བདོར	研磨		ར	r
14																རད	rd
15	བདལ	铺开											བདོལ	铺开		ལ	l
16																ལད	ld
17	བདས	追														ས	s
18																འོ	vo
19										བདེའི	2		བདོའི	3		འི	vi
20																འུ	vu

声母代码：111；　藏文：མད；　拉丁转写：md；　音标：

韵母类型	元音:ཨ	拉丁转写:a	元音:ཨི	拉丁转写:i	元音:ཨུ	拉丁转写:u	元音:ཨེ	拉丁转写:e	元音:ཨོ	拉丁转写:o	韵尾	
代码	藏文	汉义/音标	藏文	汉义/音标	藏文	汉义/音标	藏文	汉义/音标	藏文	汉义/音标	藏文	拉丁转写
1	མདའ	山沟尾							མདོ	关键	འ	/v
2	མདག	灰							མདོག	颜色	ག	g
3							མདེགས	3			གས	gs
4	མདང	昨晚			མདུང	矛			མདོང	茶桶	ང	ng
5	མདངས	色泽							མདོངས	孔雀尾翎	ངས	ngs
6					མདུད	打结子					ད	d
7	མདན	脸颊			མདུན	前面					ན	n
8											ནད	nd
9											བ	b
10											བས	bs
11											མ	m
12									མདོམས	阴部	མས	ms
13									མདོར	总结	ར	r
14											རད	rd
15							མདེལ	4			ལ	l
16											ལད	ld
17	མདས	1							མདོས	灵器	ས	s
18											འོ	vo
19	མདའི	2							མདོའི	5	འི	vi
20							མདེའུ	枪弹			འུ	vu

声母代码：112；　藏文：འད；　拉丁转写：vd；　音标：												
韵母类型	元音：ཨ	拉丁转写 :a	元音：ཨི	拉丁转写 :i	元音：ཨུ	拉丁转写 :u	元音：ཨེ	拉丁转写 :e	元音：ཨོ	拉丁转写 :o	韵尾	
代码	藏文	汉义 音标	藏文	汉义 音标	藏文	汉义 音标	藏文	汉义 音标	藏文	汉义 音标	藏文	拉丁转写
1	འདའ	避免	འདི	这个	འདུ	收集	འདེ	给(你)	འདོ	机警	/འ	/v
2	འདག	洗净	འདིག	口袋绳	འདུག	坐，停留			འདོག	消灭	ག	g
3							འདེགས	举起	འདོགས	拴(牛)	གས	gs
4	འདང	思考	འདིང	铺			འདེང	清亮	འདོང	走	ང	ng
5	འདངས	足够	འདིངས	1			འདེངས	走	འདོངས	走，去	ངས	ngs
6	འདད	超度			འདུད	致敬	འདེད	追赶	འདོད	愿意	ད	d
7	འདན	门拴	འདིན	2	འདུན	祭奠			འདོན	顿(单位)	ན	n
8					འདུནད	渴望					ནད	nd
9	འདབ	叶子					འདེབ	4	འདོབ	6	བ	b
10	འདབས	旁边					འདེབས	种(地)			བས	bs
11	འདམ	泥			འདུམ	和解	འདེམ	选择	འདོམ	裤裆	མ	m
12	འདམས	选择			འདུམས	和解	འདེམས	选择	འདོམས	胯间	མས	ms
13	འདར	发抖	འདིར	这儿	འདུར	小跑			འདོར	舍弃	ར	r
14					འདུརད	奔驰					རད	rd
15	འདལ	曼荼罗			འདུལ	制服	འདེལ	5	འདོལ	灰尘	ལ	l
16											ལད	ld
17	འདས	避免	འདིས	因此	འདུས	聚集	འདེས	晒，烘干			ས	s
18											འོ	vo
19					འདུའི	3					འི	vi
20											འུ	vu

声母代码：113； 藏文：འདྲ； 拉丁转写：vdr； 音标：												
韵母类型	元音：ཨ	拉丁转写：a	元音：ཨི	拉丁转写：i	元音：ཨུ	拉丁转写：u	元音：ཨེ	拉丁转写：e	元音：ཨོ	拉丁转写：o	韵尾	
代码	藏文	汉义／音标	藏文	汉义／音标	藏文	汉义／音标	藏文	汉义／音标	藏文	汉义／音标	藏文	拉丁转写
1	འདྲ	相似	འདྲི	询问	འདྲུ	柱氏	འདྲེ	魔鬼			/འ	/v
2	འདྲག	痊愈			འདྲུག	捡，拾	འདྲེག	割	འདྲོག	刚刚	ག	g
3	འདྲགས	1					འདྲེགས	烧焦	འདྲོགས	惊	གས	gs
4									འདྲོང	排出	ང	ng
5									འདྲོངས	使迎请	ངས	ngs
6	འདྲད	拽	འདྲིད	欺骗	འདྲུད	拖	འདྲེད	讨厌	འདྲོད	啃	ད	d
7	འདྲན	比较	འདྲིན	作用			འདྲེན	带领			ན	n
8											ནད	nd
9					འདྲུབ	缝，绣			འདྲོབ	端正	བ	b
10					འདྲུབས	缝，绣			འདྲོབས	正直	བས	bs
11			འདྲིམ	跌倒							མ	m
12					འདྲུམས	灾害					མས	ms
13			འདྲིར	4			འདྲེར	5			ར	r
14											རད	rd
15	འདྲལ	撕碎	འདྲིལ	滚动	འདྲུལ	使腐烂					ལ	l
16			འདྲིལད	滚动							ལད	ld
17	འདྲས	2	འདྲིས	熟识	འདྲུས	掏	འདྲེས	合			ས	s
18											འོ	vo
19	འདྲའི	3					འདྲེའི	6			འི	vi
20											འུ	vu

声母代码：114；	藏文：རྡ；		拉丁转写：rd；				音标：					
韵母类型	元音:ཨ	拉丁转写 :a	元音:ཨི	拉丁转写 :i	元音:ཨུ	拉丁转写 :u	元音:ཨེ	拉丁转写 :e	元音:ཨོ	拉丁转写 :o	韵尾	
代码	藏文	汉义/音标	藏文	汉义/音标	藏文	汉义/音标	藏文	汉义/音标	藏文	汉义/音标	藏文	拉丁转写
1			རྡི	2	རྡུ	4	རྡེ	6	རྡོ	石头	/འ	/v
2	རྡག	1	རྡིག	应急储备			རྡེག	鞭打	རྡོག	颗，粒	ག	g
3					རྡུགས	穷尽	རྡེགས	鞭打			གས	gs
4	རྡང	晾衣绳			རྡུང	敲					ང	ng
5					རྡུངས	敲，捶					ངས	ngs
6											ད	d
7											ན	n
8											ནད	nd
9	རྡབ	击，打	རྡིབ	塌，陷入	རྡུབ	会合	རྡེབ	拍	རྡོབ	拍，打	བ	b
10			རྡིབས	痕迹			རྡེབས	拍击	རྡོབས	拍击	བས	bs
11					རྡུམ	截断					མ	m
12											མས	ms
13	རྡར	磨，锉							རྡོར	磨，琢磨	ར	r
14											རད	rd
15	རྡལ	摊开			རྡུལ	细末	རྡེལ	筹码	རྡོལ	铺开	ལ	l
16											ལད	ld
17			རྡིས	3					རྡོས	体积	ས	s
18											འོ	vo
19									རྡོའི	7	འི	vi
20					རྡུའུ	5	རྡེའུ	石子			འུ	vu

声母代码：115；　藏文：ལྡ；　拉丁转写：ld；　音标：

韵母类型	元音：ཨ	拉丁转写 :a	元音：ཨི	拉丁转写 :i	元音：ཨུ	拉丁转写 :u	元音：ཨེ	拉丁转写 :e	元音：ཨོ	拉丁转写 :o	韵尾	
代码	藏文	汉义 音标	藏文	汉义 音标	藏文	汉义 音标	藏文	汉义 音标	藏文	汉义 音标	藏文	拉丁转写
1	ལྡ	1	ལྡི	一种供品	ལྡུ	3	ལྡེ	烤			/འ	/v
2	ལྡག	舔	ལྡིག	罐	ལྡུག	倒（茶水）	ལྡེག	摇动	ལྡོག	退还	ག	g
3	ལྡགས	2			ལྡུགས	灌入			ལྡོགས	舔	གས	gs
4	ལྡང	跳跃	ལྡིང	盘旋			ལྡེང	羯地罗树	ལྡོང	董氏	ང	ng
5	ལྡངས	跳跃	ལྡིངས	盘旋			ལྡེངས	够了	ལྡོངས	起，立	ངས	ngs
6	ལྡད	嚼，反刍			ལྡུད	喂水			ལྡོད	咀嚼	ད	d
7	ལྡན	具有							ལྡོན	回答	ན	n
8											ནད	nd
9	ལྡབ	倍数	ལྡིབ	结巴	ལྡུབ	4	ལྡེབ	5	ལྡོབ	弄明白	བ	b
10	ལྡབས	倍数	ལྡིབས	结巴			ལྡེབས	侧面	ལྡོབས	狡诈	བས	bs
11	ལྡམ	污			ལྡུམ	蔬菜	ལྡེམ	晃动	ལྡོམ	流浪	མ	m
12							ལྡེམས	6	ལྡོམས	流浪	མས	ms
13	ལྡར	煮烂	ལྡིར	鼓起	ལྡུར	烂熟	ལྡེར	陶泥			ར	r
14											རད	rd
15											ལ	l
16											ལད	ld
17	ལྡས	剩余			ལྡུས	遗留	ལྡེས	烤热			ས	s
18											འོ	vo
19											འི	vi
20							ལྡེའུ	谜语			འུ	vu

声母代码：116；　藏文：སྡ；　拉丁转写：sd；　音标：

韵母类型	元音:ཨ	拉丁转写 :a	元音:ཨི	拉丁转写 :i	元音:ཨུ	拉丁转写 :u	元音:ཨེ	拉丁转写 :e	元音:ཨོ	拉丁转写 :o	韵尾	
代码	藏文	汉义 音标	藏文	汉义 音标	藏文	汉义 音标	藏文	汉义 音标	藏文	汉义 音标	藏文	拉丁转写
1			སྡི	瞄准	སྡུ	收集	སྡེ	群体	སྡོ	拼(命)	/འ	/v
2	སྡག	1	སྡིག	罐	སྡུག	悲痛			སྡོག	收拾	ག	g
3			སྡིགས	责骂					སྡོགས	收拾	གས	gs
4	སྡང	生气	སྡིང	高台					སྡོང	一起	ང	ng
5			སྡིངས	台			སྡེངས	4	སྡོངས	结伴	ངས	ngs
6					སྡུད	收集			སྡོད	坐	ད	d
7	སྡན	2									ན	n
8											ནད	nd
9							སྡེབ	册，簿			བ	b
10							སྡེབས	联合			བས	bs
11	སྡམ	作证			སྡུམ	调和	སྡེམ	5	སྡོམ	蜘蛛	མ	m
12					སྡུམས	调解	སྡེམས	一捆	སྡོམས	捆，把	མས	ms
13	སྡར	胆小	སྡིར	熬(药)	སྡུར	比较	སྡེར	部分中	སྡོར	佐肴品	ར	r
14											རད	rd
15					སྡུལ	3	སྡེལ	6			ལ	l
16											ལད	ld
17			སྡིས	瞄准	སྡུས	收集			སྡོས	拼(命)	ས	s
18											འོ	vo
19							སྡེའི	7			འི	vi
20							སྡེའུ	8			འུ	vu

声母代码：117； 藏文：བརྡ； 拉丁转写：brd； 音标：												
韵母类型	元音：ཨ	拉丁转写 :a	元音：ཨི	拉丁转写 :i	元音：ཨུ	拉丁转写 :u	元音：ཨེ	拉丁转写 :e	元音：ཨོ	拉丁转写 :o	韵尾	
代码	藏文	汉义/音标	藏文	汉义/音标	藏文	汉义/音标	藏文	汉义/音标	藏文	汉义/音标	藏文	拉丁转写
1	བརྡ/བརྡའ	信息/符号									/འ	/v
2							བརྡེག	挨打			ག	g
3					བརྡུགས	穷尽	བརྡེགས	挨打	བརྡོགས	准备	གས	gs
4					བརྡུང	敲					ང	ng
5					བརྡུངས	敲，捶					ངས	ngs
6											ད	d
7											ན	n
8											ནད	nd
9	བརྡབ	碰着	བརྡིབ	塌			བརྡེབ	拍打			བ	b
10	བརྡབས	拍，打	བརྡིབས	塌，坍							བས	bs
11											མ	m
12											མས	ms
13	བརྡར	磨									ར	r
14	བརྡརད	磨									རད	rd
15	བརྡལ	摊开			བརྡུལ	磨碎			བརྡོལ	(底)漏	ལ	l
16											ལད	ld
17									བརྡོས	充溢	ས	s
18											འོ	vo
19	བརྡའི	1									འི	vi
20											འུ	vu

声母代码：118； 藏文：བལྡ； 拉丁转写：bld； 音标：												
韵母类型	元音:ཨ	拉丁转写 :a	元音:ཨི	拉丁转写 :i	元音:ཨུ	拉丁转写 :u	元音:ཨེ	拉丁转写 :e	元音:ཨོ	拉丁转写 :o	韵尾	
代码	藏文	汉义 音标	藏文	汉义 音标	藏文	汉义 音标	藏文	汉义 音标	藏文	汉义 音标	藏文	拉丁转写
1			བལྡི	口齿不清							/འ	/v
2	བལྡག	舐					བལྡེག	震动			ག	g
3	བལྡགས	舐					བལྡེགས	震动			གས	gs
4											ང	ng
5											ངས	ngs
6	བལྡད	嚼									ད	d
7											ན	n
8											ནད	nd
9	བལྡབ	重复									བ	b
10	བལྡབས	重复									བས	bs
11											མ	m
12											མས	ms
13			བལྡིར	雷鸣							ར	r
14											རད	rd
15											ལ	l
16											ལད	ld
17											ས	s
18											འོ	vo
19											འི	vi
20											འུ	vu

声母代码：119；藏文：བསྡ；拉丁转写：bsd；音标：												
韵母类型	元音：ཨ	拉丁转写：a	元音：ཨི	拉丁转写：i	元音：ཨུ	拉丁转写：u	元音：ཨེ	拉丁转写：e	元音：ཨོ	拉丁转写：o	韵尾	
代码	藏文	汉义/音标	藏文	汉义/音标	藏文	汉义/音标	藏文	汉义/音标	藏文	汉义/音标	藏文	拉丁转写
1			བསྡི	瞄准	བསྡུ	收			བསྡོ	拼	/འ	/v
2			བསྡིག	骂					བསྡོག	归置东西	ག	g
3			བསྡིགས	责骂					བསྡོགས	归置东西	གས	gs
4									བསྡོང	一起	ང	ng
5									བསྡོངས	辅助	ངས	ngs
6	བསྡད	坐									ད	d
7											ན	n
8											ནད	nd
9							བསྡེབ	配合			བ	b
10							བསྡེབས	配合			བས	bs
11	བསྡམ	捆			བསྡུམ	调解			བསྡོམ	集合	མ	m
12	བསྡམས	捆			བསྡུམས	调解			བསྡོམས	捆绑	མས	ms
13	བསྡར	胆小			བསྡུར	比较					ར	r
14											རད	rd
15											ལ	l
16											ལད	ld
17			བསྡིས	瞄准	བསྡུས	集中			བསྡོས	拼命进攻	ས	s
18											འོ	vo
19					བསྡུའི	1					འི	vi
20											འུ	vu

声母代码：120； 藏文：ན； 拉丁转写：n； 音标：																	
韵母类型	元音:ཨ	拉丁转写:a		元音:ཨི	拉丁转写:i		元音:ཨུ	拉丁转写:u		元音:ཨེ	拉丁转写:e		元音:ཨོ	拉丁转写:o		韵尾	
代码	藏文	汉义	音标	藏文	汉义	音标	藏文	汉义	音标	藏文	汉义	音标	藏文	汉义	音标	藏文	拉丁转写
1	ན	藏文字母		ནི	动作者		ནུ	吮吸		ནེ	8		ནོ	语终词		/འ	/v
2	ནག	黑色		ནིག	坐								ནོག	驼峰		ག	g
3	ནགས	森林											ནོགས	擦字		གས	gs
4	ནང	里面		ནིང	去年								ནོང	悔恨		ང	ng
5	ནངས	古代											ནོངས	羞耻		ངས	ngs
6	ནད	病					ནུད	移动					ནོད	传授		ད	d
7	ནན	认真											ནོན	摁		ན	n
8	ནནད	严厉														ནད	nd
9	ནབ	穿, 戴					ནུབ	西方								བ	b
10	ནབས	穿											ནོབས	穿, 戴		བས	bs
11	ནམ	何时		ནིམ	3		ནུམ	5		ནེམ	有弹性		ནོམ	闻		མ	m
12	ནམས	福德											ནོམས	抚摸		མས	ms
13	ནར	延长					ནུར	移动		ནེར	9		ནོར	物资		ར	r
14																རད	rd
15	ནལ	一种宝石					ནུལ	6					ནོལ	沾染		ལ	l
16																ལད	ld
17	ནས	青稞		ནིས	4		ནུས	吸乳					ནོས	获得		ས	s
18																འོ	vo
19	ནའི	1					ནུའི	7		ནེའི	10					འི	vi
20	ནའུ	2								ནེའུ	婴儿		ནོའུ	11		འུ	vu

声母代码：121； 藏文：གན； 拉丁转写：gn； 音标：												
韵母类型	元音:ཨ	拉丁转写 :a	元音:ཨི	拉丁转写 :i	元音:ཨུ	拉丁转写 :u	元音:ཨེ	拉丁转写 :e	元音:ཨོ	拉丁转写 :o	韵尾	
代码	藏文	汉义 / 音标	藏文	汉义 / 音标	藏文	汉义 / 音标	藏文	汉义 / 音标	藏文	汉义 / 音标	藏文	拉丁转写
1	གནའ	青羊									/འ	/v
2	གནག	黑牛							གནོག	利益	ག	g
3											གས	gs
4	གནང	赐							གནོང	亏心	ང	ng
5	གནངས	后天							གནོངས	过失	ངས	ngs
6	གནད	命根							གནོད	损害	ད	d
7	གནན	压							གནོན	压，摁	ན	n
8											ནད	nd
9					གནུབ	1					བ	b
10					གནུབས	努氏					བས	bs
11	གནམ	天空									མ	m
12											མས	ms
13					གནུར	挤碎					ར	r
14											རད	rd
15											ལ	l
16											ལད	ld
17	གནས	地点							གནོས	接受	ས	s
18											འོ	vo
19											འི	vi
20											འུ	vu

声母代码：122；　藏文：མན；　拉丁转写：mn；　音标：

韵母类型	元音:ཨ	拉丁转写:a		元音:ཨི	拉丁转写:i		元音:ཨུ	拉丁转写:u		元音:ཨེ	拉丁转写:e		元音:ཨོ	拉丁转写:o		韵尾	
代码	藏文	汉义	音标	藏文	汉义	音标	藏文	汉义	音标	藏文	汉义	音标	藏文	汉义	音标	藏文	拉丁转写
1	མནའ	誓言											མནོ	思想		/འ	/v
2	མནག	忍受											མནོག	利益		ག	g
3	མནགས	忍受														གས	gs
4	མནང	1											མནོང	嫌弃		ང	ng
5	མནངས	份量														ངས	ngs
6													མནོད	采纳		ད	d
7	མནན	已摁，压					མནུན	2					མནོན	压		ན	n
8																ནད	nd
9	མནབ	穿，拿														བ	b
10	མནབས	穿，拿														བས	bs
11	མནམ	闻														མ	m
12	མནམས	闻											མནོམས	嗅		མས	ms
13	མནར	受痛苦								མནེར	忍受痛苦					ར	r
14	མནརད	已受痛苦														རད	rd
15	མནལ	睡眠											མནོལ	睡		ལ	l
16																ལད	ld
17													མནོས	得到		ས	s
18																འོ	vo
19																འི	vi
20																འུ	vu

声母代码：123；　藏文：རྣ；　拉丁转写：rn；　音标：												
韵母类型	元音:ཨ	拉丁转写 :a	元音:ཨི	拉丁转写 :i	元音:ཨུ	拉丁转写 :u	元音:ཨེ	拉丁转写 :e	元音:ཨོ	拉丁转写 :o	韵尾	
代码	藏文	汉义/音标	藏文	汉义/音标	藏文	汉义/音标	藏文	汉义/音标	藏文	汉义/音标	藏文	拉丁转写
1	རྣ	耳朵			རྣུ	挪动			རྣོ	锋利	/འ	/v
2	རྣག	脓							རྣོག	擦，忍受	ག	g
3	རྣགས	1							རྣོགས	怀念	གས	gs
4	རྣང	田							རྣོང	呻吟	ང	ng
5									རྣོངས	呻吟	ངས	ngs
6											ད	d
7									རྣོན	锋利	ན	n
8											ནད	nd
9	རྣབ	贪婪									བ	b
10									རྣོབས	贪婪	བས	bs
11	རྣམ	很，十分									མ	m
12	རྣམས	们，诸									མས	ms
13	རྣར	耳中			རྣུར	挪动			རྣོར	3	ར	r
14											རད	rd
15	རྣལ	睡觉	རྣིལ	牙龈							ལ	l
16											ལད	ld
17											ས	s
18											འོ	vo
19	རྣའི	2									འི	vi
20											འུ	vu

声母代码：124；　藏文：སྣ；　拉丁转写：sn；　音标：

韵母类型	元音:ཨ	拉丁转写:a	元音:ཨི	拉丁转写:i	元音:ཨུ	拉丁转写:u	元音:ཨེ	拉丁转写:e	元音:ཨོ	拉丁转写:o	韵尾	
代码	藏文	汉义/音标	藏文	汉义/音标	藏文	汉义/音标	藏文	汉义/音标	藏文	汉义/音标	藏文	拉丁转写
1	སྣ	鼻					སྣེ	(线)头	སྣོ	揉，调拌	/འ	/v
2	སྣག	亲属							སྣོག	涂掉	ག	g
3	སྣགས	污染							སྣོགས	颠倒	གས	gs
4	སྣང	郎									ང	ng
5	སྣངས	1									ངས	ngs
6	སྣད	受伤			སྣུད	摒黜	སྣེད	3	སྣོད	容器	ད	d
7					སྣུན	哺			སྣོན	加	ན	n
8											ནད	nd
9					སྣུབ	消灭					བ	b
10	སྣབས	鼻涕			སྣུབས	消灭					བས	bs
11	སྣམ	氆氇			སྣུམ	油(总称)	སྣེམ	潮湿	སྣོམ	执	མ	m
12	སྣམས	持					སྣེམས	缓压	སྣོམས	携带	མས	ms
13	སྣར	躺			སྣུར	研碎			སྣོར	遗草	ར	r
14											རད	rd
15	སྣལ	毛织品							སྣོལ	交叉	ལ	l
16											ལད	ld
17	སྣས	纵(织具)					སྣེས	4	སྣོས	揉和酪糕	ས	s
18											འོ	vo
19	སྣའི	2					སྣེའི	端角			འི	vi
20							སྣེའུ	柳吾			འུ	vu

声母代码：125；　藏文：བརྣ；　拉丁转写：brn；　音标：

韵母类型代码	元音:ཨ 藏文	拉丁转写:a 汉义/音标	元音:ཨི 藏文	拉丁转写:i 汉义/音标	元音:ཨུ 藏文	拉丁转写:u 汉义/音标	元音:ཨེ 藏文	拉丁转写:e 汉义/音标	元音:ཨོ 藏文	拉丁转写:o 汉义/音标	韵尾 藏文	韵尾 拉丁转写
1					བརྣུ	挪动					/འ	/v
2	བརྣག	愤怒							བརྣོག	隐藏	ག	g
3	བརྣགས	忍受							བརྣོགས	隐藏	གས	gs
4	བརྣང	呻吟									ང	ng
5	བརྣངས	呻吟									ངས	ngs
6											ད	d
7	བརྣན	严格									ན	n
8	བརྣནད	严格									ནད	nd
9	བརྣབ	贪婪									བ	b
10	བརྣབས	贪心									བས	bs
11	བརྣམ	居住									མ	m
12											མས	ms
13					བརྣུར	挪动					ར	r
14											རད	rd
15											ལ	l
16											ལད	ld
17											ས	s
18											འོ	vo
19											འི	vi
20											འུ	vu

声母代码：126；　藏文：བསྣ；　拉丁转写：bsn；　音标：

韵母类型	元音:ཨ	拉丁转写:a		元音:ཨི	拉丁转写:i		元音:ཨུ	拉丁转写:u		元音:ཨེ	拉丁转写:e		元音:ཨོ	拉丁转写:o		韵尾	
代码	藏文	汉义	音标	藏文	汉义	音标	藏文	汉义	音标	藏文	汉义	音标	藏文	汉义	音标	藏文	拉丁转写
1													བསྣོ	揉		/འ	/v
2													བསྣོག	揉		ག	g
3													བསྣོགས	已涂抹		གས	gs
4																ང	ng
5	བསྣངས	1														ངས	ngs
6	བསྣད	受伤					བསྣུད	逐出					བསྣོད	相遇		ད	d
7	བསྣན	已增加					བསྣུན	哺乳					བསྣོན	相加		ན	n
8							བསྣུནད	刺								ནད	nd
9							བསྣུབ	毁灭								བ	b
10							བསྣུབས	已磨灭								བས	bs
11	བསྣམ	填								བསྣེམ	潮湿					མ	m
12	བསྣམས	填								བསྣེམས	潮湿					མས	ms
13	བསྣར	已拖长					བསྣུར	已研碎					བསྣོར	搅乱		ར	r
14																རད	rd
15	བསྣལ	洗涤											བསྣོལ	错综		ལ	l
16																ལད	ld
17													བསྣོས	已揉，和		ས	s
18																འོ	vo
19																འི	vi
20																འུ	vu

声母代码：127； 藏文：པ； 拉丁转写：p； 音标：												
韵母类型	元音：ཨ	拉丁转写：a	元音：ཨི	拉丁转写：i	元音：ཨུ	拉丁转写：u	元音：ཨེ	拉丁转写：e	元音：ཨོ	拉丁转写：o	韵尾	
代码	藏文	汉义 音标	藏文	汉义 音标	藏文	汉义 音标	藏文	汉义 音标	藏文	汉义 音标	藏文	拉丁转写
1	པ	藏文字母	པི	6	པུ	11	པེ	完全	པོ	者(后缀)	/འ	/v
2	པག	食物	པིག	放屁声	པུག	12			པོག	(烧的)香	ག	g
3	པགས	皮子									གས	gs
4	པང	怀抱	པིང	7			པེང	16			ང	ng
5	པངས	1									ངས	ngs
6	པད	2	པིད	逐出			པེད	17	པོད	卷帙	ད	d
7	པན	3	པིན	8	པུན	13	པེན	18	པོན	20	ན	n
8											ནད	nd
9											བ	b
10											བས	bs
11											མ	m
12											མས	ms
13	པར	照片	པིར	毛笔	པུར	死尸			པོར	容器	ར	r
14											རད	rd
15	པལ	4					པེལ	19			ལ	l
16											ལད	ld
17	པས	吗？	པིས	9	པུས	14			པོས	21	ས	s
18											འོ	vo
19	པའི	5	པིའི	10					པོའི	22	འི	vi
20					པུའུ	15	པེའུ	烽火台	པོའུ	23	འུ	vu

声母代码：128；　藏文：པྲ；　拉丁转写：pr；　音标：

韵母类型	元音:ཨ	拉丁转写:a	元音:ཨི	拉丁转写:i	元音:ཨུ	拉丁转写:u	元音:ཨེ	拉丁转写:e	元音:ཨོ	拉丁转写:o	韵尾	
代码	藏文	汉义 音标	藏文	汉义 音标	藏文	汉义 音标	藏文	汉义 音标	藏文	汉义 音标	藏文	拉丁转写
1	པྲ	预兆	པྲི	一种草药			པྲེ	椽			/འ	/v
2	པྲག	1	པྲིག	2					པྲོག	顶	ག	g
3											གས	gs
4							པྲེང	3			ང	ng
5											ངས	ngs
6											ད	d
7											ན	n
8											ནད	nd
9											བ	b
10											བས	bs
11											མ	m
12											མས	ms
13											ར	r
14											རད	rd
15											ལ	l
16											ལད	ld
17											ས	s
18											འོ	vo
19											འི	vi
20											འུ	vu

声母代码：129； 藏文：དཔ； 拉丁转写：dp； 音标：												
韵母类型	元音:ཨ	拉丁转写 :a	元音:ཨི	拉丁转写 :i	元音:ཨུ	拉丁转写 :u	元音:ཨེ	拉丁转写 :e	元音:ཨོ	拉丁转写 :o	韵尾	
代码	藏文	汉义 音标	藏文	汉义 音标	藏文	汉义 音标	藏文	汉义 音标	藏文	汉义 音标	藏文	拉丁转写
1	དཔའ	雄健					དཔེ	例			/འ	/v
2	དཔག	估计							དཔོག	推理	ག	g
3	དཔགས	估量							དཔོགས	推测	གས	gs
4	དཔང	证明			དཔུང	师众			དཔོང	人群	ང	ng
5	དཔངས	高度									ངས	ngs
6	དཔད	已口授							དཔོད	口授	ད	d
7							དཔེན	如意	དཔོན	官	ན	n
8											ནད	nd
9											བ	b
10											བས	bs
11											མ	m
12											མས	ms
13	དཔར	留下痕迹			དཔུར	尸体	དཔེར	列子	དཔོར	印刷	ར	r
14											རད	rd
15	དཔལ	吉祥					དཔེལ	发展			ལ	l
16											ལད	ld
17	དཔས	1			དཔུས	质量					ས	s
18											འོ	vo
19	དཔའི	2					དཔེའི	3			འི	vi
20							དཔེའུ	举例			འུ	vu

声母代码：130；　藏文：དཔྱ；　拉丁转写：dpy；　音标：

韵母类型	元音:ཨ	拉丁转写 :a	元音:ཨི	拉丁转写 :i	元音:ཨུ	拉丁转写 :u	元音:ཨེ	拉丁转写 :e	元音:ཨོ	拉丁转写 :o	韵尾	
代码	藏文	汉义/音标	藏文	汉义/音标	藏文	汉义/音标	藏文	汉义/音标	藏文	汉义/音标	藏文	拉丁转写
1	དཔྱ	赋税	དཔྱི	髀骨							/འ	/v
2											ག	g
3											གས	gs
4	དཔྱང	挂,悬挂							དཔྱོང	悬垂	ང	ng
5	དཔྱངས	悬吊							དཔྱོངས	垂悬	ངས	ngs
6	དཔྱད	外治法	དཔྱིད	圆满吉祥					དཔྱོད	分析	ད	d
7											ན	n
8											ནད	nd
9											བ	b
10											བས	bs
11											མ	m
12											མས	ms
13											ར	r
14											རད	rd
15	དཔྱལ	结氏									ལ	l
16											ལད	ld
17	དཔྱས	讥讽	དཔྱིས	最后					དཔྱོས	交税	ས	s
18											འོ	vo
19			དཔྱིའི	1							འི	vi
20											འུ	vu

声母代码：131；　藏文：དཔྲ；　拉丁转写：dpr；　音标：

韵母类型	元音:ཨ	拉丁转写 :a	元音:ཨི	拉丁转写 :i	元音:ཨུ	拉丁转写 :u	元音:ཨེ	拉丁转写 :e	元音:ཨོ	拉丁转写 :o	韵尾	
代码	藏文	汉义 音标	藏文	汉义 音标	藏文	汉义 音标	藏文	汉义 音标	藏文	汉义 音标	藏文	拉丁转写
1			དཔྲི	初乳 			དཔྲེ	厚颜无耻 			/འ	/v
2	དཔྲག	空隙 							དཔྲོག	抢，夺 	ག	g
3											གས	gs
4											ང	ng
5											ངས	ngs
6											ད	d
7											ན	n
8											ནད	nd
9											བ	b
10											བས	bs
11											མ	m
12											མས	ms
13											ར	r
14											རད	rd
15	དཔྲལ	额头 			དཔྲུལ	裂成碎片 					ལ	l
16											ལད	ld
17							དཔྲེས	撩起 			ས	s
18											འོ	vo
19											འི	vi
20											འུ	vu

声母代码：132； 藏文：ལྤ； 拉丁转写：lp； 音标：											
韵母类型	元音:ཨ	拉丁转写 :a	元音:ཨི	拉丁转写 :i	元音:ཨུ	拉丁转写 :u	元音:ཨེ	拉丁转写 :e	元音:ཨོ	拉丁转写 :o	韵尾
代码	藏文	汉义 音标	藏文	汉义 音标	藏文	汉义 音标	藏文	汉义 音标	藏文	汉义 音标	藏文 / 拉丁转写
1											/འ /v
2											ག g
3	ལྤགས	糌粑团									གས gs
4											ང ng
5											ངས ngs
6											ད d
7											ན n
8											ནད nd
9											བ b
10											བས bs
11											མ m
12											མས ms
13											ར r
14											རད rd
15											ལ l
16											ལད ld
17											ས s
18											འོ vo
19											འི vi
20											འུ vu

声母代码：133； 藏文：སྤ； 拉丁转写：sp； 音标：												
韵母类型	元音:ཨ	拉丁转写 :a	元音:ཨི	拉丁转写 :i	元音:ཨུ	拉丁转写 :u	元音:ཨེ	拉丁转写 :e	元音:ཨོ	拉丁转写 :o	韵尾	
代码	藏文	汉义 音标	藏文	汉义 音标	藏文	汉义 音标	藏文	汉义 音标	藏文	汉义 音标	藏文	拉丁转写
1	སྤ	勇气	སྤི	胶奶	སྤུ	毛	སྤེ	门楼	སྤོ	顶，尖端	/འ	/v
2	སྤག	发起			སྤུག	冰珠石			སྤོག	香	ག	g
3	སྤགས	糌粑团			སྤུགས	挖通			སྤོགས	利润	གས	gs
4	སྤང	草地	སྤིང	牛皮胶	སྤུང	堆积			སྤོང	放弃	ང	ng
5	སྤངས	已抛弃			སྤུངས	堆积			སྤོངས	抛弃	ངས	ngs
6	སྤད	儿子			སྤུད	装饰	སྤེད	迁移	སྤོད	佐料	ད	d
7	སྤན	1	སྤིན	粉条	སྤུན	弟兄	སྤེན	鞭麻	སྤོན	施舍	ན	n
8											ནད	nd
9	སྤབ	潮湿			སྤུབ	扣下			སྤོབ	4	བ	b
10	སྤབས	尘垢			སྤུབས	2			སྤོབས	有勇气	བས	bs
11	སྤམ	高度							སྤོམ	数量	མ	m
12											མས	ms
13	སྤར	跳跃			སྤུར	尸体			སྤོར	波(单位)	ར	r
14											རད	rd
15							སྤེལ	发展			ལ	l
16											ལད	ld
17					སྤུས	质量			སྤོས	已挪动	ས	s
18									སྤོའ	喂	འོ	vo
19					སྤུའི	3					འི	vi
20	སྤའུ	土坯					སྤེའུ	小屋			འུ	vu

声母代码：134；　藏文：སྤྱ；　拉丁转写：spy；　音标：

韵母类型	元音:ཨ	拉丁转写:a		元音:ཨི	拉丁转写:i		元音:ཨུ	拉丁转写:u		元音:ཨེ	拉丁转写:e		元音:ཨོ	拉丁转写:o		韵尾	
代码	藏文	汉义	音标	藏文	汉义	音标	藏文	汉义	音标	藏文	汉义	音标	藏文	汉义	音标	藏文	拉丁转写
1				སྤྱི	全面								སྤྱོ	责骂		/འ	/v
2							སྤྱུག	流放								ག	g
3							སྤྱུགས	流放								གས	gs
4	སྤྱང	吊，挂		སྤྱིང	使沉水中								སྤྱོང	吊，挂		ང	ng
5	སྤྱངས	吊，挂		སྤྱིངས	沉，淹											ངས	ngs
6	སྤྱད	器具											སྤྱོད	享受		ད	d
7	སྤྱན	眼		སྤྱིན	浆糊								སྤྱོན	去		ན	n
8	སྤྱནད	眼睛														ནད	nd
9																བ	b
10																བས	bs
11													སྤྱོམ	展现		མ	m
12													སྤྱོམས	自吹		མས	ms
13	སྤྱར	1		སྤྱིར	普通											ར	r
14																རད	rd
15				སྤྱིལ	小房											ལ	l
16																ལད	ld
17	སྤྱས	2		སྤྱིས	3								སྤྱོས	责骂		ས	s
18																འོ	vo
19				སྤྱིའི	4											འི	vi
20																འུ	vu

声母代码：135；　藏文：སྤྲ；　拉丁转写：spr；　音标：

韵母类型	元音:ཨ	拉丁转写:a		元音:ཨི	拉丁转写:i		元音:ཨུ	拉丁转写:u		元音:ཨེ	拉丁转写:e		元音:ཨོ	拉丁转写:o		韵尾	
代码	藏文	汉义	音标	藏文	汉义	音标	藏文	汉义	音标	藏文	汉义	音标	藏文	汉义	音标	藏文	拉丁转写
1	སྤྲ	猿		སྤྲི	胶奶		སྤྲུ	一种草药		སྤྲེ	猴子		སྤྲོ	欢喜		/འ	/v
2	སྤྲག	煎					སྤྲུག	抖落					སྤྲོག	4		ག	g
3	སྤྲགས	1					སྤྲུགས	振动					སྤྲོགས	烧		གས	gs
4	སྤྲང	乞讨		སྤྲིང	寄(信)											ང	ng
5				སྤྲིངས	寄出											ངས	ngs
6	སྤྲད	已交给											སྤྲོད	交付		ད	d
7				སྤྲིན	云											ན	n
8																ནད	nd
9				སྤྲིབ	饥饿											བ	b
10	སྤྲབས	2		སྤྲིབས	饥饿											བས	bs
11													སྤྲོམ	白，清楚		མ	m
12																མས	ms
13																ར	r
14																རད	rd
15	སྤྲལ	3					སྤྲུལ	变幻		སྤྲེལ	猕猴					ལ	l
16																ལད	ld
17	སྤྲས	装饰		སྤྲིས	奶皮								སྤྲོས	照耀		ས	s
18																འོ	vo
19													སྤྲོའི	5		འི	vi
20										སྤྲེའུ	猴					འུ	vu

声母代码：136；藏文：ཕ；拉丁转写：ph；音标：												
韵母类型	元音:ཨ	拉丁转写:a	元音:ཨི	拉丁转写:i	元音:ཨུ	拉丁转写:u	元音:ཨེ	拉丁转写:e	元音:ཨོ	拉丁转写:o	韵尾	
代码	藏文	汉义 音标	藏文	汉义 音标	藏文	汉义 音标	藏文	汉义 音标	藏文	汉义 音标	藏文	拉丁转写
1	ཕ	父亲	ཕི	外面	ཕུ	山沟头	ཕེ	呸	ཕོ	男性	/འ	/v
2	ཕག	秘密	ཕིག	穿透	ཕུག	凿穿	ཕེག	拟声词	ཕོག	打中	ག	g
3	ཕགས	1	ཕིགས	已钻孔	ཕུགས	长远			ཕོགས	工资	གས	gs
4	ཕང	纺锤	ཕིང	粉条	ཕུང	衰败			ཕོང	不足	ང	ng
5	ཕངས	惋惜							ཕོངས	射，掷	ངས	ngs
6	ཕད	褡裢			ཕུད	已赶出	ཕེད	翻土	ཕོད	敢于	ད	d
7	ཕན	有效	ཕིན	分	ཕུན	基础	ཕེན	7	ཕོན	数量	ན	n
8											ནད	nd
9	ཕབ	酵母			ཕུབ	盾牌	ཕེབ	光临	ཕོབ	降下	བ	b
10	ཕབས	酵母	ཕིབས	屋顶	ཕུབས	搭帐篷	ཕེབས	来，去	ཕོབས	降下	བས	bs
11	ཕམ	已败	ཕིམ	3	ཕུམ	拟声词			ཕོམ	宝瓶	མ	m
12											མས	ms
13	ཕར	对面	ཕིར	彼处	ཕུར	飞行	ཕེར	多数	ཕོར	木碗	ར	r
14											རད	rd
15	ཕལ	次要			ཕུལ	把，握	ཕེལ	8	ཕོལ	有头疽	ལ	l
16											ལད	ld
17	ཕས	对方	ཕིས	彼处	ཕུས	4			ཕོས	泼出	ས	s
18			ཕིའོ	票							འོ	vo
19	ཕའི	2			ཕུའི	5	ཕེའི	9	ཕོའི	10	འི	vi
20	ཕའུ	父子			ཕུའུ	6	ཕེའུ	坯			འུ	vu

声母代码：137；　藏文：ཕྱ；　拉丁转写：phy；　音标：

韵母类型	元音:ཨ	拉丁转写:a		元音:ཨི	拉丁转写:i		元音:ཨུ	拉丁转写:u		元音:ཨེ	拉丁转写:e		元音:ཨོ	拉丁转写:o		韵尾	
代码	藏文	汉义	音标	藏文	汉义	音标	藏文	汉义	音标	藏文	汉义	音标	藏文	汉义	音标	藏文	拉丁转写
1	ཕྱ	辱骂		ཕྱི	外面		ཕྱུ	丝绸		ཕྱེ	打开		ཕྱོ	8		/འ	/v
2	ཕྱག	手指		ཕྱིག	1		ཕྱུག	富裕								ག	g
3	ཕྱགས	鞋					ཕྱུགས	家畜					ཕྱོགས	方向		གས	gs
4	ཕྱང	下垂		ཕྱིང	毡子		ཕྱུང	拔					ཕྱོང	9		ང	ng
5							ཕྱུངས	出于								ངས	ngs
6	ཕྱད	经常		ཕྱིད	冻僵					ཕྱེད	老人		ཕྱོད	效率		ད	d
7				ཕྱིན	已行					ཕྱེན	屁					ན	n
8																ནད	nd
9							ཕྱུབ	5								བ	b
10				ཕྱིབས	2											བས	bs
11	ཕྱམ	椽子		ཕྱིམ	3					ཕྱེམ	6					མ	m
12																མས	ms
13	ཕྱར	举起(旗)		ཕྱིར	缘故		ཕྱུར	上溢		ཕྱེར	7		ཕྱོར	提起		ར	r
14													ཕྱོརད	千载		རད	rd
15	ཕྱལ	腹部		ཕྱིལ	涂,涂泥								ཕྱོལ	拟声词		ལ	l
16																ལད	ld
17				ཕྱིས	抹					ཕྱེས	分开					ས	s
18																འོ	vo
19				ཕྱིའི	4											འི	vi
20																འུ	vu

声母代码：138；　藏文：ཕྱྭ；　拉丁转写：phyw；　音标：

韵母类型	元音:ཨ	拉丁转写 :a	元音:ཨི	拉丁转写 :i	元音:ཨུ	拉丁转写 :u	元音:ཨེ	拉丁转写 :e	元音:ཨོ	拉丁转写 :o	韵尾	
代码	藏文	汉义 音标	藏文	汉义 音标	藏文	汉义 音标	藏文	汉义 音标	藏文	汉义 音标	藏文	拉丁转写
1	ཕྱྭ	迹象 									/འ	/v
2											ག	g
3											གས	gs
4											ང	ng
5											ངས	ngs
6											ད	d
7											ན	n
8											ནད	nd
9											བ	b
10											བས	bs
11											མ	m
12											མས	ms
13											ར	r
14											རད	rd
15											ལ	l
16											ལད	ld
17											ས	s
18											འོ	vo
19	ཕྱྭའི	1 									འི	vi
20											འུ	vu

声母代码：139；藏文：ཕྲ；拉丁转写：phr；音标：												
韵母类型	元音:ཨ	拉丁转写 :a	元音:ཨི	拉丁转写 :i	元音:ཨུ	拉丁转写 :u	元音:ཨེ	拉丁转写 :e	元音:ཨོ	拉丁转写 :o	韵尾	
代码	藏文	汉义 音标	藏文	汉义 音标	藏文	汉义 音标	藏文	汉义 音标	藏文	汉义 音标	藏文	拉丁转写
1	ཕྲ	装饰品	ཕྲི	内皮	ཕྲུ	粉末			ཕྲོ	5	/འ	/v
2	ཕྲག	组	ཕྲིག	了解	ཕྲུག	表幼小			ཕྲོག	6	ག	g
3			ཕྲིགས	观察	ཕྲུགས	双，对			ཕྲོགས	夺，抢	གས	gs
4							ཕྲེང	连续			ང	ng
5											ངས	ngs
6	ཕྲད	连接词					ཕྲེད	横	ཕྲོད	刮，抓	ད	d
7	ཕྲན	鄙人	ཕྲིན	信息							ན	n
8											ནད	nd
9	ཕྲབ	1							ཕྲོབ	鞭打	བ	b
10									ཕྲོབས	鞭打	བས	bs
11					ཕྲུམ	(软)稀酪			ཕྲོམ	堆积	མ	m
12											མས	ms
13			ཕྲིར	减少							ར	r
14											རད	rd
15	ཕྲལ	分开	ཕྲིལ	2	ཕྲུལ	堕，坠落	ཕྲེལ	3	ཕྲོལ	抛弃	ལ	l
16									ཕྲོལད	抛弃	ལད	ld
17	ཕྲས	剪裁	ཕྲིས	减少	ཕྲུས	钻，挖	ཕྲེས	4	ཕྲོས	逃避	ས	s
18											འོ	vo
19											འི	vi
20	ཕྲའུ	细小					ཕྲེའུ	一种腰带			འུ	vu

声母代码：140；藏文：འཕ；拉丁转写：vph；音标：																	
韵母类型	元音：ཨ	拉丁转写：a		元音：ཨི	拉丁转写：i		元音：ཨུ	拉丁转写：u		元音：ཨེ	拉丁转写：e		元音：ཨོ	拉丁转写：o		韵尾	
代码	藏文	汉义	音标	藏文	汉义	音标	藏文	汉义	音标	藏文	汉义	音标	藏文	汉义	音标	藏文	拉丁转写
1													འཕོ	泼		/འ	/v
2	འཕག	挣扎		འཕིག	钻孔		འཕུག	钻孔					འཕོག	击中		ག	g
3	འཕགས	已跳		འཕིགས	穿		འཕུགས	钻孔					འཕོགས	跳跃		གས	gs
4	འཕང	高度					འཕུང	失败					འཕོང	箭法		ང	ng
5	འཕངས	已投					འཕུངས	失败					འཕོངས	臀部		ངས	ngs
6							འཕུད	赶出					འཕོད	能够		ད	d
7	འཕན	幡								འཕེན	投掷					ན	n
8																ནད	nd
9	འཕབ	下来		འཕིབ	撑开（伞）		འཕུབ	撑，张开					འཕོབ	2		བ	b
10				འཕིབས	1											བས	bs
11	འཕམ	败														མ	m
12																མས	ms
13	འཕར	平板		འཕིར	飞行		འཕུར	搓，揉		འཕེར	上升					ར	r
14																རད	rd
15	འཕལ	剪					འཕུལ	前加字		འཕེལ	繁殖					ལ	l
16										འཕེལད	发达					ལད	ld
17													འཕོས	已泼		ས	s
18																འོ	vo
19													འཕོའི	3		འི	vi
20										འཕེའུ	食物					འུ	vu

声母代码：141；　藏文：འཕྱ；　拉丁转写：vphy；　音标：

韵母类型	元音:ཨ	拉丁转写 :a	元音:ཨི	拉丁转写 :i	元音:ཨུ	拉丁转写 :u	元音:ཨེ	拉丁转写 :e	元音:ཨོ	拉丁转写 :o	韵尾	
代码	藏文	汉义/音标	藏文	汉义/音标	藏文	汉义/音标	藏文	汉义/音标	藏文	汉义/音标	藏文	拉丁转写
1	འཕྱ	讥笑	འཕྱི	迟			འཕྱེ	挪动	འཕྱོ	跳跃	/འ	/v
2	འཕྱག	扫			འཕྱུག	弄错			འཕྱོག	擦拭	ག	g
3	འཕྱགས	临时差徭			འཕྱུགས	错误			འཕྱོགས	扫除	གས	gs
4	འཕྱང	悬挂	འཕྱིང	紊乱					འཕྱོང	养育	ང	ng
5	འཕྱངས	垂下	འཕྱིངས	纷乱					འཕྱོངས	养育	ངས	ngs
6	འཕྱད	1	འཕྱིད	擦							ད	d
7	འཕྱན	游荡					འཕྱེན	屁	འཕྱོན	漂泊	ན	n
8											ནད	nd
9											བ	b
10											བས	bs
11	འཕྱམ	屋顶椽木									མ	m
12											མས	ms
13	འཕྱར	前檐			འཕྱུར	溢出			འཕྱོར	带装饰品	ར	r
14											རད	rd
15			འཕྱིལ	涂抹							ལ	l
16											ལད	ld
17	འཕྱས	嘲笑	འཕྱིས	迟			འཕྱེས	挪动	འཕྱོས	讥毁	ས	s
18											འོ	vo
19									འཕྱོའི	2	འི	vi
20											འུ	vu

声母代码：142；　藏文：འཕྲ；　拉丁转写：vphr；　音标：

韵母类型	元音：ཨ	拉丁转写 :a	元音：ཨི	拉丁转写 :i	元音：ཨུ	拉丁转写 :u	元音：ཨེ	拉丁转写 :e	元音：ཨོ	拉丁转写 :o	韵尾	
代码	藏文	汉义 / 音标	藏文	汉义 / 音标	藏文	汉义 / 音标	藏文	汉义 / 音标	藏文	汉义 / 音标	藏文	拉丁转写
1	འཕྲ	尥蹶子	འཕྲི	减少	འཕྲུ	顶子			འཕྲོ	多余的	/འ	/v
2	འཕྲག	山谷	འཕྲིག	调查	འཕྲུག	搔痒			འཕྲོག	抢去	ག	g
3			འཕྲིགས	知道	འཕྲུགས	搔痒			འཕྲོགས	抢去	གས	gs
4	འཕྲང	隘口	འཕྲིང	反思			འཕྲེང	排列			ང	ng
5							འཕྲེངས	次序，连			ངས	ngs
6	འཕྲད	连接词					འཕྲེད	横	འཕྲོད	收到	ད	d
7			འཕྲིན	音讯							ན	n
8			འཕྲིནད	音讯							ནད	nd
9											བ	b
10											བས	bs
11											མ	m
12											མས	ms
13									འཕྲོར	2	ར	r
14											རད	rd
15	འཕྲལ	迅速			འཕྲུལ	幻术			འཕྲོལ	3	ལ	l
16											ལད	ld
17	འཕྲས	踢					འཕྲེས	1	འཕྲོས	已剩余的	ས	s
18											འོ	vo
19											འི	vi
20											འུ	vu

声母代码：143； 藏文：བ； 拉丁转写：b； 音标：											
韵母类型	元音：ཨ	拉丁转写 :a	元音：ཨི	拉丁转写 :i	元音：ཨུ	拉丁转写 :u	元音：ཨེ	拉丁转写 :e	元音：ཨོ	拉丁转写 :o	韵尾
代码	藏文	汉义 / 音标	藏文	汉义 / 音标	藏文	汉义 / 音标	藏文	汉义 / 音标	藏文	汉义 / 音标	藏文	拉丁转写
1	བ	奶牛	བི	2	བུ	儿子	བེ	程度副词	བོ	实词词尾	/འ	/v
2	བག	意趣	བིག	3	བུག	小洞，孔	བེག	疹子	བོག	昏迷	ག	g
3	བགས	缓慢			བུགས	衰落			བོགས	租金	གས	gs
4	བང	飞奔	བིང	地名（古）	བུང	7	བེང	持梃护法	བོང	体积	ང	ng
5	བངས	坟			བུངས	体积			བོངས	身躯	ངས	ngs
6	བད	霜	བིད	4	བུད	出走	བེད	利益	བོད	藏族（人）	ད	d
7	བན	坛，盆	བིན	5	བུན	债	བེན	坛	བོན	本教	ན	n
8											ནད	nd
9	བབ	挑梁			བུབ	颠倒			བོབ	冲洗	བ	b
10	བབས	情状			བུབས	整匹氆氇			བོབས	落下	བས	bs
11	བམ	尸体	བིམ	销售	བུམ	花瓶	བེམ	坛			མ	m
12							བེམས	尸体			མས	ms
13	བར	中间	བིར	毛笔	བུར	蔗糖	བེར	披风	བོར	抛弃	ར	r
14											རད	rd
15	བལ	绵羊毛	བིལ	一种果实	བུལ	苏打，碱	བེལ	犊	བོལ	脚背	ལ	l
16											ལད	ld
17	བས	表原因			བུས	排出	བེས	牲口槽	བོས	呼唤	ས	s
18											འོ	vo
19	བའི	1	བིའི	6	བུའི	8			བོའི	9	འི	vi
20							བེའུ	牛犊	བོའུ	枪	འུ	vu

声母代码：144；　藏文：བྱ；　拉丁转写：by；　音标：

韵母类型	元音:ཨ	拉丁转写:a	元音:ཨི	拉丁转写:i	元音:ཨུ	拉丁转写:u	元音:ཨེ	拉丁转写:e	元音:ཨོ	拉丁转写:o	韵尾	
代码	藏文	汉义/音标	藏文	汉义/音标	藏文	汉义/音标	藏文	汉义/音标	藏文	汉义/音标	藏文	拉丁转写
1	བྱ	鸡	བྱི	山鼠	བྱུ	珊瑚	བྱེ	开	བྱོ	倾倒	/འ	/v
2	བྱག	强盗			བྱུག	涂					ག	g
3					བྱུགས	涂饰			བྱོགས	舐食	གས	gs
4	བྱང	北方	བྱིང	已陷入	བྱུང	了(助词)			བྱོང	熟练	ང	ng
5			བྱིངས	词根							ངས	ngs
6	བྱད	脸	བྱིད	擦，抹			བྱེད	作，干			ད	d
7	བྱན	沾，蘸	བྱིན	灵验					བྱོན	驾到	ན	n
8											ནད	nd
9	བྱབ	意思	བྱིབ	隐藏							བ	b
10	བྱབས	扫	བྱིབས	覆盖					བྱོབས	工作	བས	bs
11	བྱམ	1									མ	m
12	བྱམས	轿									མས	ms
13	བྱར	(བྱ་ར)略称			བྱུར	灾难	བྱེར	逃走			ར	r
14											རད	rd
15			བྱིལ	抹上	བྱུལ	侦察	བྱེལ	雀	བྱོལ	逃走	ལ	l
16											ལད	ld
17	བྱས	已作	བྱིས	小孩	བྱུས	福泽	བྱེས	他乡	བྱོས	倾注	ས	s
18											འོ	vo
19	བྱའི	2	བྱིའི	漆							འི	vi
20	བྱའུ	角宿	བྱིའུ	小鸟			བྱེའུ	小鸟			འུ	vu

声母代码：145； 藏文：བྲ； 拉丁转写：br； 音标：												
韵母类型	元音:ཨ	拉丁转写:a	元音:ཨི	拉丁转写:i	元音:ཨུ	拉丁转写:u	元音:ཨེ	拉丁转写:e	元音:ཨོ	拉丁转写:o	韵尾	
代码	藏文	汉义/音标	藏文	汉义/音标	藏文	汉义/音标	藏文	汉义/音标	藏文	汉义/音标	藏文	拉丁转写
1	བྲ	昏迷	བྲི	写，画	བྲུ	柱氏	བྲེ	升	བྲོ	舞蹈	/འ	/v
2	བྲག	岩石	བྲིག	4	བྲུག	水暴涨	བྲེག	已割	བྲོག	7	ག	g
3	བྲགས	1					བྲེགས	剃	བྲོགས	割，剪	གས	gs
4	བྲང	胸膛	བྲིང	溜索			བྲེང	传承			ང	ng
5					བྲུངས	全体					ངས	ngs
6	བྲད	刮，抓	བྲིད	欺骗	བྲུད	拖	བྲེད	恐惧感	བྲོད	搔，抓	ད	d
7	བྲན	奴隶	བྲིན	销售	བྲུན	粪			བྲོན	奴隶	ན	n
8											ནད	nd
9	བྲབ	鞭打			བྲུབ	隐藏			བྲོབ	打吧	བ	b
10	བྲབས	已鞭打			བྲུབས	水沟			བྲོབས	鞭打	བས	bs
11	བྲམ	2	བྲིམ	当散发					བྲོམ	冰	མ	m
12			བྲིམས	分配							མས	ms
13											ར	r
14											རད	rd
15	བྲལ	已离别			བྲུལ	散落	བྲེལ	忙	བྲོལ	离开吧	ལ	l
16											ལད	ld
17			བྲིས	写	བྲུས	挖	བྲེས	槽	བྲོས	逃走	ས	s
18	བྲའོ	荞麦							བྲོའོ	荞麦	འོ	vo
19	བྲའི	3					བྲེའི	5	བྲོའི	8	འི	vi
20	བྲའུ	荞麦					བྲེའུ	6	བྲོའུ	荞麦	འུ	vu

声母代码：146；　藏文：བླ；　拉丁转写：bl；　音标：

韵母类型	元音:ཨ	拉丁转写:a		元音:ཨི	拉丁转写:i		元音:ཨུ	拉丁转写:u		元音:ཨེ	拉丁转写:e		元音:ཨོ	拉丁转写:o		韵尾	
代码	藏文	汉义	音标	藏文	汉义	音标	藏文	汉义	音标	藏文	汉义	音标	藏文	汉义	音标	藏文	拉丁转写
1	བླ	魂					བླུ	赎取					བློ	心		/འ	/v
2	བླག	倾听					བླུག	灌					བློག	倾听		ག	g
3	བླགས	倾听					བླུགས	铸件					བློགས	倾听		གས	gs
4	བླང	取											བློང	模糊		ང	ng
5	བླངས	已取														ངས	ngs
6	བླད	咀嚼					བླུད	已给水喝					བློད	咀嚼		ད	d
7	བླན	补綴					བླུན	愚昧					བློན	函相		ན	n
8																ནད	nd
9																བ	b
10																བས	bs
11										བླེམ	1					མ	m
12																མས	ms
13													བློར	3		ར	r
14																རད	rd
15																ལ	l
16																ལད	ld
17	བླས	冰雹					བླུས	赎买		བླེས	2		བློས	由心		ས	s
18	བླའོ	好，胜														འོ	vo
19	བླའི	好，胜											བློའི	4		འི	vi
20																འུ	vu

声母代码：147；　藏文：དབ；　拉丁转写：db；　音标：

韵母类型	元音:ཨ	拉丁转写:a	元音:ཨི	拉丁转写:i	元音:ཨུ	拉丁转写:u	元音:ཨེ	拉丁转写:e	元音:ཨོ	拉丁转写:o	韵尾	
代码	藏文	汉义/音标	藏文	汉义/音标	藏文	汉义/音标	藏文	汉义/音标	藏文	汉义/音标	藏文	拉丁转写
1	དབའ	波涛			དབུ	头			དབོ	翼宿	འ	/v
2	དབག	污染			དབུག	凿			དབོག	传授	ག	g
3	དབགས	污染			དབུགས	气息					གས	gs
4	དབང	权利			དབུང	中央部分					ང	ng
5											ངས	ngs
6	དབད	扯，抓			དབུད	中间					ད	d
7	དབན	碗					དབེན	分裂	དབོན	侄孙总称	ན	n
8											ནད	nd
9	དབབ	降下			དབུབ	搭（帐篷）					བ	b
10	དབབས	降，落			དབུབས	撑，搭					བས	bs
11											མ	m
12											མས	ms
13	དབར	中间			དབུར	研（墨）			དབོར	搬运	ར	r
14											རད	rd
15	དབལ	尖端			དབུལ	贡奉			དབོལ	汲	ལ	l
16											ལད	ld
17	དབས	卫			དབུས	卫，前藏			དབོས	肿	ས	s
18											འོ	vo
19					དབུའི	1					འི	vi
20											འུ	vu

声母代码：148；藏文：དབྱ；拉丁转写：dby；音标：																	
韵母类型	元音:ཨ	拉丁转写 :a		元音:ཨི	拉丁转写 :i		元音:ཨུ	拉丁转写 :u		元音:ཨེ	拉丁转写 :e		元音:ཨོ	拉丁转写 :o		韵尾	
代码	藏文	汉义	音标	藏文	汉义	音标	藏文	汉义	音标	藏文	汉义	音标	藏文	汉义	音标	藏文	拉丁转写
1				དབྱི	猞猁猴		དབྱུ	6		དབྱེ	平原					/འ	/v
2	དབྱག	1		དབྱིག	财物		དབྱུག	挥，抛掉								ག	g
3							དབྱུགས	抛掷								གས	gs
4	དབྱང	2					དབྱུང	将驱出								ང	ng
5	དབྱངས	音韵		དབྱིངས	领域											ངས	ngs
6																ད	d
7				དབྱིན	3					དབྱེན	挑拨					ན	n
8																ནད	nd
9				དབྱིབ	4											བ	b
10				དབྱིབས	形状											བས	bs
11																མ	m
12																མས	ms
13	དབྱར	夏天								དབྱེར	在分					ར	r
14																རད	rd
15							དབྱུལ	游行		དབྱེལ	宽度					ལ	l
16																ལད	ld
17				དབྱིས	宽度					དབྱེས	间隔					ས	s
18																འོ	vo
19				དབྱིའི	5					དབྱེའི	7					འི	vi
20																འུ	vu

声母代码：149；　藏文：དབྲ；　拉丁转写：dbr；　音标：

韵母类型代码	元音:ཨ 藏文	拉丁转写 :a 汉义/音标	元音:ཨི 藏文	拉丁转写 :i 汉义/音标	元音:ཨུ 藏文	拉丁转写 :u 汉义/音标	元音:ཨེ 藏文	拉丁转写 :e 汉义/音标	元音:ཨོ 藏文	拉丁转写 :o 汉义/音标	韵尾 藏文	韵尾 拉丁转写
1	དབྲ	惹氏	དབྲི	减			དབྲེ	沙狐			/འ	/v
2	དབྲག	缝							དབྲོག	抢夺	ག	g
3											གས	gs
4											ང	ng
5											ངས	ngs
6	དབྲད	刮，搔									ད	d
7											ན	n
8											ནད	nd
9	དབྲབ	鞭打									བ	b
10											བས	bs
11											མ	m
12											མས	ms
13											ར	r
14											རད	rd
15	དབྲལ	撕	དབྲིལ	推倒					དབྲོལ	撕破	ལ	l
16											ལད	ld
17	དབྲས	交换					དབྲེས	缩起			ས	s
18											འོ	vo
19											འི	vi
20											འུ	vu

声母代码：150；　藏文：འབ；　拉丁转写：vb；　音标：

韵母类型	元音:ཨ	拉丁转写 :a	元音:ཨི	拉丁转写 :i	元音:ཨུ	拉丁转写 :u	元音:ཨེ	拉丁转写 :e	元音:ཨོ	拉丁转写 :o	韵尾	
代码	藏文	汉义 / 音标	藏文	汉义 / 音标	藏文	汉义 / 音标	藏文	汉义 / 音标	藏文	汉义 / 音标	藏文	拉丁转写
1	འབའ	羊叫声	འབི	1	འབུ	昆虫	འབེ	部族名	འབོ	斗	/འ	/v
2	འབག	面具	འབིག	锥子	འབུག	锥子	འབེག	皮包	འབོག	包袱皮	ག	g
3	འབགས	污染	འབིགས	钻	འབུགས	锥子			འབོགས	渡	གས	gs
4	འབང	使潮湿			འབུང	努力			འབོང	5	ང	ng
5	འབངས	百姓			འབུངས	努力			འབོངས	努力	ངས	ngs
6	འབད	养育			འབུད	点燃			འབོད	努力	ད	d
7	འབན	部族名			འབུན	债务	འབེན	靶子			ན	n
8											ནད	nd
9	འབབ	下(雨)	འབིབ	撑,搭	འབུབ	2	འབེབ	发布	འབོབ	袜子	བ	b
10	འབབས	降,落	འབིབས	搭(帐篷)	འབུབས	撑,搭	འབེབས	降下			བས	bs
11	འབམ	象皮病			འབུམ	十万	འབེམ	水坛	འབོམ	甜面包	མ	m
12											མས	ms
13	འབར	燃烧			འབུར	凸出	འབེར	评价	འབོར	量	ར	r
14											རད	rd
15	འབལ	拔			འབུལ	献	འབེལ	许多	འབོལ	拔	ལ	l
16											ལད	ld
17	འབས	部族名			འབུས	由虫			འབོས	隐秘	ས	s
18											འོ	vo
19					འབུའི	3					འི	vi
20							འབེའུ	4			འུ	vu

声母代码：151； 藏文：འབྱ； 拉丁转写：vby； 音标：																	
韵母类型	元音:ཨ	拉丁转写 :a		元音:ཨི	拉丁转写 :i		元音:ཨུ	拉丁转写 :u		元音:ཨེ	拉丁转写 :e		元音:ཨོ	拉丁转写 :o		韵尾	
代码	藏文	汉义	音标	藏文	汉义	音标	藏文	汉义	音标	藏文	汉义	音标	藏文	汉义	音标	藏文	拉丁转写
1				འབྱི	秃		འབྱུ	1		འབྱེ	散		འབྱོ	倾注		/འ	/v
2							འབྱུག	涂					འབྱོག	舔		ག	g
3													འབྱོགས	舐		གས	gs
4	འབྱང	涤		འབྱིང	陷入		འབྱུང	发生					འབྱོང	洁净		ང	ng
5	འབྱངས	大口喝		འབྱིངས	沉下								འབྱོངས	已熟练		ངས	ngs
6				འབྱིད	滑脱					འབྱེད	分开					ད	d
7				འབྱིན	排出								འབྱོན	驾到		ན	n
8																ནད	nd
9				འབྱིབ	缠，系											བ	b
10																བས	bs
11	འབྱམ	展开														མ	m
12	འབྱམས	广阔														མས	ms
13	འབྱར	粘住					འབྱུར	竖立		འབྱེར	逃散		འབྱོར	收到		ར	r
14																རད	rd
15	འབྱལ	母亲		འབྱིལ	抚拍								འབྱོལ	逃开		ལ	l
16																ལད	ld
17										འབྱེས	门面装潢					ས	s
18																འོ	vo
19																འི	vi
20																འུ	vu

声母代码：152；　藏文：འབྲ；　拉丁转写：vbr；　音标：

韵母类型	元音:ཨ	拉丁转写 :a		元音:ཨི	拉丁转写 :i		元音:ཨུ	拉丁转写 :u		元音:ཨེ	拉丁转写 :e		元音:ཨོ	拉丁转写 :o		韵尾	
代码	藏文	汉义	音标	藏文	汉义	音标	藏文	汉义	音标	藏文	汉义	音标	藏文	汉义	音标	藏文	拉丁转写
1	འབྲ	铺设		འབྲི	母牦牛		འབྲུ	谷物		འབྲེ	部族名		འབྲོ	地名		/འ	/v
2	འབྲག	油罐					འབྲུག	龙		འབྲེག	剪，割		འབྲོག	荒原		ག	g
3										འབྲེགས	3					གས	gs
4	འབྲང	牛毛帐篷		འབྲིང	中等					འབྲེང	皮带		འབྲོང	野牛		ང	ng
5	འབྲངས	跟，随								འབྲེངས	随性		འབྲོངས	追随		ངས	ngs
6	འབྲད	刮，抓		འབྲིད	欺哄		འབྲུད	凿孔		འབྲེད	恐惧					ད	d
7	འབྲན	泡水														ན	n
8																ནད	nd
9	འབྲབ	鞭打					འབྲུབ	入狱					འབྲོབ	打吧		བ	b
10							འབྲུབས	入狱								བས	bs
11	འབྲམ	粒		འབྲིམ	送食		འབྲུམ	果实					འབྲོམ	种氏		མ	m
12				འབྲིམས	1											མས	ms
13																ར	r
14																རད	rd
15	འབྲལ	离别					འབྲུལ	坠落		འབྲེལ	连接					ལ	l
16																ལད	ld
17	འབྲས	米					འབྲུས	已揭发					འབྲོས	逃跑		ས	s
18																འོ	vo
19							འབྲུའི	2								འི	vi
20																འུ	vu

声母代码：153；　藏文：རྦ；　拉丁转写：rb；　音标：

韵母类型	元音:ཨ	拉丁转写 :a	元音:ཨི	拉丁转写 :i	元音:ཨུ	拉丁转写 :u	元音:ཨེ	拉丁转写 :e	元音:ཨོ	拉丁转写 :o	韵尾	
代码	藏文	汉义/音标	藏文	汉义/音标	藏文	汉义/音标	藏文	汉义/音标	藏文	汉义/音标	藏文	拉丁转写
1	རྦ	浪							རྦོ	鱼白	/འ	/v
2	རྦག	1									ག	g
3											གས	gs
4	རྦང	2									ང	ng
5											ངས	ngs
6	རྦད	夸大							རྦོད	唆使	ད	d
7											ན	n
8											ནད	nd
9	རྦབ	悬崖									བ	b
10											བས	bs
11											མ	m
12											མས	ms
13											ར	r
14											རད	rd
15											ལ	l
16											ལད	ld
17									རྦོས	埋葬	ས	s
18											འོ	vo
19											འི	vi
20											འུ	vu

声母代码：154；　藏文：ལྦ；　拉丁转写：lb；　音标：

韵母类型 代码	元音:ཨ 藏文	拉丁转写 :a 汉义 音标	元音:ཨི 藏文	拉丁转写 :i 汉义 音标	元音:ཨུ 藏文	拉丁转写 :u 汉义 音标	元音:ཨེ 藏文	拉丁转写 :e 汉义 音标	元音:ཨོ 藏文	拉丁转写 :o 汉义 音标	韵尾 藏文	韵尾 拉丁转写
1	ལྦ	赘疣			ལྦུ	气泡			ལྦོ	肿胀	/འ	/v
2											ག	g
3											གས	gs
4	ལྦང	1									ང	ng
5											ངས	ngs
6											ད	d
7											ན	n
8											ནད	nd
9											བ	b
10											བས	bs
11											མ	m
12											མས	ms
13											ར	r
14											རད	rd
15	ལྦལ	2									ལ	l
16											ལད	ld
17									ལྦོས	肿胀	ས	s
18											འོ	vo
19											འི	vi
20											འུ	vu

声母代码：155； 藏文：སྦ； 拉丁转写：sb； 音标：												
韵母类型	元音：ཨ	拉丁转写 :a	元音：ཨི	拉丁转写 :i	元音：ཨུ	拉丁转写 :u	元音：ཨེ	拉丁转写 :e	元音：ཨོ	拉丁转写 :o	韵尾	
代码	藏文	汉义/音标	藏文	汉义/音标	藏文	汉义/音标	藏文	汉义/音标	藏文	汉义/音标	藏文	拉丁转写
1	སྦ	藤萝	སྦི	3	སྦུ	5	སྦེ	角力	སྦོ	肚子	/འ	/v
2	སྦག	牌			སྦུག	管	སྦེག	薄	སྦོག	9	ག	g
3	སྦགས	玷污			སྦུགས	内府			སྦོགས	沾染	གས	gs
4	སྦང	马粪			སྦུང	努力			སྦོང	泡，浸	ང	ng
5	སྦངས	马粪			སྦུངས	威势	སྦེངས	飘流	སྦོངས	淹泡	ངས	ngs
6			སྦིད	麻木	སྦུད	鼓起	སྦེད	遮掩	སྦོད	缨子	ད	d
7	སྦན	1	སྦིན	4	སྦུན	按照	སྦེན	不正确	སྦོན	吃	ན	n
8											ནད	nd
9	སྦབ	2	སྦིབ	劣物（古）	སྦུབ	钹，镲	སྦེབ	肿胀			བ	b
10					སྦུབས	蛋	སྦེབས	饥渴			བས	bs
11	སྦམ	搓团							སྦོམ	粗	མ	m
12	སྦམས	搓团							སྦོམས	周长	མས	ms
13	སྦར	已点燃	སྦིར	麻木	སྦུར	蠓	སྦེར	7	སྦོར	点燃	ར	r
14											རད	rd
15	སྦལ	地洞							སྦོལ	开垦	ལ	l
16											ལད	ld
17	སྦས	已隐藏			སྦུས	6			སྦོས	隐匿	ས	s
18											འོ	vo
19											འི	vi
20							སྦེའུ	8			འུ	vu

声母代码：156；　藏文：སྦྱ；　拉丁转写：sby；　音标：

韵母类型	元音:ཨ	拉丁转写 :a	元音:ཨི	拉丁转写 :i	元音:ཨུ	拉丁转写 :u	元音:ཨེ	拉丁转写 :e	元音:ཨོ	拉丁转写 :o	韵尾	
代码	藏文	汉义 / 音标	藏文	汉义 / 音标	藏文	汉义 / 音标	藏文	汉义 / 音标	藏文	汉义 / 音标	藏文	拉丁转写
1											/འ	/v
2	སྦྱག	掉膘	སྦྱིག	裸体而斗							ག	g
3	སྦྱགས	已掉膘	སྦྱིགས	贫穷							གས	gs
4	སྦྱང	(学)囤子							སྦྱོང	学，练习	ང	ng
5	སྦྱངས	已练							སྦྱོངས	学	ངས	ngs
6											ད	d
7			སྦྱིན	给予							ན	n
8			སྦྱིནད	给予							ནད	nd
9											བ	b
10			སྦྱིབས	遮蔽							བས	bs
11											མ	m
12											མས	ms
13	སྦྱར	粘贴							སྦྱོར	配合	ར	r
14											རད	rd
15			སྦྱིལ	泥镘							ལ	l
16											ལད	ld
17											ས	s
18											འོ	vo
19											འི	vi
20											འུ	vu

声母代码：157；　藏文：སྦྲ；　拉丁转写：sbr；　音标：

韵母类型	元音:ཨ	拉丁转写 :a	元音:ཨི	拉丁转写 :i	元音:ཨུ	拉丁转写 :u	元音:ཨེ	拉丁转写 :e	元音:ཨོ	拉丁转写 :o	韵尾	
代码	藏文	汉义/音标	藏文	汉义/音标	藏文	汉义/音标	藏文	汉义/音标	藏文	汉义/音标	藏文	拉丁转写
1	སྦྲ	牛毛帐篷			སྦྲུ	和(面)	སྦྲེ	沙狐			/འ	/v
2	སྦྲག	邮递			སྦྲུག	完,尽	སྦྲེག	干肉	སྦྲོག	邮寄	ག	g
3	སྦྲགས	已随同							སྦྲོགས	连同	གས	gs
4	སྦྲང	箭头					སྦྲེང	弹,奏			ང	ng
5							སྦྲེངས	队伍			ངས	ngs
6	སྦྲད	刮,搔	སྦྲིད	麻木	སྦྲུད	拌	སྦྲེད	3			ད	d
7	སྦྲན	告			སྦྲུན	脱壳粮食			སྦྲོན	呼唤	ན	n
8											ནད	nd
9											བ	b
10	སྦྲབས	1	སྦྲིབས	饥饿	སྦྲུབས	2	སྦྲེབས	饥饿			བས	bs
11	སྦྲམ	毒蛇			སྦྲུམ	怀孕					མ	m
12											མས	ms
13											ར	r
14											རད	rd
15					སྦྲུལ	蛇	སྦྲེལ	连接			ལ	l
16											ལད	ld
17					སྦྲུས	揉成团	སྦྲེས	受苦			ས	s
18											འོ	vo
19											འི	vi
20							སྦྲེའུ	沙砾			འུ	vu

声母代码：158；　藏文：མ；　拉丁转写：m；　音标：

韵母类型 代码	元音：ཨ 藏文	拉丁转写：a 汉义/音标	元音：ཨི 藏文	拉丁转写：i 汉义/音标	元音：ཨུ 藏文	拉丁转写：u 汉义/音标	元音：ཨེ 藏文	拉丁转写：e 汉义/音标	元音：ཨོ 藏文	拉丁转写：o 汉义/音标	韵尾 藏文	韵尾 拉丁转写
1	མ	母亲	མི	人	མུ	边际	མེ	火	མོ	卦象	/འ	/v
2	མག	1	མིག	眼睛	མུག	饥馑			མོག	茶盅	ག	g
3											གས	gs
4	མང	多	མིང	名字	མུང	黑色虫子			མོང	共同	ང	ng
5									མོངས	愚昧的	ངས	ngs
6	མད	的确	མིད	咽，吞	མུད	3	མེད	没有	མོད	立刻	ད	d
7	མན	以下	མིན	不是	མུན	暗	མེན	绸子	མོན	门域	ན	n
8											ནད	nd
9											བ	b
10											བས	bs
11	མམ	或									མ	m
12											མས	ms
13	མར	酥油	མིར	人中	མུར	嚼	མེར	充满	མོར	6	ར	r
14											རད	rd
15	མལ	住处			མུལ	乞丐	མེལ	巡逻	མོལ	教育	ལ	l
16											ལད	ld
17	མས	下面	མིས	由人	མུས	继续	མེས	祖宗	མོས	愿意	ས	s
18											འོ	vo
19	མའི	2	མིའི	人的			མེའི	4	མོའི	7	འི	vi
20			མིའུ	矮人	མུའུ	亩	མེའུ	5	མོའུ	8	འུ	vu

声母代码：159； 藏文：མྱ； 拉丁转写：my； 音标：											
韵母类型	元音:ཨ	拉丁转写 :a	元音:ཨི	拉丁转写 :i	元音:ཨུ	拉丁转写 :u	元音:ཨེ	拉丁转写 :e	元音:ཨོ	拉丁转写 :o	韵尾
代码	藏文	汉义/音标	藏文	汉义/音标	藏文	汉义/音标	藏文	汉义/音标	藏文	汉义/音标	藏文 / 拉丁转写
1			མྱི	人	མྱུ	苗	མྱེ	火			འ /v
2	མྱག	稀烂	མྱིག	眼睛	མྱུག	芽			མྱོག	孩童	ག g
3	མྱགས	泥浆			མྱུགས	寻找			མྱོགས	固执	གས gs
4	མྱང	年(地名)	མྱིང	名字					མྱོང	曾经	ང ng
5	མྱངས	已经历							མྱོངས	经历	ངས ngs
6			མྱིད	咽			མྱེད	无			ད d
7	མྱན	媒人	མྱིན	不是					མྱོན	疯狂	ན n
8											ནད nd
9											བ b
10											བས bs
11											མ m
12											མས ms
13					མྱུར	迅速					ར r
14											རད rd
15					མྱུལ	巡行					ལ l
16											ལད ld
17							མྱེས	祖父	མྱོས	迷惑	ས s
18											འོ vo
19											འི vi
20			མྱིའུ	矮人							འུ vu

声母代码：160；　藏文：དམ；　拉丁转写：dm；　音标：																	
韵母类型	元音:ཨ	拉丁转写 :a		元音:ཨི	拉丁转写 :i		元音:ཨུ	拉丁转写 :u		元音:ཨེ	拉丁转写 :e		元音:ཨོ	拉丁转写 :o		韵尾	
代码	藏文	汉义	音标	藏文	汉义	音标	藏文	汉义	音标	藏文	汉义	音标	藏文	汉义	音标	藏文	拉丁转写
1	དམའ	低					དམུ	木氏		དམེ/དམེའ	污秽/脏					/འ	/v
2	དམག	军队		དམིག	眼睛		དམུག	咬								ག	g
3				དམིགས	想望											གས	gs
4																ང	ng
5	དམངས	平民														ངས	ngs
6	དམད	下方											དམོད	诅咒		ད	d
7	དམན	下贱					དམུན	傻子					དམོན	翻地		ན	n
8																ནད	nd
9																བ	b
10																བས	bs
11																མ	m
12																མས	ms
13	དམར	红色					དམུར	嚼		དམེར	1		དམོར	吝啬		ར	r
14																རད	rd
15							དམུལ	微笑								ལ	l
16																ལད	ld
17	དམས	衰落					དམུས	失望								ས	s
18																འོ	vo
19																འི	vi
20																འུ	vu

声母代码：161； 藏文：དམྱ； 拉丁转写：dmy； 音标：												
韵母类型	元音：ཨ	拉丁转写 :a	元音：ཨི	拉丁转写 :i	元音：ཨུ	拉丁转写 :u	元音：ཨེ	拉丁转写 :e	元音：ཨོ	拉丁转写 :o	韵尾	
代码	藏文	汉义 / 音标	藏文	汉义 / 音标	藏文	汉义 / 音标	藏文	汉义 / 音标	藏文	汉义 / 音标	藏文	拉丁转写
1							དམྱེ	内讧(古)			/འ	/v
2	དམྱག	腐烂	དམྱིག	眼睛	དམྱུག	投进					ག	g
3			དམྱིགས	1	དམྱུགས	取出来					གས	gs
4											ང	ng
5											ངས	ngs
6											ད	d
7											ན	n
8											ནད	nd
9											བ	b
10											བས	bs
11											མ	m
12											མས	ms
13											ར	r
14											རད	rd
15	དམྱལ	谈话									ལ	l
16											ལད	ld
17											ས	s
18											འོ	vo
19											འི	vi
20											འུ	vu

声母代码：162；　藏文：རྨ；　拉丁转写：rm；　音标：

韵母类型	元音:ཨ	拉丁转写:a		元音:ཨི	拉丁转写:i		元音:ཨུ	拉丁转写:u		元音:ཨེ	拉丁转写:e		元音:ཨོ	拉丁转写:o		韵尾	
代码	藏文	汉义	音标	藏文	汉义	音标	藏文	汉义	音标	藏文	汉义	音标	藏文	汉义	音标	藏文	拉丁转写
1	རྨ	疮伤		རྨི	做梦		རྨུ	木氏		རྨེ	黑痣		རྨོ	犁地		/འ	/v
2	རྨག	耳饰		རྨིག	蹄子		རྨུག	咬		རྨེག	彻底		རྨོག	头盔		ག	g
3				རྨིགས	爬行动物		རྨུགས	咬								གས	gs
4	རྨང	根基											རྨོང	阴部		ང	ng
5	རྨངས	理解											རྨོངས	蒙蔽		ངས	ngs
6	རྨད	优胜								རྨེད	缚，鞍带		རྨོད	耕耘		ད	d
7	རྨན	疮伤					རྨུན	愚蠢		རྨེན	疮疤		རྨོན	种地		ན	n
8																ནད	nd
9																བ	b
10																བས	bs
11	རྨམ	霉烂														མ	m
12																མས	ms
13							རྨུར	啃					རྨོར	1		ར	r
14																རད	rd
15										རྨེལ	捻		རྨོལ	扯		ལ	l
16																ལད	ld
17	རྨས	受伤		རྨིས	梦见		རྨུས	灰心		རྨེས	吝啬		རྨོས	耕耘		ས	s
18																འོ	vo
19																འི	vi
20										རྨེའུ	青稞					འུ	vu

声母代码：163； 藏文：རྨྱ； 拉丁转写：rmy； 音标：											
韵母类型	元音:ཨ	拉丁转写 :a	元音:ཨི	拉丁转写 :i	元音:ཨུ	拉丁转写 :u	元音:ཨེ	拉丁转写 :e	元音:ཨོ	拉丁转写 :o	韵尾	
代码	藏文	汉义 音标	藏文	汉义 音标	藏文	汉义 音标	藏文	汉义 音标	藏文	汉义 音标	藏文	拉丁转写
1	རྨྱ	劳累 	རྨྱི	1 			རྨྱེ	弱 			/འ	/v
2											ག	g
3											གས	gs
4	རྨྱང	呵欠 							རྨྱོང	伸 	ང	ng
5	རྨྱངས	伸展 							རྨྱོངས	伸展 	ངས	ngs
6											ད	d
7											ན	n
8											ནད	nd
9											བ	b
10											བས	bs
11											མ	m
12											མས	ms
13											ར	r
14											རད	rd
15											ལ	l
16											ལད	ld
17											ས	s
18											འོ	vo
19											འི	vi
20											འུ	vu

声母代码：164； 藏文：སྨ； 拉丁转写：sm； 音标：																	
韵母类型	元音:ཨ	拉丁转写:a		元音:ཨི	拉丁转写:i		元音:ཨུ	拉丁转写:u		元音:ཨེ	拉丁转写:e		元音:ཨོ	拉丁转写:o		韵尾	
代码	藏文	汉义	音标	藏文	汉义	音标	藏文	汉义	音标	藏文	汉义	音标	藏文	汉义	音标	藏文	拉丁转写
1	སྨ	低		སྨི	1		སྨུ	部族名		སྨེ	痛苦					/འ	/v
2	སྨག	黑暗		སྨིག	阳焰		སྨུག	烟雾		སྨེག	悄声潜行		སྨོག	蘸		ག	g
3							སྨུགས	3								གས	gs
4	སྨང	夹子								སྨེང	4					ང	ng
5													སྨོངས	阴毛		ངས	ngs
6	སྨད	下(名)								སྨེད	缚鞍带		སྨོད	诽谤		ད	d
7	སྨན	药物		སྨིན	成熟		སྨུན	傻子		སྨེན	痛苦		སྨོན	羡慕		ན	n
8																ནད	nd
9																བ	b
10																བས	bs
11																མ	m
12																མས	ms
13	སྨར	现金		སྨིར	2											ར	r
14																རད	rd
15	སྨལ	觜宿								སྨེལ	豆蔻					ལ	l
16																ལད	ld
17	སྨས	衰损								སྨེས	5		སྨོས	说		ས	s
18																འོ	vo
19																འི	vi
20										སྨེའུ	青稞					འུ	vu

声母代码：165；　藏文：སྨྱ；　拉丁转写：smy；　音标：

韵母类型	元音:ཨ	拉丁转写 :a		元音:ཨི	拉丁转写 :i		元音:ཨུ	拉丁转写 :u		元音:ཨེ	拉丁转写 :e		元音:ཨོ	拉丁转写 :o		韵尾	
代码	藏文	汉义	音标	藏文	汉义	音标	藏文	汉义	音标	藏文	汉义	音标	藏文	汉义	音标	藏文	拉丁转写
1				སྨྱི	小笔		སྨྱུ	笔		སྨྱེ	衰弱		སྨྱོ	疯		/འ	/v
2	སྨྱག	说媒		སྨྱིག	竹笔		སྨྱུག	笔					སྨྱོག	怀念而奔向		ག	g
3	སྨྱགས	1					སྨྱུགས	逐渐松开								གས	gs
4	སྨྱང	呵欠					སྨྱུང	斋戒		སྨྱེང	影射		སྨྱོང	4		ང	ng
5							སྨྱུངས	绝食								ངས	ngs
6																ད	d
7	སྨྱན	结婚		སྨྱིན	2		སྨྱུན	3		སྨྱེན	媒妁		སྨྱོན	发疯		ན	n
8																ནད	nd
9																བ	b
10																བས	bs
11																མ	m
12																མས	ms
13	སྨྱར	伸展					སྨྱུར	快速								ར	r
14																རད	rd
15																ལ	l
16																ལད	ld
17													སྨྱོས	发狂		ས	s
18																འོ	vo
19																འི	vi
20																འུ	vu

声母代码：166；　藏文：སྨྲ；　拉丁转写：smr；　音标：

韵母类型	元音:ཨ	拉丁转写:a	元音:ཨི	拉丁转写:i	元音:ཨུ	拉丁转写:u	元音:ཨེ	拉丁转写:e	元音:ཨོ	拉丁转写:o	韵尾	
代码	藏文	汉义/音标	藏文	汉义/音标	藏文	汉义/音标	藏文	汉义/音标	藏文	汉义/音标	藏文	拉丁转写
1	སྨྲ	讲					སྨྲེ	怨叹			/འ	/v
2	སྨྲག	藏历11月	སྨྲིག	红黄衣服			སྨྲེག	2			ག	g
3											གས	gs
4	སྨྲང	语言					སྨྲེང	悲叹			ང	ng
5											ངས	ngs
6											ད	d
7											ན	n
8											ནད	nd
9											བ	b
10											བས	bs
11											མ	m
12											མས	ms
13											ར	r
14											རད	rd
15											ལ	l
16											ལད	ld
17	སྨྲས	说							སྨྲོས	说	ས	s
18											འོ	vo
19	སྨྲའི	1									འི	vi
20											འུ	vu

声母代码：167；藏文：ཙ；拉丁转写：ts；音标：												
韵母类型	元音：ཨ	拉丁转写：a	元音：ཨི	拉丁转写：i	元音：ཨུ	拉丁转写：u	元音：ཨེ	拉丁转写：e	元音：ཨོ	拉丁转写：o	韵尾	
代码	藏文	汉义 音标	藏文	汉义 音标	藏文	汉义 音标	藏文	汉义 音标	藏文	汉义 音标	藏文	拉丁转写
1	ཙ	藏文字母	ཙི	一种小鸟	ཙུ	5	ཙེ	拟声词	ཙོ	百合	/འ	/v
2	ཙག	寒冷	ཙིག	拟声词	ཙུག	如何	ཙེག	拟声词	ཙོག	蹲	ག	g
3					ཙུགས	6					གས	gs
4	ཙང	因此			ཙུང	7			ཙོང	葱	ང	ng
5											ངས	ngs
6	ཙད	炎热	ཙིད	基石							ད	d
7	ཙན	1	ཙིན	震卦	ཙུན	接吻	ཙེན	当时			ན	n
8											ནད	nd
9	ཙབ	楔子			ཙུབ	沉着			ཙོབ	拟声词	བ	b
10	ཙབས	2									བས	bs
11	ཙམ	唯一	ཙིམ	渗出	ཙུམ	亲嘴	ཙེམ	缝纫	ཙོམ	12	མ	m
12											མས	ms
13	ཙར	滴，漏	ཙིར	拟声词			ཙེར	拟声词	ཙོར	13	ར	r
14											རད	rd
15							ཙེལ	9			ལ	l
16											ལད	ld
17			ཙིས	3							ས	s
18											འོ	vo
19			ཙིའི	4			ཙེའི	10	ཙོའི	14	འི	vi
20			ཙིའུ	鼠	ཙུའུ	8	ཙེའུ	11	ཙོའུ	15	འུ	vu

声母代码：168；　藏文：གཙ；　拉丁转写：gts；　音标：												
韵母类型	元音:ཨ	拉丁转写 :a	元音:ཨི	拉丁转写 :i	元音:ཨུ	拉丁转写 :u	元音:ཨེ	拉丁转写 :e	元音:ཨོ	拉丁转写 :o	韵尾	
代码	藏文	汉义 音标	藏文	汉义 音标	藏文	汉义 音标	藏文	汉义 音标	藏文	汉义 音标	藏文	拉丁转写
1	གཙའ	铁锈	གཙི	喜爱			གཙེ	伤害	གཙོ	主要	/འ	/v
2	གཙག	针刺	གཙིག	重要	གཙུག	头顶			གཙོག	捶打	ག	g
3	གཙགས	扎	གཙིགས	轻重			གཙེགས	十分思念	གཙོགས	锥刺	གས	gs
4	གཙང	后藏									ང	ng
5											ངས	ngs
6							གཙེད	须煮	གཙོད	羚羊	ད	d
7											ན	n
8											ནད	nd
9	གཙབ	剁			གཙུབ	摩擦					བ	b
10	གཙབས	切			གཙུབས	摩擦			གཙོབས	切碎	བས	bs
11											མ	m
12											མས	ms
13			གཙིར	榨(油)			གཙེར	难受	གཙོར	1	ར	r
14											རད	rd
15											ལ	l
16											ལད	ld
17			གཙིས	挤压			གཙེས	损害	གཙོས	为首	ས	s
18											འོ	vo
19									གཙོའི	2	འི	vi
20							གཙེའུ	扁三角针			འུ	vu

声母代码：169； 藏文：བཙ； 拉丁转写：bts； 音标：												
韵母类型	元音:ཨ	拉丁转写 :a	元音:ཨི	拉丁转写 :i	元音:ཨུ	拉丁转写 :u	元音:ཨེ	拉丁转写 :e	元音:ཨོ	拉丁转写 :o	韵尾	
代码	藏文	汉义/音标	藏文	汉义/音标	藏文	汉义/音标	藏文	汉义/音标	藏文	汉义/音标	藏文	拉丁转写
1	བཙའ	铁锈							བཙོ	反刍	/འ	/v
2	བཙག	土红			བཙུག	3			བཙོག	肮脏	ག	g
3	བཙགས	筛			བཙུགས	插入			བཙོགས	挨打	གས	gs
4	བཙང	挤							བཙོང	葱	ང	ng
5	བཙངས	挤							བཙོངས	卖	ངས	ngs
6	བཙད	1			བཙུད	装			བཙོད	茜草	ད	d
7	བཙན	妖精			བཙུན	尊者			བཙོན	监狱	ན	n
8											ནད	nd
9	བཙབ	剁			བཙུབ	磨擦					བ	b
10	བཙབས	剁									བས	bs
11	བཙམ	适宜			བཙུམ	闭	བཙེམ	缝纫			མ	m
12	བཙམས	抗衡			བཙུམས	闭	བཙེམས	缝纫			མས	ms
13			བཙིར	挤，拧							ར	r
14			བཙིརད	挤							རད	rd
15	བཙལ	寻找									ལ	l
16	བཙལད	寻找									ལད	ld
17	བཙས	工资					བཙེས	损害	བཙོས	煮，烹	ས	s
18											འོ	vo
19	བཙའི	2									འི	vi
20											འུ	vu

声母代码：170；　藏文：རྩ；　拉丁转写：rts；　音标：

韵母类型	元音:ཨ	拉丁转写 :a	元音:ཨི	拉丁转写 :i	元音:ཨུ	拉丁转写 :u	元音:ཨེ	拉丁转写 :e	元音:ཨོ	拉丁转写 :o	韵尾	
代码	藏文	汉义/音标	藏文	汉义/音标	藏文	汉义/音标	藏文	汉义/音标	藏文	汉义/音标	藏文	拉丁转写
1	རྩ	脉	རྩི	液			རྩེ	尖儿			འ	/v
2	རྩག	层(衣服)	རྩིག	砌，筑			རྩེག	重叠	རྩོག	坐，蹲	ག	g
3			རྩིགས	修砌			རྩེགས	论价	རྩོགས	论价	གས	gs
4	རྩང	棘刺	རྩིང	粗糙			རྩེང	竖立	རྩོང	8	ང	ng
5	རྩངས	长刺					རྩེངས	堆砌	རྩོངས	9	ངས	ngs
6	རྩད	根本	རྩིད	牛毛			རྩེད	游戏	རྩོད	争辩	ད	d
7	རྩན	1					རྩེན	游戏	རྩོན	10	ན	n
8											ནད	nd
9	རྩབ	根基	རྩིབ	洒(水)	རྩུབ	粗糙	རྩེབ	产下	རྩོབ	11	བ	b
10	རྩབས	酵母	རྩིབས	跟前			རྩེབས	6			བས	bs
11	རྩམ	2							རྩོམ	撰写	མ	m
12									རྩོམས	写作	མས	ms
13	རྩར	附近	རྩིར	4			རྩེར	脖子			ར	r
14											རད	rd
15	རྩལ	技能					རྩེལ	清晰	རྩོལ	努力	ལ	l
16											ལད	ld
17			རྩིས	计算			རྩེས	玩耍			ས	s
18											འོ	vo
19	རྩའི	3	རྩིའི	5			རྩེའི	7			འི	vi
20			རྩིའུ	一种草药			རྩེའུ	微血管			འུ	vu

声母代码：171；　藏文：རྩྭ；　拉丁转写：rtsw；　音标：

韵母类型	元音:ཨ	拉丁转写:a		元音:ཨི	拉丁转写:i		元音:ཨུ	拉丁转写:u		元音:ཨེ	拉丁转写:e		元音:ཨོ	拉丁转写:o		韵尾	
代码	藏文	汉义	音标	藏文	汉义	音标	藏文	汉义	音标	藏文	汉义	音标	藏文	汉义	音标	藏文	拉丁转写
1	རྩྭ	草														/འ	/v
2																ག	g
3																གས	gs
4																ང	ng
5																ངས	ngs
6																ད	d
7																ན	n
8																ནད	nd
9																བ	b
10																བས	bs
11																མ	m
12																མས	ms
13																ར	r
14																རད	rd
15																ལ	l
16																ལད	ld
17																ས	s
18																འོ	vo
19	རྩྭའི	1														འི	vi
20																འུ	vu

声母代码：172；藏文：སྩ；拉丁转写：sts；音标：												
韵母类型	元音:ཨ	拉丁转写 :a	元音:ཨི	拉丁转写 :i	元音:ཨུ	拉丁转写 :u	元音:ཨེ	拉丁转写 :e	元音:ཨོ	拉丁转写 :o	韵尾	
代码	藏文	汉义 音标	藏文	汉义 音标	藏文	汉义 音标	藏文	汉义 音标	藏文	汉义 音标	藏文	拉丁转写
1									སྩོ	2	/འ	/v
2											ག	g
3									སྩོགས	等	གས	gs
4	སྩང	粮仓							སྩོང	3	ང	ng
5											ངས	ngs
6											ད	d
7											ན	n
8											ནད	nd
9											བ	b
10											བས	bs
11											མ	m
12											མས	ms
13											ར	r
14											རད	rd
15	སྩལ	发(奖)					སྩེལ	清晰	སྩོལ	赐给	ལ	l
16	སྩལད	1									ལད	ld
17											ས	s
18											འོ	vo
19											འི	vi
20											འུ	vu

声母代码：173；　藏文：བརྩ；　拉丁转写：brts；　音标：

韵母类型	元音:ཨ	拉丁转写:a	元音:ཨི	拉丁转写:i	元音:ཨུ	拉丁转写:u	元音:ཨེ	拉丁转写:e	元音:ཨོ	拉丁转写:o	韵尾	
代码	藏文	汉义 音标	藏文	汉义 音标	藏文	汉义 音标	藏文	汉义 音标	藏文	汉义 音标	藏文	拉丁转写
1			བརྩི	计算	བརྩུ	抹，擦	བརྩེ	慈爱			འ	/v
2	བརྩག	1	བརྩིག	建造			བརྩེག	论价	བརྩོག	7	ག	g
3	བརྩགས	叠起	བརྩིགས	砌，叠			བརྩེགས	堆	བརྩོགས	8	གས	gs
4	བརྩང	清除	བརྩིང	竖立			བརྩེང	竖立			ང	ng
5	བརྩངས	2	བརྩིངས	竖立			བརྩེངས	竖立			ངས	ngs
6	བརྩད	辩论					བརྩེད	4			ད	d
7	བརྩན	尊严							བརྩོན	勤奋	ན	n
8											ནད	nd
9							བརྩེབ	5			བ	b
10											བས	bs
11	བརྩམ	创作									མ	m
12	བརྩམས	著（书）									མས	ms
13											ར	r
14											རད	rd
15	བརྩལ	勤劳									ལ	l
16											ལད	ld
17	བརྩས	馈赠物	བརྩིས	计算	བརྩུས	3	བརྩེས	玩			ས	s
18											འོ	vo
19							བརྩེའི	6			འི	vi
20											འུ	vu

声母代码：174；　藏文：བསྩ；　拉丁转写：bsts；　音标：

韵母类型	元音:ཨ	拉丁转写:a	元音:ཨི	拉丁转写:i	元音:ཨུ	拉丁转写:u	元音:ཨེ	拉丁转写:e	元音:ཨོ	拉丁转写:o	韵尾	
代码	藏文	汉义 音标	藏文	汉义 音标	藏文	汉义 音标	藏文	汉义 音标	藏文	汉义 音标	藏文	拉丁转写
1											/འ	/v
2											ག	g
3	བསྩགས	积累									གས	gs
4											ང	ng
5	བསྩངས	1									ངས	ngs
6											ད	d
7											ན	n
8											ནད	nd
9											བ	b
10											བས	bs
11											མ	m
12											མས	ms
13											ར	r
14											རད	rd
15	བསྩལ	发(奖)			བསྩུ	迎接					ལ	l
16											ལད	ld
17											ས	s
18											འོ	vo
19											འི	vi
20											འུ	vu

声母代码：175； 藏文：ཚ； 拉丁转写：tsh； 音标：												
韵母类型	元音：ཨ	拉丁转写 :a	元音：ཨི	拉丁转写 :i	元音：ཨུ	拉丁转写 :u	元音：ཨེ	拉丁转写 :e	元音：ཨོ	拉丁转写 :o	韵尾	
代码	藏文	汉义 / 音标	藏文	汉义 / 音标	藏文	汉义 / 音标	藏文	汉义 / 音标	藏文	汉义 / 音标	藏文	拉丁转写
1	ཚ	藏文字母	ཚི	黏性	ཚུ	醋	ཚེ	寿命	ཚོ	们	/འ	/v
2	ཚག	浮雕花纹	ཚིག	句子	ཚུག	高温针刺	ཚེག	音节点			ག	g
3	ཚགས	筛子	ཚིགས	间隙	ཚུགས	台站	ཚེགས	困难	ཚོགས	集合体	གས	gs
4	ཚང	寓所	ཚིང	3					ཚོང	贸易	ང	ng
5	ཚངས	内瓤子					ཚེངས	胜利	ཚོངས	卖	ངས	ngs
6	ཚད	限量			ཚུད	钻入	ཚེད	煮	ཚོད	分量	ད	d
7	ཚན	分量			ཚུན	以内	ཚེན	4	ཚོན	颜料	ན	n
8											ནད	nd
9	ཚབ	代表			ཚུབ	稠密	ཚེབ	木叉			བ	b
10	ཚབས	坏的程度							ཚོབས	赔偿	བས	bs
11	ཚམ	1	ཚིམ	满足	ཚུམ	闭住	ཚེམ	满意	ཚོམ	犹豫	མ	m
12	ཚམས	地界	ཚིམས	满足	ཚུམས	稍微	ཚེམས	牙齿	ཚོམས	正厅	མས	ms
13	ཚར	次，回	ཚིར	滋滋声	ཚུར	此，这边	ཚེར	于世	ཚོར	感觉	ར	r
14											རད	rd
15	ཚལ	林园	ཚིལ	脂肪油	ཚུལ	方法			ཚོལ	寻找	ལ	l
16											ལད	ld
17	ཚས	细绳	ཚིས	帮助	ཚུས	食物	ཚེས	日期	ཚོས	染料	ས	s
18											འོ	vo
19	ཚའི	2					ཚེའི	5	ཚོའི	7	འི	vi
20	ཚའུ	细眼筛			ཚུའུ	醋	ཚེའུ	6			འུ	vu

声母代码：176；　藏文：ཚྭ；　拉丁转写：tshw；　音标：

韵母类型	元音:ཨ	拉丁转写 :a	元音:ཨི	拉丁转写 :i	元音:ཨུ	拉丁转写 :u	元音:ཨེ	拉丁转写 :e	元音:ཨོ	拉丁转写 :o	韵尾	
代码	藏文	汉义 音标	藏文	汉义 音标	藏文	汉义 音标	藏文	汉义 音标	藏文	汉义 音标	藏文	拉丁转写
1	ཚྭ	盐									/འ	/v
2											ག	g
3											གས	gs
4											ང	ng
5											ངས	ngs
6											ད	d
7											ན	n
8											ནད	nd
9											བ	b
10											བས	bs
11											མ	m
12											མས	ms
13											ར	r
14											རད	rd
15											ལ	l
16											ལད	ld
17											ས	s
18											འོ	vo
19	ཚྭའི	1									འི	vi
20											འུ	vu

声母代码：177； 藏文：མཚ； 拉丁转写：mtsh； 音标：

韵母类型	元音:ཨ	拉丁转写 :a	元音:ཨི	拉丁转写 :i	元音:ཨུ	拉丁转写 :u	元音:ཨེ	拉丁转写 :e	元音:ཨོ	拉丁转写 :o	韵尾	
代码	藏文	汉义 音标	藏文	汉义 音标	藏文	汉义 音标	藏文	汉义 音标	藏文	汉义 音标	藏文	拉丁转写
1	མཚའ	豺狗					མཚེ	一种树木	མཚོ	湖泊	/འ	/v
2	མཚག	漏斗							མཚོག	1	ག	g
3	མཚགས	过滤									གས	gs
4	མཚང	罪恶									ང	ng
5					མཚུངས	相同			མཚོངས	2	ངས	ngs
6							མཚེད	葬礼	མཚོད	埋葬	ད	d
7	མཚན	名字			མཚུན	祖宗			མཚོན	装扮	ན	n
8											ནད	nd
9											བ	b
10											བས	bs
11											མ	m
12	མཚམས	界限									མས	ms
13	མཚར	稀有			མཚུར	矾	མཚེར	暂住地	མཚོར	海上	ར	r
14											རད	rd
15	མཚལ	朱砂			མཚུལ	美丽					ལ	l
16											ལད	ld
17							མཚེས	相邻	མཚོས	3	ས	s
18											འོ	vo
19									མཚོའི	4	འི	vi
20							མཚེའུ	湖泊			འུ	vu

声母代码：178；　藏文：འཚ；　拉丁转写：vtsh；　音标：

韵母类型	元音:ཨ	拉丁转写 :a	元音:ཨི	拉丁转写 :i	元音:ཨུ	拉丁转写 :u	元音:ཨེ	拉丁转写 :e	元音:ཨོ	拉丁转写 :o	韵尾	
代码	藏文	汉义 / 音标	藏文	汉义 / 音标	藏文	汉义 / 音标	藏文	汉义 / 音标	藏文	汉义 / 音标	藏文	拉丁转写
1	འཚའ	聚					འཚེ	损害	འཚོ	饲养	/འ	/v
2	འཚག	完成	འཚིག	烧焦	འཚུག	开始	འཚེག	择去，榨	འཚོག	聚集	ག	g
3	འཚགས	积累	འཚིགས	发情	འཚུགས	安装			འཚོགས	集会	གས	gs
4	འཚང	堵塞	འཚིང	2			འཚེང	满意	འཚོང	卖	ང	ng
5	འཚངས	挤					འཚེངས	实现愿望	འཚོངས	出售	ངས	ngs
6					འཚུད	容纳	འཚེད	煮	འཚོད	煮	ད	d
7											ན	n
8											ནད	nd
9	འཚབ	急促			འཚུབ	堵塞			འཚོབ	找	བ	b
10	འཚབས	着急			འཚུབས	闭塞			འཚོབས	补偿	བས	bs
11	འཚམ	相当			འཚུམ	闭	འཚེམ	缝			མ	m
12	འཚམས	安康			འཚུམས	闭	འཚེམས	短缺	འཚོམས	生气	མས	ms
13	འཚར	完成	འཚིར	发怵	འཚུར	部族名	འཚེར	家	འཚོར	养着	ར	r
14											རད	rd
15	འཚལ	敬礼			འཚུལ	嘴唇	འཚེལ	寻找	འཚོལ	寻找	ལ	l
16											ལད	ld
17	འཚས	1	འཚིས	生计	འཚུས	食物	འཚེས	由于损害	འཚོས	熟	ས	s
18											འོ	vo
19											འི	vi
20											འུ	vu

声母代码：179； 藏文：ཛ； 拉丁转写：dz； 音标：												
韵母类型	元音:ཨ	拉丁转写 :a	元音:ཨི	拉丁转写 :i	元音:ཨུ	拉丁转写 :u	元音:ཨེ	拉丁转写 :e	元音:ཨོ	拉丁转写 :o	韵尾	
代码	藏文	汉义 音标	藏文	汉义 音标	藏文	汉义 音标	藏文	汉义 音标	藏文	汉义 音标	藏文	拉丁转写
1	ཛ	藏文字母	ཛི	4			ཛེ	8	ཛོ	9	/འ	/v
2			ཛིག	5							ག	g
3											གས	gs
4											ང	ng
5											ངས	ngs
6											ད	d
7											ན	n
8											ནད	nd
9											བ	b
10											བས	bs
11	ཛམ	1									མ	m
12											མས	ms
13	ཛར	2	ཛིར	6					ཛོར	露怯	ར	r
14											རད	rd
15	ཛལ	3									ལ	l
16											ལད	ld
17			ཛིས	7							ས	s
18											འོ	vo
19											འི	vi
20											འུ	vu

声母代码：180；　藏文：མཛ；　拉丁转写：mdz；　音标：

韵母类型 代码	元音:ཨ 藏文	拉丁转写:a 汉义	音标	元音:ཨི 藏文	拉丁转写:i 汉义	音标	元音:ཨུ 藏文	拉丁转写:u 汉义	音标	元音:ཨེ 藏文	拉丁转写:e 汉义	音标	元音:ཨོ 藏文	拉丁转写:o 汉义	音标	韵尾 藏文	韵尾 拉丁转写
1	མཛའ	合适					མཛུ	1		མཛེ	麻风病		མཛོ	犏牛		༏འ	/v
2							མཛུག	2					མཛོག	拳头		ག	g
3																གས	gs
4																ང	ng
5	མཛངས	聪明														ངས	ngs
6	མཛད	做											མཛོད	仓库		ད	d
7																ན	n
8																ནད	nd
9							མཛུབ	小卡								བ	b
10																བས	bs
11																མ	m
12																མས	ms
13	མཛར	干粮								མཛེར	瘊子，疣					ར	r
14																རད	rd
15							མཛུལ	钻					མཛོལ	一种罗网		ལ	l
16																ལད	ld
17										མཛེས	美					ས	s
18																འོ	vo
19													མཛོའི	3		འི	vi
20																འུ	vu

声母代码：181；　藏文：འཛ；　拉丁转写：vdz；　音标：

韵母类型	元音:ཨ	拉丁转写:a	元音:ཨི	拉丁转写:i	元音:ཨུ	拉丁转写:u	元音:ཨེ	拉丁转写:e	元音:ཨོ	拉丁转写:o	韵尾	
代码	藏文	汉义/音标	藏文	汉义/音标	藏文	汉义/音标	藏文	汉义/音标	藏文	汉义/音标	藏文	拉丁转写
1	འཛའ	货币差价	འཛི	额点			འཛེ	3			/འ	/v
2	འཛག	滴	འཛིག	1	འཛུག	2	འཛེག	爬	འཛོག	拳	ག	g
3	འཛགས	榨出			འཛུགས	栽, 种	འཛེགས	爬, 攀	འཛོགས	打	གས	gs
4	འཛང	一种石	འཛིང	骂			འཛེང	石疖			ང	ng
5	འཛངས	勇敢	འཛིངས	冲突			འཛེངས	长			ངས	ngs
6	འཛད	尽	འཛིད	驮上捎带物	འཛུད	装, 拾	འཛེད	盛	འཛོད	4	ད	d
7	འཛན	应用	འཛིན	票据							ན	n
8											ནད	nd
9	འཛབ	念诵							འཛོབ	5	བ	b
10	འཛབས	衣服长短									བས	bs
11	འཛམ	皮鞦	འཛིམ	持	འཛུམ	微笑	འཛེམ	禁忌	འཛོམ	齐备	མ	m
12					འཛུམས	微笑	འཛེམས	顾忌	འཛོམས	团聚	མས	ms
13	འཛར	下垂	འཛིར	闹	འཛུར	躲避	འཛེར	刺进			ར	r
14											རད	rd
15					འཛུལ	钻进去			འཛོལ	错过	ལ	l
16											ལད	ld
17											ས	s
18											འོ	vo
19											འི	vi
20											འུ	vu

声母代码：182； 藏文：རྫ； 拉丁转写：rdz； 音标：

韵母类型	元音:ཨ	拉丁转写 :a	元音:ཨི	拉丁转写 :i	元音:ཨུ	拉丁转写 :u	元音:ཨེ	拉丁转写 :e	元音:ཨོ	拉丁转写 :o	韵尾	
代码	藏文	汉义 音标	藏文	汉义 音标	藏文	汉义 音标	藏文	汉义 音标	藏文	汉义 音标	藏文	拉丁转写
1	རྫ	石山	རྫི	机智	རྫུ	假装	རྫེ	卷起			/འ	/v
2	རྫག	1	རྫིག	威严					རྫོག	退回	ག	g
3									རྫོགས	完成	གས	gs
4	རྫང	箱子	རྫིང	牲口的尿					རྫོང	堡垒	ང	ng
5			རྫིངས	筏子					རྫོངས	流放	ངས	ngs
6	རྫད	弄脏							རྫོད	弄脏	ད	d
7					རྫུན	谎言					ན	n
8											ནད	nd
9	རྫབ	泥淖			རྫུབ	茂密			རྫོབ	污染	བ	b
10					རྫུབས	茂密			རྫོབས	增添	བས	bs
11	རྫམ	2									མ	m
12							རྫེམས	经脉			མས	ms
13			རྫིར	牧人							ར	r
14											རད	rd
15					རྫུལ	翡翠					ལ	l
16											ལད	ld
17	རྫས	物品	རྫིས	揉合	རྫུས	假装	རྫེས	卷起			ས	s
18											འོ	vo
19											འི	vi
20			རྫིའུ	牧童			རྫེའུ	小沙罐			འུ	vu

声母代码：183；　藏文：བརྫ；　拉丁转写：brdz；　音标：																	
韵母类型	元音:ཨ	拉丁转写:a		元音:ཨི	拉丁转写:i		元音:ཨུ	拉丁转写:u		元音:ཨེ	拉丁转写:e		元音:ཨོ	拉丁转写:o		韵尾	
代码	藏文	汉义	音标	藏文	汉义	音标	藏文	汉义	音标	藏文	汉义	音标	藏文	汉义	音标	藏文	拉丁转写
1				བརྫི	践踏		བརྫུ	假装		བརྫེ	卷起					/འ	/v
2													བརྫོག	捶		ག	g
3													བརྫོགས	退回		གས	gs
4	བརྫང	塞入														ང	ng
5	བརྫངས	装入														ངས	ngs
6	བརྫད	污染														ད	d
7							བརྫུན	虚伪								ན	n
8																ནད	nd
9																བ	b
10	བརྫབས	混合														བས	bs
11																མ	m
12																མས	ms
13																ར	r
14																རད	rd
15																ལ	l
16																ལད	ld
17				བརྫིས	踩，揉		བརྫུས	变化		བརྫེས	卷起					ས	s
18																འོ	vo
19																འི	vi
20																འུ	vu

声母代码：184； 藏文：ཝ； 拉丁转写：w； 音标：																	
韵母类型	元音:ཨ	拉丁转写:a		元音:ཨི	拉丁转写:i		元音:ཨུ	拉丁转写:u		元音:ཨེ	拉丁转写:e		元音:ཨོ	拉丁转写:o		韵尾	
代码	藏文	汉义	音标	藏文	汉义	音标	藏文	汉义	音标	藏文	汉义	音标	藏文	汉义	音标	藏文	拉丁转写
1	ཝ	狐		ཝི	4					ཝེ	8		ཝོ	11		/འ	/v
2																ག	g
3																གས	gs
4	ཝང	王爵					ཝུང	5					ཝོང	12		ང	ng
5																ངས	ngs
6	ཝད	擦（火柴）											ཝོད	擦（火柴）		ད	d
7	ཝན	1					ཝུན	6		ཝེན	9					ན	n
8																ནད	nd
9																བ	b
10																བས	bs
11																མ	m
12																མས	ms
13	ཝར	2								ཝེར	10		ཝོར	13		ར	r
14																རད	rd
15	ཝལ	显现											ཝོལ	14		ལ	l
16																ལད	ld
17	ཝས	由狐														ས	s
18																འོ	vo
19	ཝའི	3														འི	vi
20							ཝུའུ	7								འུ	vu

声母代码：185；　藏文：ཞ；　拉丁转写：zh；　音标：

韵母类型	元音:ཨ	拉丁转写 :a		元音:ཨི	拉丁转写 :i		元音:ཨུ	拉丁转写 :u		元音:ཨེ	拉丁转写 :e		元音:ཨོ	拉丁转写 :o		韵尾	
代码	藏文	汉义	音标	藏文	汉义	音标	藏文	汉义	音标	藏文	汉义	音标	藏文	汉义	音标	藏文	拉丁转写
1	ཞ	藏文字母		ཞི	和解		ཞུ	帽子		ཞེ	感情		ཞོ	酸奶		འ	/v
2	ཞག	油脂		ཞིག	某一								ཞོག	刨		ག	g
3	ཞགས	套绳					ཞུགས	火					ཞོགས	刨		གས	gs
4	ཞང	祥氏		ཞིང	地方		ཞུང	3		ཞེང	宽度		ཞོང	凹坑		ང	ng
5																ངས	ngs
6	ཞད	气味					ཞུད	(太阳)落		ཞེད	畏惧		ཞོད	倾盆大雨		ད	d
7	ཞན	差，劣		ཞིན	奶渣糕		ཞུན	溶液		ཞེན	贪图		ཞོན	乘骑		ན	n
8													ཞོནད	6		ནད	nd
9				ཞིབ	细致		ཞུབ	消肿								བ	b
10	ཞབས	底，脚														བས	bs
11	ཞམ	湿淋淋		ཞིམ	香，味美		ཞུམ	畏缩					ཞོམ	塌陷		མ	m
12							ཞུམས	4								མས	ms
13	ཞར	瞎		ཞིར	锯开		ཞུར	直向着		ཞེར	辱骂		ཞོར	顺便		ར	r
14																རད	rd
15	ཞལ	口		ཞིལ	抚摸		ཞུལ	缩小		ཞེལ	下等		ཞོལ	下方		ལ	l
16																ལད	ld
17	ཞས	1					ཞུས	禀		ཞེས	称为		ཞོས	安慰		ས	s
18										ཞེའོ	如是云云					འོ	vo
19				ཞིའི	2		ཞུའི	5					ཞོའི	7		འི	vi
20													ཞོའུ	8		འུ	vu

声母代码：186；　藏文：ཞྭ；　拉丁转写：zhw；　音标：

韵母类型	元音:ཨ	拉丁转写 :a	元音:ཨི	拉丁转写 :i	元音:ཨུ	拉丁转写 :u	元音:ཨེ	拉丁转写 :e	元音:ཨོ	拉丁转写 :o	韵尾	
代码	藏文	汉义 / 音标	藏文	汉义 / 音标	藏文	汉义 / 音标	藏文	汉义 / 音标	藏文	汉义 / 音标	藏文	拉丁转写
1	ཞྭ	帽子									འ	/v
2											ག	g
3											གས	gs
4											ང	ng
5											ངས	ngs
6											ད	d
7											ན	n
8											ནད	nd
9											བ	b
10											བས	bs
11											མ	m
12											མས	ms
13											ར	r
14											རད	rd
15											ལ	l
16											ལད	ld
17											ས	s
18											འོ	vo
19											འི	vi
20											འུ	vu

声母代码：187； 藏文：གཞ； 拉丁转写：gzh； 音标：

韵母类型	元音:ཨ	拉丁转写:a	元音:ཨི	拉丁转写:i	元音:ཨུ	拉丁转写:u	元音:ཨེ	拉丁转写:e	元音:ཨོ	拉丁转写:o	韵尾	
代码	藏文	汉义/音标	藏文	汉义/音标	藏文	汉义/音标	藏文	汉义/音标	藏文	汉义/音标	藏文	拉丁转写
1	གཞའ	隐藏	གཞི	处所	གཞུ	弓	གཞེ	4			/འ	/v
2	གཞག	放置	གཞིག	分析	གཞུག	以后			གཞོག	削	ག	g
3	གཞགས	打扮	གཞིགས	斟酌					གཞོགས	近处	གས	gs
4	གཞང	肛门			གཞུང	政府			གཞོང	盘子	ང	ng
5					གཞུངས	聪明			གཞོངས	地域	ངས	ngs
6	གཞད	1									ད	d
7	གཞན	另外的			གཞུན	约束	གཞེན	怀念	གཞོན	年轻人	ན	n
8											ནད	nd
9	གཞབ	捞	གཞིབ	吸					གཞོབ	烧焦	བ	b
10	གཞབས	装饰	གཞིབས	吸					གཞོབས	捞	བས	bs
11	གཞམ	教诲			གཞུམ	闭住			གཞོམ	摧毁	མ	m
12	གཞམས	光滑									མས	ms
13	གཞར	理(发)	གཞིར	2	གཞུར	中心	གཞེར	依靠	གཞོར	锄头	ར	r
14											རད	rd
15	གཞལ	衡量	གཞིལ	灭火					གཞོལ	趋向下方	ལ	l
16											ལད	ld
17	གཞས	歌谣	གཞིས	根基	གཞུས	掷, 打	གཞེས	前年	གཞོས	挤奶	ས	s
18							གཞེའོ	走	གཞོའོ	走哇	འོ	vo
19			གཞིའི	3							འི	vi
20					གཞུའུ	小号					འུ	vu

声母代码：188； 藏文：བཞ； 拉丁转写：bzh； 音标：												
韵母类型	元音:ཨ	拉丁转写 :a	元音:ཨི	拉丁转写 :i	元音:ཨུ	拉丁转写 :u	元音:ཨེ	拉丁转写 :e	元音:ཨོ	拉丁转写 :o	韵尾	
代码	藏文	汉义 音标	藏文	汉义 音标	藏文	汉义 音标	藏文	汉义 音标	藏文	汉义 音标	藏文	拉丁转写
1	བཞའ	潮湿	བཞི	四	བཞུ	溶化			བཞོ	挤(牛奶)	/འ	/v
2	བཞག	回旋纹							བཞོག	砍	ག	g
3	བཞགས	点缀			བཞུགས	坐			བཞོགས	削	གས	gs
4							བཞེང	站立			ང	ng
5	བཞངས	修建					བཞེངས	站立	བཞོངས	站立	ངས	ngs
6	བཞད	天鹅			བཞུད	(太阳)落	བཞེད	想	བཞོད	笑	ད	d
7			བཞིན	脸部	བཞུན	热心	བཞེན	焚	བཞོན	骑	ན	n
8											ནད	nd
9	བཞབ	搂，撇	བཞིབ	吸					བཞོབ	搂，撇	བ	b
10	བཞབས	捞	བཞིབས	吸收							བས	bs
11	བཞམ	铭记									མ	m
12	བཞམས	收集			བཞུམས	哭					མས	ms
13	བཞར	剃	བཞིར	1	བཞུར	流	བཞེར	潮湿	བཞོར	剃	ར	r
14											རད	rd
15									བཞོལ	逃避	ལ	l
16											ལད	ld
17			བཞིས	晒太阳	བཞུས	融化	བཞེས	敬语前缀	བཞོས	挤奶	ས	s
18									བཞོའོ	挤奶呀	འོ	vo
19			བཞིའི	2	བཞུའི	3			བཞོའི	4	འི	vi
20											འུ	vu

声母代码：189；藏文：ཟ；拉丁转写：z；音标：												
韵母类型	元音：ཨ	拉丁转写：a	元音：ཨི	拉丁转写：i	元音：ཨུ	拉丁转写：u	元音：ཨེ	拉丁转写：e	元音：ཨོ	拉丁转写：o	韵尾	
代码	藏文	汉义 音标	藏文	汉义 音标	藏文	汉义 音标	藏文	汉义 音标	藏文	汉义 音标	藏文	拉丁转写
1	ཟ	吃	ཟི	糊涂	ཟུ	3	ཟེ	顶端	ཟོ	体质	/འ	/v
2	ཟག	漏下	ཟིག	一	ཟུག	疼痛	ཟེག	水滴	ཟོག	货物	ག	g
3	ཟགས	流，滴			ཟུགས	吠	ཟེགས	屑，渣			གས	gs
4	ཟང	混乱	ཟིང	浑乱	ཟུང	双	ཟེང	5	ཟོང	货物	ང	ng
5	ཟངས	铜	ཟིངས	战斗	ཟུངས	元气					ངས	ngs
6	ཟད	消耗			ཟུད	插入	ཟེད	举杯			ད	d
7	ཟན	糌粑团	ཟིན	亲戚	ཟུན	亲人			ཟོན	巽卦	ན	n
8											ནད	nd
9	ཟབ	深			ཟུབ	擦掉			ཟོབ	虚伪	བ	b
10	ཟབས	深度									བས	bs
11	ཟམ	连续	ཟིམ	持	ཟུམ	合拢	ཟེམ	谨慎	ཟོམ	桶	མ	m
12											མས	ms
13	ཟར	钉子	ཟིར	嗡嗡声	ཟུར	路旁	ཟེར	光线	ཟོར	咒语	ར	r
14											རད	rd
15	ཟལ	花，杂色	ཟིལ	光荣	ཟུལ	4	ཟེལ	小碎块	ཟོལ	虚伪	ལ	l
16											ལད	ld
17	ཟས	食物	ཟིས	添	ཟུས	吠			ཟོས	吃	ས	s
18											འོ	vo
19	ཟའི	1	ཟིའི	2			ཟེའི	6			འི	vi
20							ཟེའུ	小桶			འུ	vu

声母代码：190；　藏文：ཟྭ；　拉丁转写：zw；　音标：

韵母类型	元音:ཨ	拉丁转写:a	元音:ཨི	拉丁转写:i	元音:ཨུ	拉丁转写:u	元音:ཨེ	拉丁转写:e	元音:ཨོ	拉丁转写:o	韵尾	
代码	藏文	汉义 音标	藏文	汉义 音标	藏文	汉义 音标	藏文	汉义 音标	藏文	汉义 音标	藏文	拉丁转写
1	ཟྭ	锁子									འ	/v
2											ག	g
3											གས	gs
4											ང	ng
5											ངས	ngs
6											ད	d
7											ན	n
8											ནད	nd
9											བ	b
10											བས	bs
11											མ	m
12											མས	ms
13											ར	r
14											རད	rd
15											ལ	l
16											ལད	ld
17											ས	s
18											འོ	vo
19											འི	vi
20											འུ	vu

声母代码：191；　藏文：ཟླ；　拉丁转写：zl；　音标：

韵母类型	元音:ཨ	拉丁转写:a		元音:ཨི	拉丁转写:i		元音:ཨུ	拉丁转写:u		元音:ཨེ	拉丁转写:e		元音:ཨོ	拉丁转写:o		韵尾	
代码	藏文	汉义	音标	藏文	汉义	音标	藏文	汉义	音标	藏文	汉义	音标	藏文	汉义	音标	藏文	拉丁转写
1	ཟླ	月亮											ཟློ	复读		/འ	/v
2	ཟླག	倒入					ཟླུག	倒入					ཟློག	扭转		ག	g
3	ཟླགས	问					ཟླུགས	灌输					ཟློགས	转方向		གས	gs
4																ང	ng
5																ངས	ngs
6	ཟླད	咀嚼														ད	d
7																ན	n
8																ནད	nd
9																བ	b
10																བས	bs
11	ཟླམ	1					ཟླུམ	圆形								མ	m
12							ཟླུམས	聚合								མས	ms
13	ཟླར	月上														ར	r
14																རད	rd
15																ལ	l
16																ལད	ld
17	ཟླས	由月											ཟློས	反复念诵		ས	s
18																འོ	vo
19	ཟླའི	2														འི	vi
20																འུ	vu

声母代码：192；　藏文：གཟ；　拉丁转写：gz；　音标：												
韵母类型	元音:ཨ	拉丁转写 :a	元音:ཨི	拉丁转写 :i	元音:ཨུ	拉丁转写 :u	元音:ཨེ	拉丁转写 :e	元音:ཨོ	拉丁转写 :o	韵尾	
代码	藏文	汉义 音标	藏文	汉义 音标	藏文	汉义 音标	藏文	汉义 音标	藏文	汉义 音标	藏文	拉丁转写
1	གཟའ	星耀	གཟི	玛瑙	གཟུ	标准	གཟེ	忍	གཟོ	报恩	འ	/v
2	གཟག	筛净	གཟིག	豹子	གཟུག	一腿	གཟེག	微粒			ག	g
3	གཟགས	过滤	གཟིགས	请看	གཟུགས	形态	གཟེགས	微粒	གཟོགས	甩，摆动	གས	gs
4	གཟང	锋	གཟིང	蓬松	གཟུང	持	གཟེང	纷乱	གཟོང	凿子	ང	ng
5	གཟངས	长刺树	གཟིངས	筏子	གཟུངས	总持	གཟེངས	高度			ངས	ngs
6	གཟད	磨（光）			གཟུད	熟练	གཟེད	撑开（口）	གཟོད	才	ད	d
7	གཟན	袈裟					གཟེན	镟子	གཟོན	浪费	ན	n
8											ནད	nd
9	གཟབ	认真					གཟེབ	帐幕	གཟོབ	谨慎	བ	b
10	གཟབས	注意							གཟོབས	注意	བས	bs
11			གཟིམ	躺卧	གཟུམ	合闭	གཟེམ	禁忌			མ	m
12			གཟིམས	躺卧							མས	ms
13	གཟར	鞯	གཟིར	受痛苦	གཟུར	躲避	གཟེར	剧痛			ར	r
14			གཟིརད	瞄准							རད	rd
15	གཟལ	1	གཟིལ	碎，散开					གཟོལ	裂成碎块	ལ	l
16											ལད	ld
17	གཟས	由行星			གཟུས	姓氏	གཟེས	2	གཟོས	报恩	ས	s
18											འོ	vo
19	གཟའི	行星的									འི	vi
20											འུ	vu

声母代码：193；　藏文：བཟ；　拉丁转写：bz；　音标：

韵母类型	元音:ཨ	拉丁转写 :a	元音:ཨི	拉丁转写 :i	元音:ཨུ	拉丁转写 :u	元音:ཨེ	拉丁转写 :e	元音:ཨོ	拉丁转写 :o	韵尾	
代码	藏文	汉义 音标	藏文	汉义 音标	藏文	汉义 音标	藏文	汉义 音标	藏文	汉义 音标	藏文	拉丁转写
1	བཟའ	妇女	བཟི	醉			བཟེ	据说	བཟོ	造，缝	/འ	/v
2							བཟེག	攀登			ག	g
3											གས	gs
4	བཟང	好，善			བཟུང	拿，捉					ང	ng
5	བཟངས	变好									ངས	ngs
6	བཟད	忍无可忍	བཟིད	风	བཟུད	入	བཟེད	撑开	བཟོད	忍耐	ད	d
7	བཟན	食者	བཟིན	1							ན	n
8											ནད	nd
9	བཟབ	慎重									བ	b
10	བཟབས	慎重									བས	bs
11											མ	m
12											མས	ms
13	བཟར	使滴			བཟུར	超过					ར	r
14											རད	rd
15											ལ	l
16											ལད	ld
17	བཟས	吃							བཟོས	制造	ས	s
18											འོ	vo
19									བཟོའི	2	འི	vi
20											འུ	vu

声母代码：194； 藏文：བཟླ； 拉丁转写：bzl； 音标：												
韵母类型	元音:ཨ	拉丁转写 :a	元音:ཨི	拉丁转写 :i	元音:ཨུ	拉丁转写 :u	元音:ཨེ	拉丁转写 :e	元音:ཨོ	拉丁转写 :o	韵尾	
代码	藏文	汉义 音标	藏文	汉义 音标	藏文	汉义 音标	藏文	汉义 音标	藏文	汉义 音标	藏文	拉丁转写
1	བཟླ	重复念							བཟློ	反复念诵	/འ	/v
2	བཟླག	1			བཟླུག	请求			བཟློག	使退却	ག	g
3	བཟླགས	2			བཟླུགས	请求			བཟློགས	扭转	གས	gs
4											ང	ng
5											ངས	ngs
6											ད	d
7											ན	n
8											ནད	nd
9											བ	b
10											བས	bs
11					བཟླུམ	调和					མ	m
12					བཟླུམས	调和					མས	ms
13											ར	r
14											རད	rd
15											ལ	l
16											ལད	ld
17	བཟླས	诵							བཟློས	反复念诵	ས	s
18											འོ	vo
19											འི	vi
20											འུ	vu

声母代码：195； 藏文：འ； 拉丁转写：v； 音标：

韵母类型	元音:ཨ	拉丁转写:a		元音:ཨི	拉丁转写:i		元音:ཨུ	拉丁转写:u		元音:ཨེ	拉丁转写:e		元音:ཨོ	拉丁转写:o		韵尾	
代码	藏文	汉义	音标	藏文	汉义	音标	藏文	汉义	音标	藏文	汉义	音标	藏文	汉义	音标	藏文	拉丁转写
1	འ	藏文字母		འི	的		འུ	幼小		འེ	6		འོ	语终词		/འ	/v
2							འུག	2					འོག	下边		ག	g
3																གས	gs
4	འང	连词					འུང	3					འོང	庄稼		ང	ng
5													འོངས	适合		ངས	ngs
6							འུད	夸张					འོད	光		ད	d
7	འན	我,我们					འུན	4					འོན	聋		ན	n
8																ནད	nd
9							འུབ	集中		འེབ	机会		འོབ	客气		བ	b
10							འུབས	搂抱					འོབས	壕		བས	bs
11	འམ	或											འོམ	红柳		མ	m
12																མས	ms
13	འར	开线					འུར	噪声					འོར	水肿病		ར	r
14																རད	rd
15	འལ	姓氏(古)					འུལ	5					འོལ	譬喻		ལ	l
16																ལད	ld
17	འས	1		འིས	介词								འོས	合适		ས	s
18																འོ	vo
19																འི	vi
20																འུ	vu

声母代码：196； 藏文：ཡ； 拉丁转写：y； 音标：												
韵母类型	元音：ཨ	拉丁转写：a	元音：ཨི	拉丁转写：i	元音：ཨུ	拉丁转写：u	元音：ཨེ	拉丁转写：e	元音：ཨོ	拉丁转写：o	韵尾	
代码	藏文	汉义 / 音标	藏文	汉义 / 音标	藏文	汉义 / 音标	藏文	汉义 / 音标	藏文	汉义 / 音标	藏文	拉丁转写
1	ཡ	单个	ཡི	的	ཡུ	柄，把儿	ཡེ	本来	ཡོ	歪	/འ	/v
2	ཡག	好看	ཡིག	字的缩写	ཡུག	匹（布）	ཡེག	纷乱	ཡོག	搓	ག	g
3	ཡགས	赙仪			ཡུགས	红漆	ཡེགས	纷乱	ཡོགས	搓	གས	gs
4	ཡང	又	ཡིང	2	ཡུང	姜黄	ཡེང	心散乱	ཡོང	来	ང	ng
5	ཡངས	宽广			ཡུངས	芥子	ཡེངས	心散乱	ཡོངས	全部	ངས	ngs
6	ཡད	无义	ཡིད	心	ཡུད	顷刻	ཡེད	做，搞	ཡོད	在，有	ད	d
7	ཡན	期限之前	ཡིན	是，为	ཡུན	时间	ཡེན	不加约束	ཡོན	工资	ན	n
8											ནད	nd
9	ཡབ	父亲	ཡིབ	躲藏					ཡོབ	马镫	བ	b
10			ཡིབས	躲藏							བས	bs
11	ཡམ	传染病			ཡུམ	母亲			ཡོམ	摇动	མ	m
12	ཡམས	瘟疫									མས	ms
13	ཡར	上，前	ཡིར	3	ཡུར	昏睡	ཡེར	漂浮	ཡོར	歪	ར	r
14											རད	rd
15	ཡལ	消失			ཡུལ	家乡	ཡེལ	短暂的	ཡོལ	越过	ལ	l
16											ལད	ld
17	ཡས	上面	ཡིས	以，用以	ཡུས	功劳			ཡོས	兔	ས	s
18											འོ	vo
19	ཡའི	又，再	ཡིའི	4	ཡུའི	6					འི	vi
20	ཡའུ	1	ཡིའུ	5	ཡུའུ	7	ཡེའུ	忧愁			འུ	vu

声母代码：197；　藏文：གཡ；　拉丁转写：gy；　音标：												
韵母类型	元音：ཨ	拉丁转写：a	元音：ཨི	拉丁转写：i	元音：ཨུ	拉丁转写：u	元音：ཨེ	拉丁转写：e	元音：ཨོ	拉丁转写：o	韵尾	
代码	藏文	汉义 音标	藏文	汉义 音标	藏文	汉义 音标	藏文	汉义 音标	藏文	汉义 音标	藏文	拉丁转写
1	གཡའ	锈	གཡི	猞猁狲	གཡུ	松耳石	གཡེ	肉肠	གཡོ	狡黠	/འ	/v
2	གཡག	公牦牛	གཡིག	打呃	གཡུག	挥舞			གཡོག	照看	ག	g
3			གཡིགས	发麻	གཡུགས	抛投	གཡེགས	2	གཡོགས	覆盖	གས	gs
4	གཡང	悬崖			གཡུང	驯奴	གཡེང	懈怠			ང	ng
5	གཡངས	(心)散					གཡེངས	不专心			ངས	ngs
6									གཡོད	香肠	ད	d
7	གཡན	皮癣					གཡེན	谣言	གཡོན	左边	ན	n
8											ནད	nd
9	གཡབ	扇子			གཡུབ	1			གཡོབ	挥动	བ	b
10	གཡབས	扇子							གཡོབས	招手	བས	bs
11	གཡམ	跟随					གཡེམ	乱淫	གཡོམ	3	མ	m
12	གཡམས	跟随									མས	ms
13	གཡར	脸面			གཡུར	睡眠	གཡེར	懒	གཡོར	数量	ར	r
14							གཡེརད	懒			རད	rd
15	གཡལ	呵欠			གཡུལ	战争	གཡེལ	懒散	གཡོལ	挡住	ལ	l
16											ལད	ld
17	གཡས	右边	གཡིས	菜油					གཡོས	大肠	ས	s
18											འོ	vo
19											འི	vi
20			གཡིའུ	小牦牛							འུ	vu

声母代码：198； 藏文：ར； 拉丁转写：r； 音标：																	
韵母类型	元音:ཨ	拉丁转写:a		元音:ཨི	拉丁转写:i		元音:ཨུ	拉丁转写:u		元音:ཨེ	拉丁转写:e		元音:ཨོ	拉丁转写:o		韵尾	
代码	藏文	汉义	音标	藏文	汉义	音标	藏文	汉义	音标	藏文	汉义	音标	藏文	汉义	音标	藏文	拉丁转写
1	ར	山羊		རི	山		རུ	队伍		རེ	每一		རོ	尸体		/འ	/v
2	རག	黄铜		རིག	看见		རུག	收拢		རེག	接触		རོག	摸，触		ག	g
3	རགས	水坝		རིགས	种族		རུགས	4		རེགས	剪		རོགས	助手		གས	gs
4	རང	自己		རིང	时间		རུང	可以		རེང	单身汉		རོང	山谷		ང	ng
5	རངས	高兴		རིངས	忙乱		རུངས	可		རེངས	僵硬					ངས	ngs
6	རད	蔫		རིད	鞣革木刀		རུད	崩落		རེད	是		རོད	神态		ད	d
7	རན	合适		རིན	值得		རུན	5		རེན	8		རོན	11		ན	n
8																ནད	nd
9	རབ	渡口		རིབ	山阴		རུབ	聚拢		རེབ	序，次		རོབ	12		བ	b
10	རབས	世代					རུབས	聚拢								བས	bs
11	རམ	蓝靛		རིམ	层次		རུམ	内部		རེམ	鼓励		རོམ	13		མ	m
12	རམས	蓝靛		རིམས	瘟疫					རེམས	集中精力					མས	ms
13				རིར	2					རེར	9					ར	r
14																རད	rd
15	རལ	撕破		རིལ	滚动		རུལ	腐烂					རོལ	犁沟		ལ	l
16																ལད	ld
17	རས	布		རིས	花纹		རུས	骨头		རེས	轮流		རོས	14		ས	s
18																འོ	vo
19	རའི	1		རིའི	3		རུའི	6		རེའི	10		རོའི	15		འི	vi
20							རུའུ	7		རེའུ	山羊羔		རོའུ	16		འུ	vu

声母代码：199；　藏文：རྭ；　拉丁转写：rw；　音标：

韵母类型	元音:ཨ	拉丁转写:a	元音:ཨི	拉丁转写:i	元音:ཨུ	拉丁转写:u	元音:ཨེ	拉丁转写:e	元音:ཨོ	拉丁转写:o	韵尾	
代码	藏文	汉义 音标	藏文	汉义 音标	藏文	汉义 音标	藏文	汉义 音标	藏文	汉义 音标	藏文	拉丁转写
1	རྭ	犄角 									/འ	/v
2											ག	g
3											གས	gs
4											ང	ng
5											ངས	ngs
6											ད	d
7											ན	n
8											ནད	nd
9											བ	b
10											བས	bs
11											མ	m
12											མས	ms
13											ར	r
14											རད	rd
15											ལ	l
16											ལད	ld
17											ས	s
18											འོ	vo
19											འི	vi
20											འུ	vu

声母代码：200；　藏文：རླ；　拉丁转写：rl；　音标：

韵母类型	元音：ཨ	拉丁转写：a	元音：ཨི	拉丁转写：i	元音：ཨུ	拉丁转写：u	元音：ཨེ	拉丁转写：e	元音：ཨོ	拉丁转写：o	韵尾	
代码	藏文	汉义 音标	藏文	汉义 音标	藏文	汉义 音标	藏文	汉义 音标	藏文	汉义 音标	藏文	拉丁转写
1	རླ	寿命							རློ	悬垂	/འ	/v
2	རླག	丢失	རླིག	睾丸	རླུག	信任			རློག	毁灭	ག	g
3	རླགས	浪费			རླུགས	信任			རློགས	毁灭	གས	gs
4			རླིང	坚定	རླུང	风			རློང	中央	ང	ng
5	རླངས	朗氏	རླིངས	态度严肃					རློངས	精通	ངས	ngs
6			རླིད	1							ད	d
7	རླན	潮湿							རློན	浸湿	ན	n
8											ནད	nd
9									རློབ	加持	བ	b
10	རླབས	波浪	རླིབས	覆盖	རླུབས	穴			རློབས	赐予	བས	bs
11	རླམ	厚褐子							རློམ	骄傲	མ	m
12	རླམས	锈							རློམས	骄傲	མས	ms
13											ར	r
14											རད	rd
15											ལ	l
16											ལད	ld
17					རླུས	2			རློས	悬垂	ས	s
18											འོ	vo
19											འི	vi
20											འུ	vu

声母代码：201；藏文：བརླ；拉丁转写：brl；音标：												
韵母类型	元音:ཨ	拉丁转写 :a	元音:ཨི	拉丁转写 :i	元音:ཨུ	拉丁转写 :u	元音:ཨེ	拉丁转写 :e	元音:ཨོ	拉丁转写 :o	韵尾	
代码	藏文	汉义 音标	藏文	汉义 音标	藏文	汉义 音标	藏文	汉义 音标	藏文	汉义 音标	藏文	拉丁转写
1	བརླ	大腿									/འ	/v
2	བརླག	糟蹋			བརླུག	相信					ག	g
3	བརླགས	糟蹋			བརླུགས	相信					གས	gs
4	བརླང	粗暴	བརླིང	深奥					བརློང	成自然	ང	ng
5	བརླངས	粗暴	བརླིངས	坚韧					བརློངས	精湛	ངས	ngs
6											ད	d
7	བརླན	潮湿									ན	n
8											ནད	nd
9	བརླབ	所加持									བ	b
10	བརླབས	操作	བརླིབས	洞							བས	bs
11	བརླམ	帮助									མ	m
12	བརླམས	唆使									མས	ms
13											ར	r
14											རད	rd
15											ལ	l
16											ལད	ld
17											ས	s
18											འོ	vo
19	བརླའི	1									འི	vi
20											འུ	vu

声母代码：202；　藏文：ལ；　拉丁转写：l；　音标：

韵母类型 / 代码	元音:ཨ 藏文	拉丁转写:a 汉义/音标	元音:ཨི 藏文	拉丁转写:i 汉义/音标	元音:ཨུ 藏文	拉丁转写:u 汉义/音标	元音:ཨེ 藏文	拉丁转写:e 汉义/音标	元音:ཨོ 藏文	拉丁转写:o 汉义/音标	韵尾 藏文	韵尾 拉丁转写
1	ལ	山坡	ལི	梨	ལུ	咳嗽	ལེ	更(副)	ལོ	年	/འ	/v
2	ལག	参宿	ལིག	4	ལུག	羊			ལོག	倒塌	ག	g
3	ལགས	是			ལུགས	制度	ལེགས	好	ལོགས	侧	གས	gs
4	ལང	站立	ལིང	绫	ལུང	预言	ལེང	从来	ལོང	空闲	ང	ng
5	ལངས	起	ལིངས	罗网					ལོངས	取来	ངས	ngs
6	ལད	腐朽			ལུད	肥料			ལོད	用不着	ད	d
7	ལན	答复	ལིན	5	ལུན	一个神名	ལེན	取	ལོན	堤坝	ན	n
8											ནད	nd
9	ལབ	萝卜	ལིབ	梳理	ལུབ	11	ལེབ	笼统	ལོབ	说	བ	b
10	ལབས	说							ལོབས	说吧	བས	bs
11	ལམ	路，道	ལིམ	6	ལུམ	浸润	ལེམ	15			མ	m
12	ལམས	1			ལུམས	浸润					མས	ms
13	ལར	根本	ལིར	7	ལུར	12	ལེར	16	ལོར	纸币	ར	r
14											རད	rd
15											ལ	l
16											ལད	ld
17	ལས	宿命	ལིས	8	ལུས	身体			ལོས	当然	ས	s
18											འོ	vo
19	ལའི	2	ལིའི	9	ལུའི	13	ལེའི	17	ལོའི	18	འི	vi
20	ལའུ	3	ལིའུ	10	ལུའུ	14	ལེའུ	章节	ལོའུ	19	འུ	vu

声母代码：203；　藏文：ལྭ；　拉丁转写：lw；　音标：

韵母类型	元音:ཨ	拉丁转写:a		元音:ཨི	拉丁转写:i		元音:ཨུ	拉丁转写:u		元音:ཨེ	拉丁转写:e		元音:ཨོ	拉丁转写:o		韵尾	
代码	藏文	汉义	音标	藏文	汉义	音标	藏文	汉义	音标	藏文	汉义	音标	藏文	汉义	音标	藏文	拉丁转写
1	ལྭ	衣服											ལྭོ	肠子		/འ	/v
2																ག	g
3																གས	gs
4																ང	ng
5																ངས	ngs
6																ད	d
7																ན	n
8																ནད	nd
9																བ	b
10																བས	bs
11																མ	m
12																མས	ms
13																ར	r
14																རད	rd
15																ལ	l
16																ལད	ld
17																ས	s
18																འོ	vo
19																འི	vi
20																འུ	vu

声母代码：204；　藏文：ཤ；　拉丁转写：sh；　音标：

韵母类型	元音:ཨ	拉丁转写 :a	元音:ཨི	拉丁转写 :i	元音:ཨུ	拉丁转写 :u	元音:ཨེ	拉丁转写 :e	元音:ཨོ	拉丁转写 :o	韵尾	
代码	藏文	汉义/音标	藏文	汉义/音标	藏文	汉义/音标	藏文	汉义/音标	藏文	汉义/音标	藏文	拉丁转写
1	ཤ	肉	ཤི	死(动)	ཤུ	6	ཤེ	出租牛	ཤོ	骰子	/འ	/v
2	ཤག	室	ཤིག	虱子	ཤུག	借与			ཤོག	来	ག	g
3	ཤགས	对唱歌谣	ཤིགས	拆毁	ཤུགས	力气，劲			ཤོགས	进度	གས	gs
4	ཤང	单钹	ཤིང	树木	ཤུང	诽谤			ཤོང	容得下	ང	ng
5	ཤངས	鼻			ཤུངས	咒骂			ཤོངས	疏通	ངས	ngs
6	ཤད	分句线	ཤིད	超度	ཤུད	涂，擦	ཤེད	体力	ཤོད	下边	ད	d
7	ཤན	舟	ཤིན	死者			ཤེན	知道	ཤོན	舞蹈	ན	n
8											ནད	nd
9	ཤབ	假	ཤིབ	2	ཤུབ	耳语			ཤོབ	谎言	བ	b
10	ཤབས	抽出	ཤིབས	并起	ཤུབས	外套			ཤོབས	撒谎	བས	bs
11	ཤམ	下布	ཤིམ	混合	ཤུམ	颤抖			ཤོམ	排场	མ	m
12					ཤུམས	哭			ཤོམས	陈列	མས	ms
13	ཤར	东方	ཤིར	3	ཤུར	沟	ཤེར	智慧	ཤོར	输	ར	r
14											རད	rd
15	ཤལ	泻(肚子)	ཤིལ	4	ཤུལ	痕迹	ཤེལ	玻璃	ཤོལ	剩余	ལ	l
16											ལད	ld
17	ཤས	部分	ཤིས	吉祥	ཤུས	剥皮	ཤེས	知道	ཤོས	最	ས	s
18							ཤེའོ	如是云云			འོ	vo
19	ཤའི	1	ཤིའི	5	ཤུའི	7	ཤེའི	8			འི	vi
20	ཤའུ	嫩肉					ཤེའུ	幼鹿			འུ	vu

声母代码：205；藏文：ཤྭ；拉丁转写：shw；音标：												
韵母类型	元音:ཨ	拉丁转写 :a	元音:ཨི	拉丁转写 :i	元音:ཨུ	拉丁转写 :u	元音:ཨེ	拉丁转写 :e	元音:ཨོ	拉丁转写 :o	韵尾	
代码	藏文	汉义/音标	藏文	汉义/音标	藏文	汉义/音标	藏文	汉义/音标	藏文	汉义/音标	藏文	拉丁转写
1	ཤྭ	兔唇									/འ	/v
2											ག	g
3											གས	gs
4											ང	ng
5											ངས	ngs
6											ད	d
7											ན	n
8											ནད	nd
9											བ	b
10											བས	bs
11											མ	m
12											མས	ms
13											ར	r
14											རད	rd
15											ལ	l
16											ལད	ld
17											ས	s
18											འོ	vo
19	ཤྭའི	1									འི	vi
20											འུ	vu

声母代码：206；　藏文：གཤ；　拉丁转写：gsh；　音标：

韵母类型 代码	元音:ཨ 藏文	拉丁转写:a 汉义/音标	元音:ཨི 藏文	拉丁转写:i 汉义/音标	元音:ཨུ 藏文	拉丁转写:u 汉义/音标	元音:ཨེ 藏文	拉丁转写:e 汉义/音标	元音:ཨོ 藏文	拉丁转写:o 汉义/音标	韵尾 藏文	韵尾 拉丁转写
1	གཤའ	想必			གཤུ	剥皮	གཤེ	谴责	གཤོ	惯例	/འ	/v
2	གཤག	撕开	གཤིག	2			གཤེག	劈开	གཤོག	部队	ག	g
3	གཤགས	对唱歌谣					གཤེགས	圆寂	གཤོགས	劈开	གས	gs
4	གཤང	单钹			གཤུང	诽谤			གཤོང	盆地	ང	ng
5									གཤོངས	区域	ངས	ngs
6	གཤད	撕，梳			གཤུད	冻伤	གཤེད	冤家	གཤོད	说	ད	d
7	གཤན	1	གཤིན	死者			གཤེན	兴氏			ན	n
8			གཤིནད	死者							ནད	nd
9			གཤིབ	比较					གཤོབ	谎言	བ	b
10			གཤིབས	陪同							བས	bs
11	གཤམ	下面	གཤིམ	相同	གཤུམ	哭			གཤོམ	陈列	མ	m
12									གཤོམས	3	མས	ms
13	གཤར	鱼贯而行			གཤུར	削	གཤེར	审核	གཤོར	水渠	ར	r
14											རད	rd
15	གཤལ	涮，洗							གཤོལ	犁	ལ	l
16											ལད	ld
17	གཤས	纯洁	གཤིས	由于			གཤེས	骂人	གཤོས	性交	ས	s
18											འོ	vo
19									གཤོའི	骂	འི	vi
20							གཤེའུ	诅咒			འུ	vu

声母代码：207；　藏文：བཤ；　拉丁转写：bsh；　音标：

韵母类型	元音:ཨ	拉丁转写:a	元音:ཨི	拉丁转写:i	元音:ཨུ	拉丁转写:u	元音:ཨེ	拉丁转写:e	元音:ཨོ	拉丁转写:o	韵尾	
代码	藏文	汉义/音标	藏文	汉义/音标	藏文	汉义/音标	藏文	汉义/音标	藏文	汉义/音标	藏文	拉丁转写
1	བཤའ	宰杀			བཤུ	剥去			བཤོ	泼	ཨའ	/v
2	བཤག	认罪	བཤིག	毁坏	བཤུག	转让					ག	g
3	བཤགས	忏悔	བཤིགས	毁坏	བཤུགས	转让			བཤོགས	忏悔	གས	gs
4	བཤང	疏通			བཤུང	讽刺					ང	ng
5	བཤངས	疏通			བཤུངས	讽刺			བཤོངས	疏通	ངས	ngs
6	བཤད	说			བཤུད	擦伤	བཤེད	加热	བཤོད	低洼处	ད	d
7	བཤན	屠夫									ན	n
8											ནད	nd
9			བཤིབ	并列	བཤུབ	窃窃私语					བ	b
10			བཤིབས	陪同	བཤུབས	窃窃私语					བས	bs
11	བཤམ	陈列			བཤུམ	哭泣					མ	m
12	བཤམས	陈列			བཤུམས	悲恸					མས	ms
13	བཤར	量(用斗)			བཤུར	审核	བཤེར	检查	བཤོར	器皿	ར	r
14											རད	rd
15	བཤལ	冲洗			བཤུལ	道路			བཤོལ	涮洗	ལ	l
16											ལད	ld
17	བཤས	宰，杀			བཤུས	剥	བཤེས	亲友	བཤོས	食物	ས	s
18											འོ	vo
19											འི	vi
20							བཤེའུ	小鸟			འུ	vu

声母代码：208；　藏文：ས；　拉丁转写：s；　音标：

韵母类型	元音:ཨ	拉丁转写 :a	元音:ཨི	拉丁转写 :i	元音:ཨུ	拉丁转写 :u	元音:ཨེ	拉丁转写 :e	元音:ཨོ	拉丁转写 :o	韵尾	
代码	藏文	汉义 / 音标	藏文	汉义 / 音标	藏文	汉义 / 音标	藏文	汉义 / 音标	藏文	汉义 / 音标	藏文	拉丁转写
1	ས	土，地	སི	咝声	སུ	谁	སེ	色氏	སོ	牙，齿	/འ	/v
2	སག	径直	སིག	种族之一	སུག	四肢脚	སེག	倾斜	སོག	积累	ག	g
3			སིགས	颤抖					སོགས	积累	གས	gs
4	སང	明天	སིང	笙	སུང	臭味	སེང	狮	སོང	助词	ང	ng
5	སངས	消除	སིངས	稀薄	སུངས	臭味	སེངས	改正	སོངས	清洗	ངས	ngs
6	སད	霜	སིད	齿缝咝声	སུད	4	སེད	梳理	སོད	屠杀	ད	d
7			སིན	燃着	སུན	厌烦	སེན	指甲	སོན	种子	ན	n
8											ནད	nd
9	སབ	篱笆	སིབ	麻疹	སུབ	抹掉	སེབ	公马	སོབ	冰屑	བ	b
10					སུབས	擦拭			སོབས	偿还	བས	bs
11	སམ	和，或	སིམ	渗透	སུམ	三			སོམ	平均	མ	m
12			སིམས	渗入	སུམས	捆束	སེམས	心	སོམས	思考	མས	ms
13	སར	于地上	སིར	3	སུར	这边	སེར	黄	སོར	一指宽度	ར	r
14											རད	rd
15	སལ	1	སིལ	水果	སུལ	沟	སེལ	隔阂	སོལ	黑炭	ལ	l
16											ལད	ld
17	སས	以地			སུས	被谁			སོས	活，恢复	ས	s
18											འོ	vo
19	སའི	2			སུའི	是谁？	སེའི	6	སོའི	7	འི	vi
20			སིའུ	石级	སུའུ	5	སེའུ	一种水果			འུ	vu

声母代码：209；　藏文：སྲ；　拉丁转写：sr；　音标：

韵母类型	元音:ཨ 藏文	拉丁转写:a 汉义/音标	元音:ཨི 藏文	拉丁转写:i 汉义/音标	元音:ཨུ 藏文	拉丁转写:u 汉义/音标	元音:ཨེ 藏文	拉丁转写:e 汉义/音标	元音:ཨོ 藏文	拉丁转写:o 汉义/音标	韵尾 藏文	韵尾 拉丁转写
代码	藏文	汉义/音标	藏文	汉义/音标	藏文	汉义/音标	藏文	汉义/音标	藏文	汉义/音标	藏文	拉丁转写
1	སྲ	硬	སྲི	魔鬼	སྲུ	1	སྲེ	混合	སྲོ	烤，取暖	/འ	/v
2	སྲག	噪声			སྲུག	搅动	སྲེག	烧	སྲོག	生命	ག	g
3							སྲེགས	烧			གས	gs
4	སྲང	小巷	སྲིང	伸长	སྲུང	守卫			སྲོང	纠正	ང	ng
5			སྲིངས	延长	སྲུངས	保卫			སྲོངས	延长	ངས	ngs
6	སྲད	田中杂草	སྲིད	政治			སྲེད	欲望	སྲོད	黄昏	ད	d
7	སྲན	忍	སྲིན	昆虫	སྲུན	温和			སྲོན	忍耐	ན	n
8											ནད	nd
9	སྲབ	马嚼子	སྲིབ	阴蔽面	སྲུབ	打(茶)			སྲོབ	刮薄	བ	b
10			སྲིབས	阴蔽面	སྲུབས	间隙			སྲོབས	削弱	བས	bs
11	སྲམ	水獭									མ	m
12											མས	ms
13											ར	r
14											རད	rd
15	སྲལ	缝隙	སྲིལ	蛀虫	སྲུལ	使腐烂	སྲེལ	掌管	སྲོལ	风俗	ལ	l
16											ལད	ld
17	སྲས	少爷	སྲིས	节约	སྲུས	青麦穗	སྲེས	晒干	སྲོས	烘，烤	ས	s
18											འོ	vo
19											འི	vi
20			སྲིའུ	小孩							འུ	vu

声母代码：210；藏文：སླ；拉丁转写：sl；音标：												
韵母类型	元音：ཨ	拉丁转写：a	元音：ཨི	拉丁转写：i	元音：ཨུ	拉丁转写：u	元音：ཨེ	拉丁转写：e	元音：ཨོ	拉丁转写：o	韵尾	
代码	藏文	汉义 / 音标	藏文	汉义 / 音标	藏文	汉义 / 音标	藏文	汉义 / 音标	藏文	汉义 / 音标	藏文	拉丁转写
1	སླ	编，织	སླི	5	སླུ	引诱	སླེ	织，做	སློ	反刍	/འ	/v
2	སླག	皮袄			སླུག	高兴			སློག	搜查	ག	g
3	སླགས	布置							སློགས	垦荒	གས	gs
4	སླང	鏊锅							སློང	乞讨	ང	ng
5	སླངས	泻痢							སློངས	升起	ངས	ngs
6	སླད	缘故					སླེད	权势(古)	སློད	沾染	ད	d
7	སླན	补缀					སླེན	6	སློན	缝补	ན	n
8											ནད	nd
9	སླབ	1					སླེབ	达到	སློབ	学，教	བ	b
10	སླབས	2					སླེབས	进度	སློབས	学习	བས	bs
11	སླམ	3							སློམ	竹篓	མ	m
12											མས	ms
13	སླར	再次									ར	r
14											རད	rd
15							སླེལ	7			ལ	l
16											ལད	ld
17	སླས	侍从			སླུས	引诱	སླེས	织，做	སློས	念诵	ས	s
18							སླེའོ	话，语言			འོ	vo
19	སླའི	4									འི	vi
20							སླེའུ	垫毯			འུ	vu

声母代码：211；藏文：གས；拉丁转写：gs；音标：												
韵母类型	元音：ཨ	拉丁转写：a	元音：ཨི	拉丁转写：i	元音：ཨུ	拉丁转写：u	元音：ཨེ	拉丁转写：e	元音：ཨོ	拉丁转写：o	韵尾	
代码	藏文	汉义 / 音标	藏文	汉义 / 音标	藏文	汉义 / 音标	藏文	汉义 / 音标	藏文	汉义 / 音标	藏文	拉丁转写
1	གསའ	雪豹			གསུ	来月经	གསེ	选拔	གསོ	养育	/འ	/v
2	གསག	不察觉	གསིག	抖	གསུག	贿赂品	གསེག	倾斜	གསོག	积攒	ག	g
3	གསགས	1	གསིགས	抖			གསེགས	2	གསོགས	积累	གས	gs
4	གསང	孔	གསིང	空隙	གསུང	语言	གསེང	间隙	གསོང	保守秘密	ང	ng
5	གསངས	保密	གསིངས	冲刷	གསུངས	语言			གསོངས	隐藏	ངས	ngs
6	གསད	杀死			གསུད	肝硬化	གསེད	撕开	གསོད	杀死	ད	d
7	གསན	听					གསེན	妖女	གསོན	听	ན	n
8											ནད	nd
9	གསབ	补足			གསུབ	擦去	གསེབ	种马(驴)	གསོབ	空壳	བ	b
10					གསུབས	擦					བས	bs
11					གསུམ	三			གསོམ	松树	མ	m
12											མས	ms
13	གསར	新	གསིར	旋	གསུར	焦烟	གསེར	黄金	གསོར	钻子	ར	r
14											རད	rd
15	གསལ	明亮	གསིལ	劈开					གསོལ	请求	ལ	l
16											ལད	ld
17	གསས	苯教教堂			གསུས	肚子	གསེས	部分	གསོས	养育	ས	s
18											འོ	vo
19									གསོའི	3	འི	vi
20											འུ	vu

声母代码：212；　藏文：བས；　拉丁转写：bs；　音标：

韵母类型	元音:ཨ	拉丁转写:a		元音:ཨི	拉丁转写:i		元音:ཨུ	拉丁转写:u		元音:ཨེ	拉丁转写:e		元音:ཨོ	拉丁转写:o		韵尾	
代码	藏文	汉义	音标	藏文	汉义	音标	藏文	汉义	音标	藏文	汉义	音标	藏文	汉义	音标	藏文	拉丁转写
1	བསའ	雪豹		བསི	剔(牙)		བསུ	迎接		བསེ	漆革		བསོ	吆喝声		/འ	/v
2	བསག	积累		བསིག	抖搂		བསུག	搓揉		བསེག	斜		བསོག	积累		ག	g
3	བསགས	积累		བསིགས	搧					བསེགས	倾斜		བསོགས	收藏		གས	gs
4	བསང	祭祀火烟		བསིང	沉淀		བསུང	气味		བསེང	清晰		བསོང	3		ང	ng
5	བསངས	熏烟		བསིངས	过滤		བསུངས	臭味					བསོངས	使洁净		ངས	ngs
6	བསད	杀死								བསེད	撕开		བསོད	福气		ད	d
7							བསུན	厌烦		བསེན	亲友		བསོན	去		ན	n
8																ནད	nd
9	བསབ	草人					བསུབ	涂抹								བ	b
10	བསབས	填补					བསུབས	抹掉								བས	bs
11	བསམ	认为					བསུམ	闭合								མ	m
12	བསམས	想					བསུམས	闭合								མས	ms
13	བསར	准备		བསིར	转动		བསུར	触摸		བསེར	节约		བསོར	调换		ར	r
14																རད	rd
15	བསལ	克服		བསིལ	凉					བསེལ	护送		བསོལ	和蔼可亲		ལ	l
16																ལད	ld
17				བསིས	1		བསུས	迎					བསོས	休养		ས	s
18																འོ	vo
19							བསུའི	2					བསོའི	4		འི	vi
20										བསེའུ	小犀牛					འུ	vu

声母代码：213； 藏文：བསྭ； 拉丁转写：bsw； 音标：												
韵母类型	元音:ཨ	拉丁转写 :a	元音:ཨི	拉丁转写 :i	元音:ཨུ	拉丁转写 :u	元音:ཨེ	拉丁转写 :e	元音:ཨོ	拉丁转写 :o	韵尾	
代码	藏文	汉义 音标	藏文	汉义 音标	藏文	汉义 音标	藏文	汉义 音标	藏文	汉义 音标	藏文	拉丁转写
1									བསྭོ	1	/འ	/v
2											ག	g
3											གས	gs
4											ང	ng
5											ངས	ngs
6											ད	d
7											ན	n
8											ནད	nd
9											བ	b
10											བས	bs
11											མ	m
12											མས	ms
13											ར	r
14											རད	rd
15											ལ	l
16											ལད	ld
17											ས	s
18											འོ	vo
19											འི	vi
20											འུ	vu

声母代码：214；　藏文：བསྲ；　拉丁转写：bsr；　音标：

韵母类型	元音:ཨ	拉丁转写:a	元音:ཨི	拉丁转写:i	元音:ཨུ	拉丁转写:u	元音:ཨེ	拉丁转写:e	元音:ཨོ	拉丁转写:o	韵尾	
代码	藏文	汉义/音标	藏文	汉义/音标	藏文	汉义/音标	藏文	汉义/音标	藏文	汉义/音标	藏文	拉丁转写
1	བསྲ	坚固	བསྲི	吝啬			བསྲེ	拌入	བསྲོ	烤	/འ	/v
2							བསྲེག	烧			ག	g
3							བསྲེགས	烧	བསྲོགས	吓唬	གས	gs
4	བསྲང	弄直	བསྲིང	延长	བསྲུང	遵守					ང	ng
5	བསྲངས	弄直	བསྲིངས	伸长	བསྲུངས	守护					ངས	ngs
6	བསྲད	干					བསྲེད	摆放			ད	d
7	བསྲན	忍受			བསྲུན	驯服					ན	n
8											ནད	nd
9	བསྲབ	使薄	བསྲིབ	完成	བསྲུབ	打(茶)			བསྲོབ	添加	བ	b
10	བསྲབས	使薄	བསྲིབས	完成	བསྲུབས	打(茶)					བས	bs
11											མ	m
12											མས	ms
13											ར	r
14											རད	rd
15	བསྲལ	工作			བསྲུལ	腐烂	བསྲེལ	保护			ལ	l
16											ལད	ld
17			བསྲིས	吝啬			བསྲེས	混合	བསྲོས	烤,烘	ས	s
18											འོ	vo
19							བསྲེའི	1			འི	vi
20											འུ	vu

声母代码：215；藏文：བསླ；拉丁转写：bsl；音标：												
韵母类型	元音：ཨ	拉丁转写 :a	元音：ཨི	拉丁转写 :i	元音：ཨུ	拉丁转写 :u	元音：ཨེ	拉丁转写 :e	元音：ཨོ	拉丁转写 :o	韵尾	
代码	藏文	汉义 音标	藏文	汉义 音标	藏文	汉义 音标	藏文	汉义 音标	藏文	汉义 音标	藏文	拉丁转写
1	བསླ	编织			བསླུ	引诱	བསླེ	编织			/འ	/v
2	བསླག	1			བསླུག	喜悦			བསློག	翻转	ག	g
3	བསླགས	2			བསླུགས	喜悦			བསློགས	翻转	གས	gs
4	བསླང	乞讨									ང	ng
5	བསླངས	乞讨									ངས	ngs
6	བསླད	腐蚀									ད	d
7	བསླན	补									ན	n
8											ནད	nd
9	བསླབ	学					བསླེབ	过去			བ	b
10	བསླབས	学习					བསླེབས	过去			བས	bs
11											མ	m
12											མས	ms
13											ར	r
14											རད	rd
15											ལ	l
16											ལད	ld
17	བསླས	编，织			བསླུས	引诱	བསླེས	编织			ས	s
18											འོ	vo
19											འི	vi
20											འུ	vu

声母代码：216；　藏文：ཧ；　拉丁转写：h；　音标：

韵母类型	元音：ཨ	拉丁转写：a	元音：ཨི	拉丁转写：i	元音：ཨུ	拉丁转写：u	元音：ཨེ	拉丁转写：e	元音：ཨོ	拉丁转写：o	韵尾	
代码	藏文	汉义 音标	藏文	汉义 音标	藏文	汉义 音标	藏文	汉义 音标	藏文	汉义 音标	藏文	拉丁转写
1	ཧ	藏文字母	ཧི	拟声词	ཧུ	拟声词	ཧེ	(嗨)笑声	ཧོ	10	/འ	/v
2	ཧག	1	ཧིག	提气声	ཧུག	搭起			ཧོག	11	ག	g
3	ཧགས	糖浆			ཧུགས	3					གས	gs
4	ཧང	空，虚			ཧུང	4			ཧོང	晕倒	ང	ng
5											ངས	ngs
6	ཧད	忽然			ཧུད	叹息声	ཧེད	发呆	ཧོད	12	ད	d
7	ཧན	国王	ཧིན	拟声词			ཧེན	6	ཧོན	牛瘟	ན	n
8											ནད	nd
9	ཧབ	急切			ཧུབ	一口	ཧེབ	贪，欲	ཧོབ	13	བ	b
10											བས	bs
11	ཧམ	鞋			ཧུམ	拟声词			ཧོམ	镇魔术	མ	m
12											མས	ms
13	ཧར	吹牛	ཧིར	2	ཧུར	凝视	ཧེར	7	ཧོར	蒙古人	ར	r
14											རད	rd
15	ཧལ	呼吸急迫					ཧེལ	8	ཧོལ	松土	ལ	l
16											ལད	ld
17	ཧས	喘气			ཧུས	湿			ཧོས	苯教	ས	s
18											འོ	vo
19					ཧུའི	5	ཧེའི	9	ཧོའི	14	འི	vi
20					ཧུའུ	壶	ཧེའུ	侯爵	ཧོའུ	15	འུ	vu

声母代码：217；　藏文：ཧྭ；　拉丁转写：hw；　音标：												
韵母类型	元音:ཨ	拉丁转写 :a	元音:ཨི	拉丁转写 :i	元音:ཨུ	拉丁转写 :u	元音:ཨེ	拉丁转写 :e	元音:ཨོ	拉丁转写 :o	韵尾	
代码	藏文	汉义/音标	藏文	汉义/音标	藏文	汉义/音标	藏文	汉义/音标	藏文	汉义/音标	藏文	拉丁转写
1	ཧྭ	衣服领口									/འ	/v
2	ཧྭག	1									ག	g
3	ཧྭགས	蔗糖									གས	gs
4	ཧྭང	2									ང	ng
5											ངས	ngs
6											ད	d
7											ན	n
8											ནད	nd
9											བ	b
10											བས	bs
11											མ	m
12											མས	ms
13											ར	r
14											རད	rd
15											ལ	l
16											ལད	ld
17											ས	s
18											འོ	vo
19											འི	vi
20											འུ	vu

声母代码：218；　藏文：ཧྲ；　拉丁转写：hr；　音标：

韵母类型	元音:ཨ 藏文	拉丁转写:a 汉义	音标	元音:ཨི 藏文	拉丁转写:i 汉义	音标	元音:ཨུ 藏文	拉丁转写:u 汉义	音标	元音:ཨེ 藏文	拉丁转写:e 汉义	音标	元音:ཨོ 藏文	拉丁转写:o 汉义	音标	韵尾 藏文	拉丁转写
代码	藏文	汉义	音标	藏文	汉义	音标	藏文	汉义	音标	藏文	汉义	音标	藏文	汉义	音标	藏文	拉丁转写
1				ཧྲི	4					ཧྲེ	社					/འ	/v
2	ཧྲག	空间		ཧྲིག	未熟青稞		ཧྲུག	小碎片					ཧྲོག	经线轴		ག	g
3	ཧྲགས	粗糙														གས	gs
4	ཧྲང	惯坏								ཧྲེང	强硬					ང	ng
5	ཧྲངས	惯坏		ཧྲིངས	纵容					ཧྲེངས	强硬					ངས	ngs
6	ཧྲད	变干		ཧྲིད	愈合		ཧྲུད	粗鲁								ད	d
7	ཧྲན	1		ཧྲིན	5					ཧྲེན	10					ན	n
8																ནད	nd
9	ཧྲབ	2		ཧྲིབ	瞬间		ཧྲུབ	6					ཧྲོབ	粒		བ	b
10							ཧྲུབས	7								བས	bs
11	ཧྲམ	3					ཧྲུམ	拟声词		ཧྲེམ	肿的		ཧྲོམ	堆砌		མ	m
12																མས	ms
13																ར	r
14																རད	rd
15	ཧྲལ	缝隙		ཧྲིལ	整		ཧྲུལ	破烂					ཧྲོལ	腐烂		ལ	l
16																ལད	ld
17																ས	s
18																འོ	vo
19							ཧྲུའི	8								འི	vi
20							ཧྲུའུ	9					ཧྲོའུ	11		འུ	vu

声母代码：219；　藏文：ལྷ；　拉丁转写：lh；　音标：

韵母类型	元音:ཨ	拉丁转写:a		元音:ཨི	拉丁转写:i		元音:ཨུ	拉丁转写:u		元音:ཨེ	拉丁转写:e		元音:ཨོ	拉丁转写:o		韵尾	
代码	藏文	汉义	音标	藏文	汉义	音标	藏文	汉义	音标	藏文	汉义	音标	藏文	汉义	音标	藏文	拉丁转写
1	ལྷ	神仙,佛					ལྷུ	零件		ལྷེ	页		ལྷོ	南方		/འ	/v
2	ལྷག	剩下					ལྷུག	松					ལྷོག	捞回本钱		ག	g
3	ལྷགས	来					ལྷུགས	连续					ལྷོགས	饥饿		གས	gs
4	ལྷང	残余影响		ལྷིང	稳定		ལྷུང	掉下					ལྷོང	象征		ང	ng
5	ལྷངས	热气					ལྷུངས	掉下					ལྷོངས	附带		ངས	ngs
6	ལྷད	不纯成分					ལྷུད	喂(水)					ལྷོད	松开		ད	d
7	ལྷན	同,俱					ལྷུན	形势		ལྷེན	胸间脆骨		ལྷོན	帖,补		ན	n
8																ནད	nd
9	ལྷབ	口面宽					ལྷུབ	飘扬		ལྷེབ	片,块					བ	b
10	ལྷབས	一大数名								ལྷེབས	片					བས	bs
11	ལྷམ	鞋					ལྷུམ	子宫		ལྷེམ	喘气					མ	m
12	ལྷམས	1					ལྷུམས	母胎								མས	ms
13	ལྷར	2					ལྷུར	虔诚					ལྷོར	3		ར	r
14																རད	rd
15																ལ	l
16																ལད	ld
17	ལྷས	畜栏								ལྷེས	园子					ས	s
18																འོ	vo
19	ལྷའི	神的											ལྷོའི	4		འི	vi
20										ལྷེའུ	苯教师					འུ	vu

声母代码：220； 藏文：ཨ； 拉丁转写：-； 音标：																	
韵母类型	元音：ཨ	拉丁转写：a		元音：ཨི	拉丁转写：i		元音：ཨུ	拉丁转写：u		元音：ཨེ	拉丁转写：e		元音：ཨོ	拉丁转写：o		韵尾	
代码	藏文	汉义	音标	藏文	汉义	音标	藏文	汉义	音标	藏文	汉义	音标	藏文	汉义	音标	藏文	拉丁转写
1	ཨ	藏文字母		ཨི	酒		ཨུ	元音符号		ཨེ	吗？		ཨོ	噢（惊讶）		/འ	/v
2	ཨག	胡须		ཨིག	拟声词		ཨུག	拟声词					ཨོག	喉部		ག	g
3				ཨིགས	4											གས	gs
4	ཨང	啊					ཨུང	6					ཨོང	噢		ང	ng
5																ངས	ngs
6				ཨིད	拟声词		ཨུད	7								ད	d
7	ཨན	首节颈椎骨		ཨིན	嗯					ཨེན	少量					ན	n
8																ནད	nd
9	ཨབ	冻僵								ཨེབ	8		ཨོབ	12		བ	b
10																བས	bs
11	ཨམ	1		ཨིམ	5					ཨེམ	9		ཨོམ	首要人物		མ	m
12																མས	ms
13	ཨར	丁香					ཨུར	研细		ཨེར	10		ཨོར	搬运		ར	r
14																རད	rd
15	ཨལ	2											ཨོལ	喉结		ལ	l
16																ལད	ld
17	ཨས	3		ཨིས	藏酒											ས	s
18																འོ	vo
19										ཨེའི	11					འི	vi
20	ཨའུ	祖母											ཨོའུ	13		འུ	vu

音节附表

序号	音节	藏文例词	汉义	序号	音节	藏文例词	汉义
1.1	ཀང	བྱ་ཀང	印度地名	3.2	ཀྱུད	འ་ཡའི་ཀྱུད	咦
1.2	ཀའི	སྟར་ཀའི་སྡོང་པོ	核桃树	3.3	ཀྱུམས	ཀྱུམས་པ	剩余
1.3	ཀའུ	ཀའུ་རིང་བསྲེལ	高丽参	3.4	ཀྱིག	སེལ་ཀྱིག	编筐树条
1.4	ཀེམས	ཀེམས་ཤིང་ཀོང་ཇོ	文成公主	3.5	ཀྱིང	ཀྱིང་བསེར	疾风
1.5	ཀེར	ཀེར་བ	围绕	3.6	ཀྱིར	ཀྱིར་ཀྱིར	小鸟鸣声
1.6	ཀེའི	སྤྱང་ཀེའི་ཕོ་བ	狼胃	3.7	ཀྱིལ	ཀྱིལ་ལེ	圆圆的
1.7	ཀུར	ཀུར་རྟགས	叉号	3.8	ཀྱུང	ཀྱུང་ཏུ	槌，锤
1.8	ཀུས	ཧུང་ཀུས	东国君王	3.9	ཀྱུན	ཐའི་ཤང་ལོའུ་ཀྱུན	太上老君
1.9	ཀུའུ	ཀུའུ་ཅོ	提盒	3.10	ཀྱིལ	ཀྱུལ་ཀྱིལ་རེ	少许
1.10	ཀེན	ཀེན་ཐུར་སློག	翻斤头	3.11	ཀྱོམ	ཀྱོམ་ཀྱོམ་བྱེད	晃，摇
1.11	ཀེམ	ཀེམ་ཀེམ	脉动	3.12	ཀྱོར	ཀྱུར་ཀྱོར་ཅན	软弱者
1.12	ཀེལ	ཀེལ་ར	香蕉	4.1	ཀྲན	ཀྲན་སྙིགས	豆渣
1.13	ཀེའི	ཀེ་ཀེའི་སྒྲ་ཅན	孔雀	4.2	ཀྲའི	ཙག་ཀྲའི་སྒམ་ཆུང	火柴盒
1.14	ཀོན	ཞེ་ཀོན	仇恨	4.3	ཀྲི	ཀྲི་ཀྲི	国王名
1.15	ཀོམ	ཀམ་མེ་ཀོམ་མེ	身形姿态	4.4	ཀྲིང	དཀར་ཀྲིང	蛋白
1.16	ཀོའི	ཀོས་ཀོའི་གཞོང	下巴凹处	4.5	ཀྲུ	ཤི་ཀྲུ	白胡椒(异)
1.17	ཀོའུ	ཀོའུ་དི་ཉ	印度人名	4.6	ཀྲུག	ཀྲུག་རྡེ	烟头儿
2.1	ཀྭན	ཐུའུ་ཀྭན	土官	4.7	ཀྲུབ	ཀྲུབ་ཐུག	生青稞粥
2.2	ཀྭས	ཧུང་ཀྭས	东国君王	4.8	ཀྲུའུ	ཀྲུའུ་ཞི	主席
3.1	ཀྱུ	ཀྱུ་ཀ	喜鹊	4.9	ཀྲེང	ཀྲེང་ཀྲོའུ	郑州

序号	音节	藏文例词	汉义	序号	音节	藏文例词	汉义
4.10	ཀྲེམས	ཀྲེམས་པ	铺散	15.2	ལྐོགས	ལྐག་ལྐོགས	隐蔽
4.11	ཀྲོར	སྲི་ཀྲོར	汽油	16.1	སྐུའི	སྐུའི་ཚུགས	体格
4.12	ཀྲོའུ	ཧྥུ་ཀྲོའུ	福州	16.2	སྐེའི	སྐེའི་འཕྲེང་བ	项链
5.1	ཀླགས	ཀླགས་པ	优异	17.1	སྐྱལ	མནའ་སྐྱལ	发誓
5.2	ཀླུས	ཀླུས་བཏེག་པ	撑持	17.2	སྐྱའི	སེར་སྐྱའི་གྲོང	劫毗罗城
5.3	ཀླུའི	ཀླུའི་ཡི་གེ	兰札字	17.3	སྐྱིང	སྐྱིང་ཁབ	锦缎
5.4	ཀློའི	ཀླ་ཀློའི་སྐད	蛮语	17.4	སྐྱེའི	རྩིབ་སྐྱེའི་ཚ་ནད	肋膜炎
6.1	དཀའི	བྱ་དཀའི་རྒྱན	难作体修饰法	17.5	སྐྱེའི	བུ་སྐྱེའི་ཚན་ཁག	产科
6.2	དཀོག	དཀོག་ཞུལ	密探	18.1	སྐྲགས	སྐྲགས་པ	已恐惧
7.1	དཀྱིར	དཀྱིར་མ	中心, 中间	18.2	སྐྲའི	སྐྲའི་ལྷས་མ	辫子
8.1	དཀྲིལ	ལུས་དང་དཀྲིལ་ལེ	分不开	19.1	བརྐུན	བརྐུན་པ	偷盗
8.2	དཀྲུང	སྐྱིལ་མོ་དཀྲུང	盘足坐相	19.2	བརྐོལ	འབུར་བརྐོལ	浮雕
9.1	བཀའི	བཀའི་སྲིང་བློན	大臣	21.1	བསྐོགས	ཟན་བསྐོགས་པ	已拌糌粑
10.1	བཀྱི	བཀྱི་བ	不传授	21.2	བསྐོའི	འདེམ་བསྐོའི་ཁྲིམས	选举法
10.2	བཀྱིལ	བཀྱིལ་བ	不传授	22.1	བསྐྱིག	བསྐྱིག་པ	束缚
10.3	བཀྱིས	བཀྱིས་པ	不传授	22.2	བསྐྱིངས	སྐྲ་བསྐྱིངས	扎京
11.1	བཀྲའི	ས་བཀྲའི་འཕྲེད་ཐིག	纬线	22.3	བསྐྱིམས	བསྐྱིམས་པ	粘合
13.1	རྐམ	རྐམ་ཚུགས	托腮	23.1	བསྐྲིན	བསྐྲིན་པ	已引导
14.1	རྐྱག	ཆང་རྐྱག	酒鬼	23.2	བསྐྲིས	བསྐྲིས་པ	已引导
15.1	ལྐོ	ལྐོ་མོག	积水坑	24.1	ཁའི	ཁའི་ཉིན་མོ	前天

序号	音节	藏文例词	汉义	序号	音节	藏文例词	汉义
24.2	ཁའུ	ཁའུ་ཆེན	口琴	30.1	མཁྲགས	མཁྲགས་ཧོ	死心眼
24.3	ཁི	མིར་ཁི	昏痛	30.2	མཁྲིགས	ཆུ་མཁྲིགས	冰雹
24.4	ཁུའི	མར་ཁུའི་མདོག	嫩黄色	31.1	འཁམ	ཞེ་འཁམ་པ	愤怒
24.5	ཁེའུ	ཁེའུ་སྣུས	零食	31.2	འཁུགས	འཁུགས་པ	回转
24.6	ཁོའུ	ཤིང་ཁོའུ་པ	紫桦树	32.1	འཁྱུན	འཁྱུན་བུ	情妇
25.1	ཁྭང	ཀྱོ་ཁྭང་རེའུ་མིག	角亢表	33.1	འཁྲན	འཁྲན་ཆ	鬼神缠磨
26.1	ཁྱར	ཁྱར་ཁྱོར	蹒跚	33.2	འཁྲུར	བལ་འཁྲུར་འཇུག་པ	掰濯羊毛
26.2	ཁྱུགས	ཁྱུགས་སེ་ཁྱུག	瞥然	34.1	གའི	ཡལ་གའི་མེ་ཏོག	马尾花
27.1	ཁྲད	ཁྲད་ཁྲོད	中间	34.2	གིར	བདག་གིར་འཛིན་པ	为我所有
27.2	ཁྲན	ཀུང་ཁྲན་ཏང	共产党	34.3	གིའི	སྟུ་ཡ་གིའི	上方
27.3	ཁྲས	དགའ་ཁྲས་ཁྲས	笑盈盈	34.4	གུལ	ཙུག་གུལ་བཞག	安放不动
27.4	ཁྲའི	ཚོན་ཁྲའི་གློག་བརྙན	彩色影片	34.5	གུའི	ཕྲུ་གུའི་དུས	童年
27.5	ཁྲུག	ཁྲག་གེ་ཁྲུག་གེ	杂乱	34.6	གེག	གེག་པ	喉蛾，鸭子
27.6	ཁྲུམ	ཁྲུམ་ཁྲུམ་མ	脆骨	34.7	གེན	གེན་ལོག་བྱེད	反叛
27.7	ཁྲུའུ	ཧྲུའུ་ཅི་ཁྲུའུ	书记处	34.8	གེར	གེར་ལིང	良马
27.8	ཁྲེགས	ཁྲེགས་པ	坚硬，粗犷	34.9	གེས	ཡི་གེས་བྲིས	用字来写
27.9	ཁྲེང	ཁྲེང་ཏུའུ	成都	34.10	གེའི	སེང་གེའི་ང་རོ	狮子吼声
27.10	ཁྲེད	ཁྲེད་ཁྲེད	暗淡之色	34.11	གོའི	མི་གོའི་སྒོར་མོ	美元
28.1	མཁའི	མཁའི་ཧྲངས	雾，露	34.12	གོའུ	བྱ་གོའུ་ཏི་མ	杜鹃
28.2	མཁོའི	རྒྱུན་མཁོའི་དངོས་པོ	日用品	35.1	གྭང	གི་གྭང	黄色

序号	音节	藏文例词	汉义	序号	音节	藏文例词	汉义
36.1	གྱངས	ཞག་གྱངས	每晚	39.3	གློར	གློར་གི	忽然
36.2	གྱིམ	གྱིམ་ཤིང	音乐	40.1	དགན	དགན་པ་བྱེད	耍滑头
36.3	གྱིལ	སེར་གྱིལ་ལེ	黄澄澄的	40.2	དགའི	ཡིད་དགའི་ལྗོན	悦意树
36.4	གྱུའི	གྱུ་གྱུའི་རི་མོ	曲线	40.3	དགུའི	སྐྱེ་དགུའི་བདག་པོ	国王异名
36.5	གྱེ	གྱེ་བ	分为	40.4	དགེལ	དགེ་དགེལ	仰
36.6	གྱེང	འཆལ་གྱེང	随便	40.5	དགེའི	སྡེ་དགེའི་པར་ཁང	德格印经院
36.7	གྱོགས	གྱོགས་མོ	水沟	42.1	དགྲའི	དགྲའི་དྭངས་མ	主敌
37.1	གྲིན	གྲིན་པོ	锋利	43.1	བགེས	སྐྱ་ན་བགེས་པོ	年老的
37.2	གྲིར	ལྟོངས་གྲིར་ཤི	饿死	43.2	བགོའུ	ཕོ་བགོའུ	小犏牛
37.3	གྲིས	གྲིས་རྔོ་མེས་འདེབས	刀耕火种	44.1	བརྒྱུད	དགའ་ལྡན་བཀའ་བརྒྱུད	噶丹口传
37.4	གྲིའི	རལ་གྲིའི་གཉེན	军官	45.1	བགྲུའི	བགྲུའི་འཁོར	碾米机
37.5	གྲུན	གསོག་གྲུན	积蓄	45.2	བགྲེ	བགྲེ་བ	打滚
37.6	གྲུར	གྲུར་འཛུག་པ	登船	46.1	མགོའི	དཔྱིད་མགོའི་མེ་ཏོག	梅花
37.7	གྲུའི	གྲུའི་དར་ཤིང	桅杆	49.1	འགིའུ	འགིའུ་ཝང	牛黄
37.8	གྲུའུ	གྲུའུ་ཙི	绸子	49.2	འགུ	འགུ་རིག	某个民族
37.9	གྲོའི	ལྗགས་གྲོའི་ཨུ་ལག	运麦乌拉	49.3	འགུར	འགུར་ཞོ	古尔肖(量)
38.1	གྲྭར	སློབ་གྲྭར་བཅུག	录取	49.4	འགོགས	འབྲུས་འགོགས	努力
38.2	གྲྭའི	སློབ་གྲྭའི་དུས་ཆེན	校庆	49.5	འགོའི	དཔྱིད་འགོའི་མེ་ཏོག	菊香
39.1	གླུར	གླུར་པ	矮人	49.6	འགོའུ	ཕར་འགོའུ	那边
39.2	གླེག	སྐྱ་གླེག	暗灰色	50.1	འགྱོང	འགྱོང་བར་བྱེད	耽搁

序号	音节	藏文例词	汉义
50.2	འགྲོམ	འགྲོམ་ཐུག	猫耳朵面片
51.1	འགྲད	གཞོགས་འགྲད	失足跌倒
51.2	འགྲོར	འགྲོར་འཇུག	使人走
51.3	འགྲོའི	ཐུར་འགྲོའི་སྨན	泻药
52.1	རྒད	རྒད་མོ	老大娘
52.2	རྒུམ	རྒུམ་བུ	鸟食
52.3	རྒོན	ཤིང་རྒོན	啄木鸟
52.4	རྒོབ	རྒོབ་བཤད	摆架子
52.5	རྒོའུ	མོ་རྒོའུ	小母犏牛
53.1	རྒྱམ	རྒྱམ་ཚྭ	一种盐
53.2	རྒྱའི	ཀླད་རྒྱའི་ཚ་ནད	脑膜炎
53.3	རྒྱུར	ངུ་རྒྱུར་དགའ་པོ	爱哭的
53.4	རྒྱུའི	རྒྱུའི་རྐྱེན	因缘
54.1	སྒོ	སྒོ་སྒོ	马勃(菌)
55.1	སྒས	རླུང་སྒས	风病
55.2	སྒའི	སྒའི་སྔ་རི	前鞍桥，鞍子前
55.3	སྒའུ	སྒེའུ་སྒའུ	一种野蒜
55.4	སྒིག	སྒིག་ཏུལ	嗝儿
55.5	སྒུད	སྒུད་པོ	岳父
55.6	སྒུབ	འཕར་དཀྲི་འགེལ་སྒུབ	额外差役
55.7	སྒུམ	སྒུམ་མདའ	弹弓
55.8	སྒེ	སྒེ་ཁུང	窗子
55.9	སྒོའི	སྒོའི་ལུ	小犏牛
56.1	སྒྱིག	སྒྱིག་གུ	小钱袋
56.2	སྒྱུག	སྒྱུག་མོ	婆婆，岳母
56.3	སྒྱོ	སྒྱོ་བ	大口袋
56.4	སྒྱོག	ཁར་སྒྱོག	辫套边口
57.1	སྒྲག	དམ་སྒྲག་བྱེད	严加管理
57.2	སྒྲབ	སྒྲབ་བེ་སྒྲོབ་བེ	满满当当
57.3	སྒྲར	སྒྲར་གནས་ཀྱི་དེ་ཉིད	住声真实
57.4	སྒྲའི	སྒྲའི་ང་རོ	声调
57.5	སྒྲེའུ	སྒྲེའུ་ཚང	精囊
57.6	སྒྲ	དྲིལ་སྒྲ	铃声
57.7	སྒྲེགས	སྒྲེགས་སྒྲ	嗳气声
57.8	སྒྲོང	སྒྲོང་བ	计数
59.1	བརྒྱར	བརྒྱར་གྱེས	百支，百分
59.2	བརྒྱའི	ཚིག་བརྒྱའི་དབང་པོ	百语王，金曜异名
62.1	བསྒྲི	མར་བསྒྲི་བ	准备的酥油
63.1	ངའི	ངའི་སྒྲ	劳驾
63.2	ངེ	ཡང་ངེ་ཡིང་ངེ	散漫

序号	音节	藏文例词	汉义	序号	音节	藏文例词	汉义
63.3	ངིར	འོད་ཐིང་ངིར	亮光光的	71.3	ཅིན	ཆུའི་ཅིན	水晶
63.4	ངུའི	དབྱར་ཐུང་ངུའི་དུས	短夏，藏历七月十六日	71.4	ཅིའི	ཅིའི་སླད	为什么
63.5	ངོའི	མར་ངོའི་ཚེས་གཅིག	下弦初一	71.5	ཅུག	ཨ་ཅུག	关节骨
64.1	དངུད	དངུད་མོ	呜咽	71.6	ཅུད	ཅུད་མིག	八宝饭
66.1	ཛབས	ཛབས་རྭ	角吸管	71.7	ཅུན	པ་ལུའུ་ཅུན	八路军
66.2	ཛའི	ཁྲིམས་ཛའི་ཁང་པ	法鼓室	71.8	ཅེན	རིན་ཅེན	珍宝
66.3	ཛུམ	མཛལ་ཛུམ	短时的会晤	71.9	ཅེམ	ཅེམ་ཅེ་ལྷ་མོ	蝴蝶
66.4	ཛེ	ཛེ་ཅན	贪婪者	71.10	ཅེའི	ཨ་ཅེའི་ཕྱུ་པ	女装
66.5	ཛེན	ཛེན་ཅན	贪婪者	71.11	ཅོན	ཅན་ཅོན་དུ	一切
67.1	ལྔས	ལྔས་རྗེན	五乐佛土	71.12	ཅོམ	ཅོམ་ཆུང་བ	小声
67.2	ལྔའི	སྐར་ལྔའི་དར་དམར	五星红旗	71.13	ཅོས	ཅལ་ཅོས	唠叨
68.1	སྔབས	སྔབས་པ	发怒	71.14	ཅོའི	ལ་ཅོའི	辣椒
68.2	སྔུ	སྔུ་རུ་ལྔུ	瞪眼	71.15	ཅོའུ	ཅོའུ་ཅེ	轿子
68.3	སྔུར	སྔུར་པ	鼾声	72.1	གཅུམ	ནང་དུ་གཅུམ་པ	收纳安抚
68.4	སྔོམ	མཆུ་སོར་སྔོམ་པ	镊子	72.2	གཅེམ	གཅེམ་པོ	单薄
68.5	སྔོར	སྔོར་ཁྲུག	青草圈	72.3	གཅོ	ཆོས་དཔོན་གཅོ་བོ	主教
68.6	སྔོའི	ལྗང་སྔོའི་བུ	绿子（仙人）	73.1	བཅའི	དམ་བཅའི་ཡི་གེ	誓词
69.1	བཛའི	རྩྭ་བཛའི་འུ་ལ་མི	割草差	73.2	བཅིགས	བཅིགས་པ	捆绑
71.1	ཅངས	ཅངས་ཀྱིས་འཛུས་པ	握紧	73.3	བཅུགས	ཁོན་བཅུགས་པ	怨仇
71.2	ཅད	ཆོས་ཐམས་ཅད	一切所有	73.4	བཅུའི	ས་བཅུའི་དབང་ཕྱུག	佛

序号	音节	藏文例词	汉义	序号	音节	藏文例词	汉义
73.5	བཙོད	ཁ་བཙོད	盖子	76.3	མཆུའི	ཁ་མཆུའི་དུག་རོ	宿怨
73.6	བཙོམས	གསོལ་གྲོད་བཙོམས	饥饿	76.4	མཆོགས	མཆོགས་མ	脑囟门
74.1	ཀླིབ	ཀླིབ་ཐག་གེ་ཟ	吃得香	77.1	འཆིངས	ཁ་འཆིངས་པ	诋毁语
74.2	ཀླུ	ཀླུ་ཁང	牛粪房	77.2	འཆིའི	འཆིའི་སྡུག་བསྔལ	死的痛苦
74.3	ཀླུང	ཀླུང་ཀ	一种鸟	77.3	འཆེམ	སོས་འཆེམ	细嚼
74.4	ཀླུན	ཡང་ཀླུན་མེ་ཏོག	西番莲	77.4	འཆོའི	འཆོའི་པོ	耳聋眼花的老人
74.5	ཀླེར	ཀླེར་རེ	凝目直视	78.1	ཇགས	མི་ཇགས	征调全部人力应差的徭役
74.6	ཀླེའི	ཀླེའི་དབང་པོ	舌根	78.2	ཇང	ཇང་ཡུའུ	酱油
74.7	ཀླེའུ	ཀླེའུ་ཆུང	小舌	78.3	ཇབ	ཇབ་ཆུང	无所作为
74.8	ཀློ	ཀློ་ཀ	小鸟	78.4	ཇམ	ཇམ་ནད	口蹄疫
75.1	ཚའི	མངར་ཚའི་མདེའུ	糖衣炮弹	78.5	ཇིན	ཇིན་ཚལ	芹菜
75.2	ཆེང	ཆེང་སང	大臣	78.6	ཇིས	ཇིས་ན	为什么
75.3	ཆེན	ཀང་ཆེན	钢琴	78.7	ཇིའི	དབྱིན་ཇིའི་སྐད	英文
75.4	ཆེམ	འོད་ཆེམ་ཆེམ	亮晶晶	78.8	ཇུན	ཇུན་གར	准噶尔
75.5	ཆེའུ	ཕང་ཆེའུ་པོ་ལོ	网球	78.9	ཇུའུ	མན་ཇུའུ	满族
75.6	ཆུའི	ཆུའི་ཟིལ་པ	水珠	78.10	ཇེམ	ཇེམ་ཙེ	剪刀
75.7	ཆུའུ	ཆུ་ཆུའུ	一野生植物	78.11	ཇོབ	ཇབ་བེ་ཇོབ་བེ	质地不纯
75.8	ཆེའི	ཁ་ཆེའི་ཆོས་ལུགས	伊斯兰教	78.12	ཇོའི	ཇོའི་ཁང	释迦牟尼佛殿
76.1	མཆའ	མཆའ་རི	牛颈绳上木块	79.1	མཇུད	མཇུད་མཐུན་མ	娼妓
76.2	མཆུས	མཆུས་ཤར་རྒྱག	作嘘声	80.1	འཇིད	མིག་འཇིད	凸眼珠

序号	音节	藏文例词	汉义	序号	音节	藏文例词	汉义
80.2	འཛྭང	འཛྭང་བར་བྱེད	吝啬	86.1	གཉིམ	གཉིམ་ཆུང་བ	老实人
80.3	འཛེར	འཛེར་འཛེགས	印度神名，帝释王	87.1	མཉའ	མཉའ་སེ་ཀོ་སེ	啰嗦
80.4	འཛེས	འཛེས་པ	分开	87.2	མཉེས	མཉེས་ལོག	腻烦
80.5	འཛོད	འཛོད་ཚེ	桌子	87.3	མཉེའི	ར་མཉེའི་རིགས	散玉
80.6	འཛོམ	ཡངས་འཛོམ	乳牛	89.1	སྙང	སྙང་སྙོང	无意义
80.7	འཛོའི	ཟེ་འཛོའི་ཆུ་བོ	信度河	89.2	སྙབས	སྙབས་པ	口咂滋味
81.1	རྫེང	ཧིང་རྫེང	一种鼠名	89.3	སྙིས	ཧོ་སྙིས	大粪
81.2	རྫེའི	ཙོ་རྫེའི་ཟྲ	猪	89.4	སྙུ	སྙུ་གུ	竹笔
81.3	རྫོ	རྨ་རྫོ	伤痕	89.5	སྙེའུ	སྙེའུ་སྒའུ	一种野蒜
81.4	རྫོགས	བསྙེན་རྫོགས་སྡོམ་པ	近圆戒	89.6	སྙོང	སྙང་སྙོང	无意义
82.1	ལྗིབ	ལྗབ་ལྗིབ	哈婆兰	90.1	བརྙིངས	བརྙིངས་པ	旧
82.2	ལྗོང	ལྗོང་མོ	蝌蚪	91.1	བསྙིངས	མི་བསྙིངས་པ	不畏惧
82.3	ལྗོབ	རྫོ་ལྗོབ	污泥	91.2	བསྙུར	བསྙུར་བ	勤奋
83.1	བརྗེའི	གསར་བརྗེའི་སྲོལ་རྒྱུན	革命传统	91.3	བསྙོབས	བསྙོབས་པ	衰弱
84.1	ཉད	ཉད་ཉོད	欠伸	92.1	ཏད	མ་ཏད་ཀ	下等修行者
84.2	ཉའི	ཉའི་གཤོག་པ	鱼鳍	92.2	ཏས	ཏས་ཙ	差一点儿
84.3	ཉིག	ཉག་ཉིག	垃圾	92.3	ཏིན	ཏིན་དུ་ཀ	印度胡桃
84.4	ཉེལ	ཉེལ་བ	疲乏	92.4	ཏིབ	ལྗང་ཏིབ་བེ	绿油油的
84.5	ཉེའི	ཞ་ཉེའི་གཏེར་ཁ	铅矿	92.5	ཏིམ	ཏིམ་པི	青色薄革
84.6	ཉོའི	བླུ་ཉོའི་སྲིད་ཇུས	赎买政策	92.6	ཏིར	ཏིར་པུ	油布

序号	音节	藏文例词	汉义	序号	音节	藏文例词	汉义
92.7	ཏིས	ཚོན་ཏིས	菜刀	96.4	རྟེའི	ཀྱང་རྟེའི	驴驹
92.8	ཏིའི	དི་ཏིའི་བུ	阿修罗	96.5	རྟེང	ཀང་རྟེང་རོང་ཆུ	岗底绒曲
92.9	ཏུམ	ཏུག་ཏུམ་མེ	常时，不间断	96.6	རྟེམ	རྟེམ་ཤུར	开槽刨
92.10	ཏུལ	ཏུལ་པ	欢笑	97.1	ལྟབས	ལྟབས་རྩིག་རྒྱུག	盖住
92.11	ཏུའི	སི་ཏུའི་སུམ་རྟགས	《司徒文法》	97.2	ལྟའི	ཚོད་ལྟའི་ཡོ་བྱད	仪表
92.12	ཏུཨུ	ཏུཨུ་གྲངས	度数	97.3	ལྟི	ལྟི་རི	小罐
92.13	ཏིག	ངུ་ཙེ་ཏིག་ཏིག	轻声啜泣	97.4	ལྟོབ	ཏིར་རི་ལྟོབ་ཚས	一水草果实
92.14	ཏིང	ཨུང་ཏིང	但是	97.5	ལྟོལ	ལྟོལ་ཀོ	尕力巴皮子
92.15	ཏིན	ཏིན་ཙི	电子	98.1	སྟང	བསྟི་སྟང	恭敬
92.16	ཏིར	དག་ཏིར	校正	98.2	སྟབ	སྟབ་སྟོབ	仓促
92.17	ཏོས	ཁ་ཆེའི་ལད་ཏོས	回族缠头巾	98.3	སྟའི	དགྲ་སྟའི་དུམ་བུ	大自在天
92.18	ཏོའི	ཡིན་ཏོའི་རྒྱུག	熨，烫	98.4	སྟུམ	སྟུམ་སྟུམ	矮胖的
93.1	ཊེ	ཊེ་ལྷམ	康北藏靴	98.5	སྟེངས	ཡ་སྟེངས	一种姓氏
94.1	གཏིར	གཏིར་མིག	钉子模眼	98.6	སྟོམ	ཁྱི་སྟོམ	野狗
94.2	གཏོའི	གཏོའི་མ	茶食	101.1	བསྟས	ཚོ་བསྟས	斟酌
95.1	བཏིབ	ཡེང་ཡེང་བཏིབ་བཏིབ	慌乱	101.2	བསྟུམས	བསྟུམས་པ	已包起
95.2	བཏིལ	བཏིལ་བ	调治（过）	102.1	ཐའི	སྟོན་ཐའི་སྐང་ཚད	霜降
96.1	རྟའི	རྟའི་ཟེ	马鬃	102.2	ཐིབས	ལྗི་ཐིབས་ཐིབས	昏沉沉的
96.2	རྟེ	རྟེ་གི	马驹	102.3	ཐིར	ཐིར་གཏོང	铃响
96.3	རྟེས	ཉྭ་རྟེས	腿肚子	102.4	ཐིལ	ཁྲུ་ཐིལ	抽屉

序号	音节	藏文例词	汉义	序号	音节	藏文例词	汉义
102.5	ཐིས	ཨ་ཐིས	喷嚏	105.14	དོའི	བར་དོའི་འཕྲང་རིང	中阴关
102.6	ཐིའི	ཁ་ཐིའི་རིས་ཅན	铜钱花	106.1	དྭགས	དྭགས་པོ	塔波(地名)
102.7	ཐིའུ	ཐིའུ་སི	土司	106.2	དྭོ	དྭོ་བ	青菜
103.1	མཐས	མཐས་གཏུགས	究竟	107.1	དྲའི	མུ་དྲའི་ཕྱག་རྒྱ	牟陀罗印
103.2	མཐའི	ཚིག་མཐའི་སྒྲ་རྒྱན	押韵	107.2	དྲིའི	དྲིའི་བག	气味
103.3	མཐོའི	ཉིང་མཐོའི་ཚིག	尾语	107.3	དྲུའི	ཀ་དྲུའི་བུ	迦主之子
104.1	འཐར	འཐར་བ	砸伤	107.4	དྲེང	དྲང་དྲེང	贪著
105.1	དས	དས་ཚད	声音断绝	107.5	དྲེབ	དྲེབ་ཧོ	懒惰
105.2	དའི	ཀུ་མུ་དའི་གཉེན	月亮	107.6	དྲོའི	དགོང་དྲོའི་ཁ་ལག	晚饭
105.3	དི	དི་མར	一种虫子	108.1	དྲྭ	དྲྭ་མིག	书架格子
105.4	དིབ	དབ་དིབ	口齿不清	110.1	བདང	བདམ་བདང	精选
105.5	དིར	དིར་དིར	嗡嗡声	110.2	བདེའི	ཕན་བདེའི་སྙིང་པོ	利乐精要
105.6	དིས	ཁི་དིས་རྒྱག	撞	110.3	བདོའི	ལྔ་བདོའི་དུས	五浊恶世
105.7	དིའི	གན་དིའི་ཐིའུ	敲椎	111.1	མདས	མདས་འདུལ	遍入
105.8	དུན	དུན་ལས	琥珀	111.2	མདའི	མེ་མདའི་ཕོ་བྲང	枪膛
105.9	དུབས	དུབས་སུ	在某时	111.3	མདེགས	ར་མདེགས	援助
105.10	དུའུ	དུའུ་ཧུག	豆腐	111.4	མདེལ	ཆུ་མདེལ	鱼雷
105.11	དེན	དེན་འདྲས	这样	111.5	མདོའི	ཨ་མདོའི་སྐད	安多方言
105.12	དེའི	དེའི་སྐོར	关于	112.1	འདིངས	འདིངས་པ	已铺
105.13	དོམས	དོམས་ཤིག	选择吧	112.2	འདིན	འདིན་འདྲས	如此

序号	音节	藏文例词	汉义	序号	音节	藏文例词	汉义
112.3	འདུའི	འགལ་འདུའི་རྡུན	枭鸟	115.4	ལྡུབ	ནག་ལྡུབ་ལྡུབ	黑洞洞的
112.4	འདེབ	ཆམ་པས་འདེབ་པ	伤风	115.5	ལྡེབ	གཉེན་ལྡེབ	媒人
112.5	འདེལ	འདེལ་བ	杜仲	115.6	ལྡེམས	རྒོད་ལྡེམས	鹫鸟鼓翅
112.6	འདོབ	སྐྱ་འདོབ་འདོབ	乳白色	116.1	སྡེག	སྡེག་སྡེག	非常多
113.1	འདྲགས	འདྲགས་པ	合并	116.2	སྡེན	དལ་བའི་ལྷ་སྡེན་མ	毕宿
113.2	འདྲས	ཆེ་འདྲ་འདྲས	多么	116.3	སྡུལ	ཀུབ་སྡུལ	最末尾
113.3	འདྲའི	དུང་འདྲའི་མགྲིན	善士之颈	116.4	སྡེངས	སྡེངས་ཆ	戏台
113.4	འདྲེར	འཚམས་འདྲེར་གཙོར	拜访	116.5	སྡེམ	སྡེམ་པ	捆
113.5	འདྲེར	གྲིབ་ནག་འདྲེར་མཐོང	见影成鬼	116.6	སྡེལ	སྡེལ་ཙེ	碟子
113.6	འདྲེའི	འདྲེའི་རྟེན་བུད་མེད	女巫	116.7	སྡེའི	མདོ་སྡེའི་སྡེ་སྣོད	经藏
114.1	རྡག	རྡག་སྒྲ་རྡིག་སྒྲ	脚步声	116.8	སྡེའུ	མོན་སྲན་སྡེའུ	门隅豌豆
114.2	རྡེ	ཨར་རྡེ	骟了的公牛	117.1	བརྡའི	བརྡའི་ཐ་སྙད	名称
114.3	རྡེས	ཁ་རྡེས	瓶盖	119.1	བསྡུའི	མཇུག་བསྡུའི་གཏམ	结束语
114.4	རྡུ	ཧིན་རྡུ	印度	120.1	ནའི	ཤ་ནའི་གོས	麻衣
114.5	རྡུའུ	རྡུའུ་ཕུ	豆腐	120.2	ནའུ	ནའུ་ག	青草地
114.6	རྡེ	རྡེ་ལེ་རྡེ་ལེ	晃晃悠悠	120.3	ནིམ	ནིམ་པ་ཤིང	苦楝树
114.7	རྡོའི	རྡོའི་ཚ་རེས	石疖	120.4	ནིས	ཚུར་ནིས	散剂
115.1	ལྡེ	ལྡེ་ལྡི	彩旗鬘	120.5	ནུམ	སེམས་ནུམ་པ	心欢喜
115.2	ལྡེགས	བས་ལྡེགས	疹子	120.6	ནུལ	བྱང་ནུལ	涂抹
115.3	ལྡུ	ལྡེ་རེ་ལྡུ་རེ	烂糊湖的	120.7	ནུའི	མ་ནུའི་བུ	摩奴之子

序号	音节	藏文例词	汉义	序号	音节	藏文例词	汉义
120.8	ནེ	ནེ་ཙོ	鹦鹉	127.6	པི	པི་ཝང	琵琶
120.9	ནེར	སྙན་ལྷན་ནེར་གསན	从容详听	127.7	པིང	པིང་ཁབ	别针
120.10	ནེའི	ཙོ་ནེའི་བསྟན་འགྱུར་དཀར་ཆག	卓尼版论疏部佛书总录	127.8	པིན	ལ་པིན	凉粉
120.11	ནོའུ	ནོའུ་མ	死羊的皮	127.9	པིས	པིས་པིས	哨子
121.1	གནུབ	གནུབ་པ	没	127.10	པིའི	པིའི་ཙི	杯子
122.1	མནང	མནང་བར་བཞག་པ	盛装	127.11	པུ	གཅིག་པུ	唯一
122.2	མནུན	མནུན་པ	喂	127.12	པུག	པུག་རིལ	双耳酒坛
123.1	རྣགས	རྣགས་པ	化脓	127.13	པུན	པུན་ད་རི་ཀ	白莲花
123.2	རྣའི	ཁུག་རྣའི་ཁ་དོག	雾色	127.14	པུས	པུས་མོ	膝盖
123.3	རྣོར	རྣོར་བ	掉换	127.15	པུའུ	ཐོན་གྱི་པུའུ	团支部
124.1	སྣངས	སྣངས་ཆེན	重要	127.16	པེང	ཚུང་པེང	饭团
124.2	སྣའི	སྣའི་ཀ་བ	鼻柱	127.17	པེད	ཀ་པེད	葫芦瓜
124.3	སྣེད	ལུས་སྣེད་པ	残疾	127.18	པེན	པེན་ཙི	饺子
124.4	སྣེས	སྤོས་སྣེས་སྤྱན་བསུ	引香	127.19	པེལ	པེལ་པེལ	小牛
126.1	བསྣངས	བསྣངས་པ	呃逆	127.20	པོན	བན་པོན	苯布教的僧人
127.1	པངས	སྦལ་པངས	青蛙	127.21	པོས	མང་པོས་བཀུར་བའི་སྡེ	正量部
127.2	པད	པད་མ	莲花	127.22	པོའི	ཨང་དང་པོའི་གྲས	第一流
127.3	པན	པན་ཁང	牢房	127.23	པོའུ	སི་པོའུ	漂白布
127.4	པལ	དབུ་པལ	额	128.1	པྲག	པྲག་པྲིག	少许
127.5	པའི	ཁེངས་པའི་ང་རྒྱལ	骄傲	128.2	པྲིག	པྲིག་ཚུམ་བཀང	怀疑

序号	音节	藏文例词	汉义	序号	音节	藏文例词	汉义
128.3	པྲེང	པྲེང་པྲེང	细小	136.3	ཕིམ	ཨ་ཕིམ	鸦片
129.1	དཔས	ཡང་དཔས	水泥	136.4	ཕུས	ཕུས་འདེབས	吹
129.2	དཔའི	བྱང་སེམས་དཔའི་སྡོམ་པ	菩萨律仪	136.5	ཕུའི	གསང་ཕུའི་དབྱར་ཆོས	桑普夏季法会
129.3	དཔེའི	དཔེའི་རྒྱན	譬喻修饰法	136.6	ཕུའུ	ཕུའུ་ཙེ	曲谱
130.1	དཔྱིའི	དཔྱིའི་འཁོར་མིག	髀臼	136.7	ཕེན	ཁ་ཕེན	卡片
133.1	སྤན	སྤན་སྤུན	弟兄	136.8	ཕེལ	བྱ་ཕེལ	鸟
133.2	སྤུབས	ཁ་སྤུབས་པ	已复	136.9	ཕེའི	ཁ་ཕེའི	咖啡
133.3	སྤུའི	བྱ་སྤུའི་སྟོད་ཐུང	登山服	136.10	ཕོའི	བྱ་ཕོའི་ཤ	雄鸡肉
133.4	སྤོབ	སྤོབ་ལན	府绸	137.1	ཕྱིག	ཕྱག་ཕྱིག	大数之一
134.1	སྤྱར	དྲས་སྤྱར་རྒྱག་པ	剪贴	137.2	ཕྱིབས	རྗེར་ཕྱིབས	彻底
134.2	སྤྱས	སྤྱས་པ	迁移	137.3	ཕྱིམ	ཕྱིམ་ཕྲེད	下午
134.3	སྤྱིས	སྤྱིས་བཙན་པ	厚颜强求	137.4	ཕྱིའི	ཕྱིའི་ཉི་མ	次日
134.4	སྤྱིའི	སྤྱིའི་རྩ་འཛིན	总纲	137.5	ཕྱུབ	ཕྱུབ་ཆེན	藏袍
135.1	སྤྲགས	ར་སྤྲགས	指责	137.6	ཕྱིམ	ཕྱིམ་འཕྲེད	午后
135.2	སྤྲབས	སྤྲབས་པ	食物	137.7	ཕྱེར	ཕྱེར་བཏགས་པ	磨面
135.3	སྤྲལ	སྤྲལ་རིས	额纹	137.8	ཕྱོ	ཕྱོ་ཕྱོ	嗾嗾
135.4	སྤྲོག	སྤོས་སྤྲོག	香盒	137.9	ཕྱོང	ཡལ་ཕྱོང	一大数名
135.5	སྤྲོའི	མཉམ་སྤྲོའི་ཚོགས་འདུ	联欢会	138.1	ཕྱྭའི	ཕྱྭའི་གཏོ་སྤྱད	祈福时物品
136.1	ཕགས	སྤྱོད་པ་ཧྲལ་ལེ་ཕགས	胡作非为	139.1	ཕྲབ	ཡུལ་ཕྲབ	微观世界
136.2	ཕའི	ཕའི་སྡེ	僧众	139.2	ཕྲིལ	འདར་ཕྲིལ་ཕྲིལ	颤抖

序号	音节	藏文例词	汉义	序号	音节	藏文例词	汉义
139.3	ཕྲེལ	ཕྲེལ་ནས	匆忙	143.9	བོའི	རི་བོའི་ཉ་བ	大地异名
139.4	ཕྲེས	རྗོག་ཕྲེས	背子	144.1	བྱམ	བྱམ་པ	墨刷
139.5	ཕྲོ	ཕྲོ་ཆེན	抽签	144.2	བྱའི	བརྗོད་བྱའི་དོན	题材
139.6	ཕྲོག	ཟེ་ཕྲོག	鸡冠	145.1	བྲགས	རི་བྲགས	边远山村
140.1	འཕིབས	འཕིབས་པ	张开	145.2	བྲམ	བྲམ་ཟེ	婆罗门
140.2	འཕོབ	འཕོབ་པ་པོ	降(雨)者	145.3	བྲའི	བྱ་བྲའི་དུགས	鸟翼熨
140.3	འཕོའི	ལོ་འཕོའི་གཟའ་སྐར	转年曜宿	145.4	བྲིག	བྲིག་ཆུམ	疑惑
141.1	འཕྱད	འཕྱད་པར	连续	145.5	བྲེའི	བྲེའི་ཟླ་བ	箕宿
141.2	འཕྱོའི	ཉམ་འཕྱོའི་བདག་པོ	鱼	145.6	བྲེའུ	བྲེའུ་ཆུང	升, 小斗
142.1	འཕྲེས	འཕྲེས་པ	倚坐	145.7	བྲོག	ཆུ་བྲོག	饲料糊
142.2	འཕྲོར	འཕྲོར་མཐུད	连接	145.8	བྲོའི	ཀང་བྲོའི་འཁྲོལ་འཛིན	舞蹈证
142.3	འཕྲོལ	ཁང་འཕྲོལ	空房	146.1	བླེམ	ཆུས་བླེམ	淹没
143.1	བའི	དགའ་བའི་ཉམས	喜悦的样子	146.2	བླེས	བླེས་ལ་བོར	轻弃
143.2	བི	བི་མ་ཀྲི	佛学家名	146.3	བློར	བློར་བབ	领会
143.3	བིག	བིག་པན	蓝铜	146.4	བློའི	བསམ་བློའི་རང་བཞིན	思想性
143.4	བིད	ཚོས་བིད	退色	147.1	དབུའི	དབུའི་དཔེ་བྱད་གསུམ	头随好三
143.5	བིན	མ་བིན	伪造的	148.1	དབྱག	དབྱག་པ	木耙
143.6	བིའི	ལུམ་བིའི་ཚལ	蓝毗尼林	148.2	དབྱང	ཏང་ཀྲུང་དབྱང	党中央
143.7	བུང	བུང་བ	蚊, 蝇总名	148.3	དབྱིན	དབྱིན་ཇིའི་སྐད	英语
143.8	བུའི	ཕྲན་བུའི་ནད	小病	148.4	དབྱིབ	དབྱིབ་མོ	陶器

序号	音节	藏文例词	汉义	序号	音节	藏文例词	汉义
148.5	དབྱིའི	ཀྲུང་དབྱིའི་རྩ་སྨན	中草药	155.5	སྦུ	སྦུ་གུ	管子, 筒子
148.6	དབྱུ	དབྱུ་གུ་གཅིག་པ	娄宿	155.6	སྦུས	སྦུས་རུ	布如
148.7	དབྱེའི	རྣམ་དབྱེའི་རྐྱེན	判位词	155.7	སྦེར	སྦེར་རྒྱུག	颤动
150.1	འབི	འབི་འབི	小团, 小丸	155.8	སྦེའུ	སྦེའུ་ཁྲ	花帐篷
150.2	འབུབ	འབུབ་རྒྱུ	正支帐篷	155.9	སྦོག	རི་སྦོག་སྦོག	山岗
150.3	འབུའི	གློ་འབུའི་ནད	肺虫	157.1	སྦྱབས	སྦྱབས་པ	食物
150.4	འབེའུ	ཙམ་འབེའུ	披风	157.2	སྦྱུབས	ངེས་སྦྱུབས	一种谷
150.5	འབོང	འབོང་བ	润湿	157.3	སྦྱེད	འཁྲིག་པ་སྦྱེད	性交
151.1	འབྱུ	འབྱུ་ལུ	卷曲	158.1	མག	མག་པ	女婿
152.1	འབྲིམས	འབྲིམས་པ	已分配	158.2	མའི	གྱིབ་མའི་ལམ	天河
152.2	འབྲུའི	འབྲུའི་ཆར	谷雨	158.3	མུད	ཀུ་མུད་གཉེན	月亮的异名
152.3	འབྲེགས	འབྲེགས་པ	已剃	158.4	མེའི	མེའི་ཐལ་བ	灶灰
153.1	རྦག	རྦག་རྦག	摩托车	158.5	མེའུ	མེའུ་རེའུ	小母山羊
153.2	རྦང	རྦང་ཀ་ལི	分头	158.6	མོར	ཞིབ་མོར	详细
154.1	ལྦང	ཕ་ལྦང	磐石	158.7	མོའི	མོའི་རང་བཞིན	阴性
154.2	ལྦལ	བཀྲ་ལྦལ་ལྦལ་བྱས	明光闪闪	158.8	མོའུ	མོའུ་འགལ་གྱི་བུ	目犍连(人名)
155.1	སྦན	ཐག་སྦན	牵经线	160.1	དམེར	དམེར་དོང	小深水潭
155.2	སྦབ	སྦབ་ཙ	盘, 包	161.1	དམིགས	སྐལ་དམིགས	偿还物
155.3	སྦི	སྦ་རི་སྦི་རི	昏昏迷迷	162.1	རྨོར	རྨོར་ཧོ	老太婆
155.4	སྦིན	སྦིན་བུ	已打掉青稞粒的穗儿	163.1	རྨི	རྨི་ལམ	梦

序号	音节	藏文例词	汉义	序号	音节	藏文例词	汉义
164.1	སྨྲི	ལི་སྨྲི	厘米	167.10	ཙེའི	ཙེའི་ཀྱོག་ག	歪脖子
164.2	སྨྲིར	ཀ་ཤི་སྨྲིར	喀什米尔	167.11	ཙེའུ	ཏབ་ཤང་ཙེའུ	佛手参
164.3	སྨྲུགས	སྨྲུགས་པ	云雾	167.12	ཙོམ	ཐེ་ཙོམ	怀疑,犹豫
164.4	སྨྲིང	སྨྲིང་བ	呻吟	167.13	ཙོར	ཁ་ཙོར	长在边上的穗
164.5	སྨྲིས	སེར་སྨྲིས	吝啬	167.14	ཙོའི	ནེ་ཙོའི་ཁ་འདོན	鹦鹉念经
165.1	སྨྱུགས	ས་སྨྱུགས	泥土	167.15	ཙོའུ	ཙོའུ་རིལ	枣子
165.2	སྨྱིན	སྨྱིན་མ	眉毛	168.1	གཙོར	གཙོར་གྱུར་པ	成为领袖
165.3	སྨྱུན	སྨྱུན་པ	疯狂	168.2	གཙོའི	དངོས་གཙོའི་རིང་ལུགས	唯物主义
165.4	སྨྱོང	སྨྱོང་བ	伸展	169.1	བཙད	བཙད་པོ	国王
166.1	སྨྲྭའི	ཡོད་སྨྲྭའི་སྡེ་པ་བདུན	声闻十八部之一	169.2	བཙའི	ཁབ་བཙའི་གསོ་ཐབས	针灸疗法
166.2	སྨྲྭེག	སྨྲྭེག་པ	态度,情形	169.3	བཙུག	བཙུག་དགོས	须栽
167.1	ཙན	ཙན་དྲ	月亮	170.1	ཛན	ཁྲི་སྲོང་ཛན	桑赞干布别名
167.2	ཙབས	ཙབས་ཏུ་ཚྭ	一种盐	170.2	ཛམ	ཛམ་པ	糌粑
167.3	ཙིས	ཨ་ཙིས	哎呀(表惊讶)	170.3	ཛའི	མ་ཛའི་རིང་ལུགས	资本主义
167.4	ཙིའི	ཡོན་ཙིའི་ནུས་པ	原子能	170.4	ཛིར	སྨྱུག་ཛིར	竹笼
167.5	ཙུ	ཙུ་ཏ	宝石名	170.5	ཛིའི	བཀྲག་ཛིའི་སྣུམ	桐油
167.6	ཙུགས	ཐོར་ཙུགས	顶髻	170.6	ཛེབས	ཛེབས་ཡོང	要来
167.7	ཙུང	ཙུང་ལི	总理	170.7	ཛེའི	མདུང་ཛེའི་སོ	矛锋刀
167.8	ཙུའུ	ཏང་ཙུའུ	党组	170.8	ཛོང	སྐྱེ་ཛོང	消瘦, 仰脖子
167.9	ཙེལ	ཙེལ་པོ	筐,篓	170.9	ཛོངས	གྱེན་ཛོངས	矗立的柱子

序号	音节	藏文例词	汉义	序号	音节	藏文例词	汉义
170.10	རྫོན	འདོད་རྫོན་མ	娼妓	175.6	ཚེའུ	ཏབ་ཤིང་ཚེའུ	仙人掌
170.11	རྫོབ	རློན་པ་རྫོབ་རྒྱལ་བྱེད	湿透	175.7	ཚོའི	ལང་ཚོའི་དུས	青年
171.1	རྩྭའི	རྩྭའི་ཞྭ	草帽	176.1	ཚྭའི	ལན་ཚྭའི་རྒྱ་མཚོ	咸海
172.1	སྩོལད	བཀའ་སྩོལད་ཏོ	已告诫	177.1	མཚོག	མཚོག་མ	脑囟门
172.2	སྩོ	སྩོ་སྒྱེ	麻袋	177.2	མཚོངས	རྒྱང་མཚོངས	跳远
172.3	སྩོང	སྩོང་སེད་བྱེད	捐献	177.3	མཚོས	གྲོང་མཚོས	邻居，村民
173.1	བརྩག	སྒ་བརྩག	驮鞍垫子	177.4	མཚོའི	མཚོའི་མཐའ	海岸
173.2	བརྩངས	བརྩངས་པ	已净	178.1	འཚས	འཚས་ཚེར	醋柳
173.3	བརྩུས	བརྩུས་པ	迎接	178.2	འཚེང	ཕོ་བ་འཚེང་བ	胃脘闷胀
173.4	བརྩེད	བརྩེད་པ	兽蹄磨损	179.1	ཛམ	ཛམ་བུ་ཀ	狼
173.5	བརྩེབ	སོ་བརྩེབ	牙碜	179.2	ཛར	ཁ་ཛར	标签，零头
173.6	བརྩེའི	མཁྱེན་བརྩེའི་དབང་པོ	钦则旺波	179.3	ཛལ	ཛལ་ཀ	大象
173.7	བརྩོག	བརྩོག་པ	脏	179.4	ཛི	མན་ཛི	绫，绸
173.8	བརྩོགས	བརྩོགས་པ	等等	179.5	ཛིག	བྱི་ཛིག	鼠
174.1	བསྩངས	བསྩངས་པ	清静	179.6	ཛིར	གན་ཛིར	顶，宫殿脊上之顶
175.1	ཚམ	ཚམ་ཚོམ	犹豫不决	179.7	ཛིས	དིང་ཛིས	戥子
175.2	ཚའི	ཟེ་ཚའི་སྐྱུར་རྩེ	硫酸	179.8	ཛེ	ཆན་ཛེ	锅铲
175.3	ཚེང	ཚང་ཚེང	丛林，茂密	179.9	ཛོ	ཛོ་ཀི	佐给（教派）
175.4	ཚེན	ཚ་ཚེན་བྱེད	铜焊	180.1	མཛུ	མཛུ་གུ	手指头
175.5	ཚེའི	སྐུ་ཚེའི་རིང	一生	180.2	མཛུག	གུང་མཛུག	中指

序号	音节	藏文例词	汉义	序号	音节	藏文例词	汉义
180.3	མཛོའི	མཛོའི་སྣ	门鼻儿	184.13	ཝོར	ཀོ་རེ་ཧྲ་ཝོར	烙饼
181.1	འཛོག	འཛའ་ཀེ་འཛེ་འཛོག་ཀེ	长短不齐	184.14	ཝོལ	ཧྲ་ལེ་ཝོལ་ལེ	清楚
181.2	འཛུག	གྲི་འཛུག	小腰刀	185.1	ཞས	རྟ་ཞས	马儿
181.3	འཛེ	འཛེ་ཏའི་ཚལ	祇陀林(佛)	185.2	ཞིའི	ཀྲུའུ་ཞིའི་སྟེགས་བུ	主席台
181.4	འཛོད	འཛོད་ཚེ	桌子	185.3	ཞུང	ཞང་ཞུང	祥雄(地名)
181.5	འཛོབ	འཛོབ་འཛོབ	很多	185.4	ཞུམས	སྒྲོགས་ཞུམས	帝释之金刚杵
182.1	ཛག	ཛག་ཛོག	零碎	185.5	ཞུའི	གདན་ཞུའི་ཡི་གེ	邀请信
182.2	ཛམ	ཛམ་ཤིང	勒骡鞍的横木	185.6	ཞོནད	ཞོནད་ཅིག	要听着呵
184.1	ཝན	ཐའི་ཝན་ཞིང་ཆེན	台湾省	185.7	ཞོའི	ཞོའི་སྤྲི	乳酪结的脂皮
184.2	ཝར	ཝར་མ	女二流子	185.8	ཞོའུ	སྲོག་ཞོའུ	救命
184.3	ཝའི	རྩ་ཨ་ཝའི་ཚོ་ག	《草药龙须根炮制法》	187.1	གཞད	རྐྱང་གཞད	独唱
184.4	ཝི	ཀ་ར་ཝི་ར	月桂树	187.2	གཞིར	གཞིར་བཞག	肯定的
184.5	ཝུང	ཝུང་ཙི	瓮子	187.3	གཞིའི	གླེང་གཞིའི་སྐྱེ	因缘
184.6	ཝུན	ཝུན་ཤིང་ཀོང་ཇོ	文成公主	187.4	གཞེ	གཞེ་ནིང	去年
184.7	ཝུའུ	ཝུའུ་ཧན	武汉	188.1	བཞིར	སུག་བཞིར་རྟེན་ཁྲལ	四蹄税
184.8	ཝེ	ཧྲང་ཝེ	上尉	188.2	བཞིའི	ཁང་བཞིའི་ནོར་ལྡན	牧民
184.9	ཝེན	ཝེན་ཚེག	圆测(人名)	188.3	བཞུའི	གློག་བཞུའི་ཤེལ་རྡོག	电灯泡
184.10	ཝེར	ཝེར་མ	战神	188.4	བཞོའི	འོ་བཞོའི་འཁྲུལ་འཁོར	挤奶器
184.11	ཝོ	རྐྱང་ཝོ་གཉའ་བ་ཅན	比丘所用长颈有柄的水瓶	189.1	ཟའི	ཟུར་ཟའི་རི་མོ	漫画
184.12	ཝོང	ཕ་ཝོང	蝙蝠	189.2	ཟེའི	མུ་ཟེའི་སྒམ་ཆུང	火柴盒儿

序号	音节	藏文例词	汉义	序号	音节	藏文例词	汉义
189.3	ཟུ	ཟུ་གུ་པ	收关税者	196.3	ཡིར	ང་ཡིར་འཛིན	我所执（佛）
189.4	ཟུལ	ཁྲིའུ་ཟུལ	没入	196.4	ཡིའི	ཇ་ཡིའི	大哥（尊称）
189.5	ཟེང	སྐྲ་ཟེང་ཟེང	头发蓬松	196.5	ཡིའུ	ཆིས་ཡིའུ	汽油
189.6	ཟེའི	བྲམ་ཟེའི་རིགས	僧侣贵族	196.6	ཡུའི	གློ་ཡུའི་ནད	气管炎
191.1	ཟླམ	བེར་ཟླམ	半月形披风	196.7	ཡུའུ	ཇང་ཡུའུ	酱油
191.2	ཟླའི	ས་ཟླའི་བཅོ་ལྔ	四月十五	197.1	གཡུབ	གཡབ་གཡུབ་རྒྱག	打招呼
192.1	གཟལ	གཟལ་བ	劈开	197.2	གཡེགས	མགོ་གཡེགས་པ	头发散乱
192.2	གཟེས	གཟེས་གཟེས	专门	197.3	གཡོམ	གཡོམ་པ	动，摆动
193.1	བཟེན	སྒྲིབ་བཟེན	鞋沿条	198.1	རའི	རའི་མཐའ	帐房侧边
193.2	བཟོའི	ཐུག་བཟོའི་འཁོར་ལོ	压面机	198.2	རིར	སྒྲོ་ངོས་རིར་བརྡུང	以卵击石
194.1	བཟླག	བཟླག་བྱ	所问话	198.3	རིའི	རིའི་སྟེང	山上
194.2	བཟླགས	བཟླགས་པ	已问	198.4	རུགས	སྲུ་རུགས	氆氇
195.1	འས	འས་འཕུལ	འ的前置字	198.5	རུན	གསོག་རུན	储蓄
195.2	འུག	འུག་པ	猫头鹰	198.6	རུའི	བསེ་རུའི་རྭ	犀牛角
195.3	འུང	འུང་ཏེ	但是，然而	198.7	རུའུ	ཨ་རུའུ	哎哟
195.4	འུན	འུན་ཤིང་ཀོང་ཇོ	文成公主	198.8	རེན	ཀྲུའུ་རེན	主任
195.5	འུལ	འུལ་མི	人力差徭	198.9	རེར	ཀེ་རེར་ལང	矗立
195.6	འེ	འེ་ཅག	我们	198.10	རེའི	རང་རེའི་རྒྱལ་ཁབ	我国
196.1	ཡའུ	ཙ་སྔོན་ཡའུ་ཚི	马齿苋	198.11	རོན	ཕུག་རོན	鸽子
196.2	ཡིང	ཡིང་ཀྲང	营长	198.12	རོབ	ཅི་རོབ	为什么

序号	音节	藏文例词	汉义	序号	音节	藏文例词	汉义
198.13	རོམ	ཆབ་རོམ	冰块	202.14	ལུའུ	པ་ལུའུ་ཙུན	八路军
198.14	རོས	ཇ་རོས	浅紫色	202.15	ལེམ	འོད་ལེམ་ལེམ	光闪闪的
198.15	རོའི	རོའི་སྐྱེ་མཆེད	味（如咸味）	202.16	ལེར	ལྷ་ལེར	清楚
198.16	རོའུ	ཞྭ་རོའུ	帽子	202.17	ལེའི	ཁྱིག་ལེའི་སྦ	蛇的异名
200.1	རླིད	རླིད་བུ	从口部整剥的兽皮	202.18	ལོའི	ཆོ་ལོའི་ས་བོན	贝壳
200.2	རླུས	རླུས་ལི	履历	202.19	ལོའུ	ལོའུ་སྐྱག	猫屎
201.1	བརླའི	བརླའི་ཤ	大腿	204.1	ཤའི	ཤའི་སྤྱན	肉眼
202.1	ལམས	ལམས་སེ་ལམ	灿烂	204.2	ཤིབ	ཤབ་ཤིབ་སྨྲ་བ	耳语
202.2	ལའི	ཏ་ལའི	达赖	204.3	ཤིར	ཤིར་ཤིར	流水声
202.3	ལའུ	དར་ལའུ	绫罗	204.4	ཤིལ	ཤིལ་ལི	淅沥沥
202.4	ལིག	སི་ལིག	生丝绸	204.5	ཤིའི	ལི་ཤིའི་གུར་ཁང	《丁香宝帐》
202.5	ལིན	ལིན་པ	淋巴	204.6	ཤུ	ཤུ་བ	皮肤病
202.6	ལིམ	མུ་ཟི་ལིམ	穆斯林	204.7	ཤུའི	ཡེ་ཤུའི་ཆོས་ལུགས	基督教
202.7	ལིར	ཤལ་མ་ལིར་གནས	大鹏，凤	204.8	ཤེའི	ཀ་ཤེའི་མེ་ཏོག	迦协花
202.8	ལིས	ཙུང་ལིས	总理	205.1	ཤྭའི	ཁ་ཤྭའི་ཁྲག་རྭ	麋鹿茸
202.9	ལིའི	ཤལ་མ་ལིའི་ཚལ	针刺树林	206.1	གཤན	གཤན་པ	屠夫
202.10	ལིའུ	ཕ་ལིའུ	水獭皮	206.2	གཤིག	གདོང་གཤིག་ལོག	翻脸
202.11	ལུབ	ཞུ་ལུབ	布满	206.3	གཤོམས	རྒྱུ་འགྲོ་རང་གཤོམས	自备费用
202.12	ལུར	ཡར་ལུར་ཆོས་འབྱུང	《雅隆教史》	208.1	སལ	རོང་སལ	金樱子
202.13	ལུའི	ཕོང་ལུའི་ཇ་འཁྱོག	饺子	208.2	སའི	སའི་གོ་ལ	地球

序号	音节	藏文例词	汉义	序号	音节	藏文例词	汉义
208.3	སིར	སིར་སྲི	咝咝声	213.1	བསྒྲོ	ཀི་ཀི་བསྒྲོ་བསྒྲོ	叽叽唆唆
208.4	སུད	སྤུ་སུད	易怒	214.1	བསྲེའི	གླིང་བསྲེའི་དགེ་བཤེས	岭赛格西
208.5	སུའུ	སུའུ་ལིའོ	塑料	215.1	བསླག	རལ་པ་ས་ལ་བསླག་པ	头发铺在地上
208.6	སེའི	གངས་ཏི་སེའི་རི་རྒྱུད	冈底斯山	215.2	བསླགས	རལ་པ་ས་ལ་བསླགས་པ	头发铺在地上
208.7	སོའི	སོའི་གསེང	牙缝儿	216.1	ཧག	ཧག་སྲི	哮喘声
209.1	སྲུ	སྲུ་མོ	嫂子	216.2	ཧིར	ཧིར་བ	打呼噜
210.1	སླབ	སླབ་དགོས	须学习	216.3	ཧུགས	ཧུགས་ཚོན	帐篷后拉绳
210.2	སླབས	སླབས་པ	已学习	216.4	ཧུང	ཨ་ཧུང	阿訇
210.3	སླམ	སླམ་པ	微焙	216.5	ཧུའི	ཀུ་ཧུའི་སྲི་ལྡན	杜鹃
210.4	སླའི	གོ་སླའི་དཔེ་དེབ	通俗读物	216.6	ཧེན	ཧེན་དྷུ	印度
210.5	སླི	ཆར་སླི	雨衣	216.7	ཧེར	ཧེར་མོ	爱出风头
210.6	སླེན	བཀྲུ་མ་སླེན	灌肠猛泻剂	216.8	ཧེལ	ཧེལ་གེ	一种皮子
210.7	སླེལ	སླེལ་ཚུང	小背兜	216.9	ཧེའི	མ་ཧེའི་རྒྱལ་མཚན་ཅན	水牛幢者
211.1	གསགས	གསགས་ཀ	斜面	216.10	ཧོ	ཧ་ལི་ཧོ་ལ	糊里糊涂
211.2	གསེགས	གྱེན་གསེགས	上升	216.11	ཧོག	ཧོག་སེ	人造丝
211.3	གསོའི	སློབ་གསོའི་རིག་པ	教育学	216.12	ཧོད	ཧོད་རྒྱུགས	鲁莽
212.1	བསིས	རྒྱ་སྲབ་བསིས་མ	马嚼子	216.13	ཧོབ	ཧོབ་ཧོབ	突然
212.2	བསུའི	དགའ་བསུའི་ཚོགས་པ	欢迎会	216.14	ཧོའི	ཅི་ཧོའི་དབྱིབས་རིས	几何图形
212.3	བསོང	བསོང་པོ	平易近人	216.15	ཧོའུ	ཝང་ཧོའུ	王侯
212.4	བསོའི	ངལ་བསོའི་བུ	毗沙门天王	217.1	ཧྭག	ཕྱེ་ཧྭག	糖沫

序号	音节	藏文例词	汉义	序号	音节	藏文例词	汉义
217.2	ཧྭང	ཧྭང་ཏི	皇帝	219.4	ལྷོའི	ལྷོའི་ཁུར་མ	雾
218.1	ཧྲན	ཧྲན་ཙེ	扇子	220.1	ཨམ	ཨམ་ཕྲག	口袋
218.2	ཧྲབ	ཧྲབ་ཧྲིབ	朦胧	220.2	ཨལ	ཨལ་ལྷོང	呵欠
218.3	ཧྲམ	ཧྲམ་མེ་ཧྲོམ་མེ	长途跋涉	220.3	ཨས	ཨས་ཀོར	耳环
218.4	ཧྲི	ཅང་ཧྲི	讲师	220.4	ཨིགས	ཨིགས་པ	呃逆
218.5	ཧྲིན	ཧྥ་ཧྲིན	罚金	220.5	ཨིམ	ཨིམ་ཆི	医生
218.6	ཧྲུབ	ཧྲུབ་པ	小颗粒	220.6	ཨུང	ཨུང་གུ	油灯
218.7	ཧྲུབས	སོ་ཧྲུབས	牙缝	220.7	ཨུད	ཨུད་པལ	莲花
218.8	ཧྲུའི	ཧྲུའི་ཅོ་ཙེ	水饺	220.8	ཨེབ	ཨེབ་གསར་བྱེད	喜新厌旧
218.9	ཧྲུའུ	ཧྲུའུ་ཅི	书记	220.9	ཨེམ	ཨེམ་ཆི	医生
218.10	ཧྲེན	ཧྲེན་དབྱང	沈阳	220.10	ཨེར	ཨེར་ཁ	响铃
218.11	ཧྲོའུ	ཅའོ་ཧྲོའུ	教授	220.11	ཨེའི	པོ་དོང་ཨེའི་དགོན་པ	珀东埃寺
219.1	ལྷམས	ལྷམས་ཀྱིས	全部	220.12	ཨོབ	ཨོབ་སྐྱུར	饭碗（幼儿语）
219.2	ལྷར	ལྷར་སྨོད	非天（天神）	220.13	ཨོའུ	ཨོའུ་སེ་ལུ	一鸟名
219.3	ལྷོར	ལྷོར་སྟོན་ཕྱོགས་ཁབ	指南针				

附　　录

参考文献

《三十颂》，中国藏族传统的文法书。据传为藏文创制者图弥桑布扎公元 7 世纪创造藏文后，所著 8 种文法书之一，《三十颂》是总论，全称为《授记根本三十颂》。

《字性组织法》，中国藏族传统的文法书。据传为藏文创制者图弥桑布扎公元 7 世纪创造藏文后，所著 8 种文法书之一，《字性组织法》亦称《音势论》、《添性论》和《入性论》。

《札得文法》，扎得仁钦端智，青海民族出版社，1980 年。

《司徒文法详解》，噶玛司徒・曲吉迥乃，1774 年成书，青海人民出版社，1984 年。

《色多文法》，色多罗桑崔臣嘉措，1957 年由钟秀生整理丹巴嘉措校订本，民族出版社。

《藏语语法》，西北民族学院语文室藏语组，油印本，1958 年。

《阿里藏语》，瞿霭堂、谭克让，中国社会科学出版社，1983 年。

《简明藏文文法》，胡书津，云南民族出版社，1995 年。

《藏语安多方言词汇》，华侃，甘肃人民出版社，2002 年。

《藏语研究文论》，胡坦，中国藏学出版社，2002 年。

《藏语方言概论》，格桑居冕、格桑央京，民族出版社，2002 年。

《实用藏文文法教程》（修订本），格桑居冕、格桑央京，四川民族出版社，2004 年。

《中国语言地图集》，中国社会科学院、澳大利亚人文科学院合编，香港：朗文出版（远东）有限公司，1987 年、1990 年。

《西藏古代的文法研究》，周炜，《西南民族学院学报》1999 年第 4 期。

《智者喜宴》，巴俄祖拉陈瓦，民族出版社，1986 年。

《敦煌本吐蕃历史文书》，王尧、陈践译注，民族出版社，1992 年。

《白史》，根敦群培，西北民族学院（内部资料），1981 年。

《藏文的由来与演变》，根敦群培著，陈金钟译，《西北民族研究》1989 年第 1 期。

《藏汉大辞典》，张怡荪主编，民族出版社，1993 年。

《安多藏语口语词典》，华侃、龙博甲，甘肃民族出版社，1993 年。

《藏汉拉萨口语词典》，于道泉，民族出版社，1983 年。

《格西曲扎藏文辞典》，温存智，民族出版社，1957 年。

《新编藏文字典》，新编藏文字典编写组，青海民族出版社，1979 年。

《藏文同音字典》，泽旺朗嘉，民族出版社，1958 年。

《藏文动词词典》，史学礼、格桑娜姆，青海民族出版社，2002 年。

《古藏文辞典》，赞拉・阿旺措成，民族出版社，1996 年。

国　际　音　标　表

	部位 / 方法			双唇	唇齿	齿间	舌尖前	舌尖后	舌叶（舌尖及面）	舌面前	舌面中	舌根（舌面后）	小舌	喉壁	喉
辅音	塞音	清	不送气	p			t	ʈ		ȶ	c	k	q		ʔ
			送气	pʰ			tʰ	ʈʰ		ȶʰ	cʰ	kʰ	qʰ		ʔʰ
		浊	不送气	b			d	ɖ		ȡ	ɟ	g	ɢ		
			送气	bʰ			dʰ	ɖʰ		ȡʰ	ɟʰ	gʰ	ɢʰ		
	塞擦音	清	不送气		pf	tθ	ts	tʂ	tʃ	tɕ	cç				
			送气		pfʰ	tθʰ	tsʰ	tʂʰ	tʃʰ	tɕʰ	cçʰ				
		浊	不送气		bv	dð	dz	dʐ	dʒ	dʑ	ɟʝ				
			送气		bvʰ	dðʰ	dzʰ	dʐʰ	dʒʰ	dʑʰ	ɟʝʰ				
	鼻音	浊		m	ɱ		n	ɳ		ȵ	ɲ	ŋ	ɴ		
	滚音/颤音	浊					r						ʀ		
	闪音	浊					ɾ	ɽ							
	边音	浊					l	ɭ			ʎ				
	边擦音	清					ɬ								
		浊					ɮ								
	擦音	清		ɸ	f	θ	s	ʂ	ʃ	ɕ	ç	x	χ	ħ	h
		浊		β	v	ð	z	ʐ	ʒ	ʑ	ʝ	ɣ	ʁ	ʕ	ɦ
	无擦通音及半元音	浊		w　ɥ	ʋ		ɹ	ɻ			j(ɥ)	ɰ(w)			

元音	圆唇元音	舌尖元音 前	舌尖元音 后	舌面元音（前 央 后）
高	(ʮ ʯ y ʉ u)	ɿ ʮ	ʅ ʯ	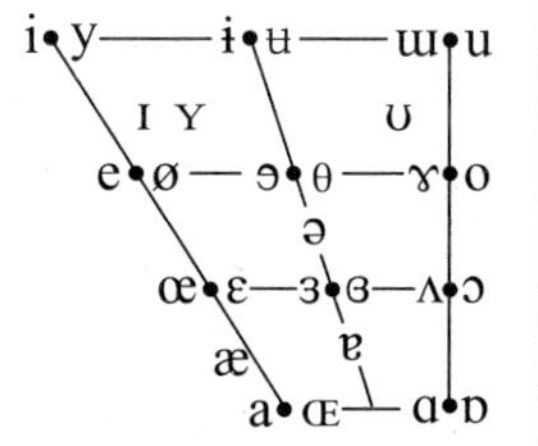
半高	(ø o)			
半低	(œ ɔ)			
低	(ɒ)			

注：参考 2006 国家标准《中国通用音标符号集》和《方言调查字表》

后　　记

2002 年得到了中国社会科学院重点课题“汉藏语声调的声学研究”的资助，开始了藏语方言声调的调查和录音。由于藏语方言的资料缺乏且不系统，所以每个方言点要先做音位系统的整理和研究。在前几个点的调查中，我们发现现有的调查表做音位系统研究不是很方便，缺少一个按古藏语音位系统编排的调查表，这就萌发了要做一个以古藏语音位系统为基本框架的方言调查表的想法。众所周知，这是一项十分复杂和艰难的工作。

2003 年我调入北京大学工作，并继续该项目的研究。在去调查夏河方言时，顺访了西北民族大学中国民族信息技术研究院的于洪志教授。当谈到藏语调查的困难时，大家都有同感，并对建立藏语文本和方言数据库有共同的愿望。当时我们就同西北民族大学的几位老师和研究生一起讨论了一个初步的方案，并编制了一个按古藏语音序排列的调查简表。用这个简表调查了藏语夏河方言，调查表对整理和研究藏语方言音系确实方便了很多。因此，我们在后来十几个藏语方言点的调查过程中，不断改进和完善这个调查表，形成了现在这个藏语音韵系统的基本框架。在这期间，西北民族大学的李永宏、达哇彭措和华侃等老师又一同收集和翻阅了大量有关藏语古音韵系统研究的藏文文献，最终确定了这个调查表的基本框架。此后，历经六年，带着北京大学和西北民族大学的研究生跑了主要的藏语方言区，调查了 15 个点的方言资料并进行了录音。

在研究和调查过程中，我们又申请到了自然科学基金项目“基于语音、嗓音和呼吸信号的藏语拉萨话韵律模型研究”和国家社会科学基金项目“藏语方言调查字表及辅助系统研究”两个项目。经过多年努力，建立了基于 8 本藏语辞书的大型藏语词典数据库和基于报纸、课本及古今藏语专著的藏文文献数据库。在这些数据库的支持下，依据我们调查的方言资料，首先对文本数据库中的5000多单音节词进行了梳理和考证，并按照我们调查方言的基本框架，最终编写了这本《藏语方言调查表》。

编写过程历经数年，期间于洪志教授和她的研究团队为藏语词典数据库的建立付出了大量艰苦的劳动，李永宏老师在调查表的编排和写作上花了大量心血，达哇彭措和华侃老师为藏文和汉义的校对做了细致的工作。另外，西北民族大学的杨阳蕊和周一心同学为调查表的建库、校对、排版和编辑做了大量的工作，在此表示真诚的感谢。由于今年在香港大学教育学院客座任教一年，因而腾出了一些时间，同大家一起最终完成了调查表的编辑和写作。想到调查表即将出版，大家都十分欣慰。由于研究水平所限，难免出现错误，真诚希望大家能提出宝贵意见，不断改进和完善此调查表，为藏语研究尽微薄之力。

孔江平

2009 年 12 月 25 日于兰州宾馆